Grundlagen einer textlinguistischen
Übersetzungswissenschaft

Waxmann Verlag GmbH
Steinfurter Straße 555, 48159 Münster
info@waxmann.com

Sigmund Kvam

Grundlagen einer textlinguistischen Übersetzungswissenschaft

Forschungsüberblick und Hypothesen

Waxmann 2009
Münster / New York / München / Berlin

Bibliografische Informationen der Deutschen Nationalbibliothek
Die Deutsche Nationalbibliothek verzeichnet diese Publikation in
der Deutschen Nationalbibliografie; detaillierte bibliografische Daten
sind im Internet über http://dnb.d-nb.de abrufbar.

ISBN 978-3-8309-2254-4

© Waxmann Verlag GmbH, Münster 2009

www.waxmann.com
info@waxmann.com

Umschlaggestaltung: Christian Averbeck, Münster
Titelbild: © Barbara Helgason – Fotolia.com
Satz: Stoddart Satz- und Layoutservice, Münster

Gedruckt auf alterungsbeständigem Papier,
säurefrei gemäß ISO 9706

Vorwort

Die Ausarbeitung einer eigenen Übersetzungswissenschaft mit einer damit zusammenhängenden Übersetzungstheorie ist nicht einfach. Seit Jahrzehnten ist diese Fragestellung Gegenstand heftigster Diskussion in der translatologischen Landschaft, auf einigen Tagungen könnte man sogar den Eindruck bekommen, es handle sich hier um einen *casus belli* der wissenschaftlichen Auseinandersetzung. Besonders lebhafte Diskussion hat es zum Thema der Beziehungen zwischen Übersetzen und Linguistik gegeben. Da alle Übersetzungen Texte sind, wäre anzunehmen, dass gerade die Textlinguistik eine interessante Basis für die Ausarbeitung einer Übersetzungstheorie sein könnte. Ein Durchgang der übersetzungsbezogenen Textlinguistik und der textlinguistisch ausgerichteten Übersetzungswissenschaft zeigt allerdings, dass zwischen Textlinguistik und Übersetzungswissenschaft wenig Kontakt ist. In der vorliegenden Arbeit wird deshalb der Versuch gemacht, diese Forschungslage zu beschreiben und auf der Basis einer pragmatischen Textlinguistik Ansätze einer textlinguistisch fundierten Übersetzungstheorie auszuarbeiten.

Das Verfassen dieser Arbeit hat viel Zeit verlangt. Für die Möglichkeit, den wesentlichen Teil der bibliographischen Arbeit in Ruhe durchzuführen, möchte ich dem germanistischen Institut und dem translationswissenschaftlichen Institut der Universität Graz für ausgezeichnete Arbeitsbedingungen und anregende Unterstützung während eines Forschungssemesters in Graz danken. Meinen Kollegen Anastasia Parianou (Korfu), Jan Engberg (Århus) und Kåre Solfjeld (Halden) danke ich für wertvolle Kritik und Fragen beim Durchgang der Endversion der Arbeit. Für die Publikationsmöglichkeit möchte ich dem Waxmann Verlag in Münster und für die Übernahme der Druckkosten dem Østfold University College in Halden meinen Dank aussprechen.

Halden, den 12. Oktober 2009

Inhalt

Einleitung: Zum problematischen Verhältnis zwischen Linguistik und Übersetzungswissenschaft

Übersetzen gehört zu den ältesten sprachlich-kommunikativen Tätigkeiten des Menschen und ist seit seinen Anfängen fester Bestandteil der menschlichen Schriftkultur. Diese besondere Art der Kommunikation zwischen Sprachen und Kulturen ist von variierenden Konventionen geprägt und deshalb auch immer Gegenstand normativer Reflexion gewesen. Nichtsdestotrotz setzte die Entwicklung einer Theoriebildung im Sinne einer eigenen Übersetzungswissenschaft recht spät ein. Sie ist in vielerlei Hinsicht eine Tochter der sich nach 1945 entwickelnden angewandten Sprachwissenschaft und war in ihrer Anfangsphase von den damals vorherrschenden Schulen in der Linguistik dementsprechend stark geprägt: Auf der Grundlage einer strukturalistischen Grammatikbetrachtung entwickelten sich übersetzungswissenschaftliche Ansätze mit dem aus den Naturwissenschaften entlehnten Begriff *Äquivalenz* als Bezeichnung für eine übersetzungsspezifische Relation zwischen Ausgangstext und Zieltext.[1] Die Betrachtung der Übersetzungswissenschaft als besonderer Variante der damaligen angewandten Linguistik ist jedoch nicht ganz ohne Probleme gewesen. Denn die damalige strukturalistische und später generative Linguistik hatten zwei wesentliche Reduktionen ihres Forschungsgegenstandes: zum einen die Reduktion auf den (einfachen) Satz als Forschungsobjekt, zum anderen die Reduktion auf Sprache als ein statisches, von der Kommunikation getrenntes System von Strukturregeln. Die Übertragung dieser Beschreibungsansätze auf das Forschungsobjekt Übersetzen ist aber überaus problematisch: Der Satz als Beschreibungseinheit ist eindeutig zu eng; übersetzt werden Texte als kommunikative Handlungen und nicht alleinstehende Sätze. Die Reduktion des Forschungsobjekts auf kommunikationsunabhängige Strukturen ist auch mit dem Phänomen Übersetzen nicht vereinbar, denn Übersetzungen sind keineswegs als Realisierungen von akommunikativen strukturellen Regeln zu betrachten, sondern immer in variierende sozio-kulturelle Kontexte eingebettet: Eine Übersetzung ohne Situation im weitesten Sinne gibt es nicht. Ein direktes Ableiten von Übersetzen von der satzbezogenen Systemlinguistik vermag deshalb nur wenige Aspekte des komplexen Phänomens Übersetzen zu berücksichtigen.[2]

---

1 Vgl. hierzu Standardwerke wie Koller 2004, der die Relation zwischen Ausgangstext und Zieltext als Übersetzungsrelation festlegt und diese wiederum über den Begriff *Äquivalenz* definiert (ebd., 188ff.) sowie auch 3.6, insbesondere 3.6.2.2.2.

2 Ein sehr gutes Beispiel für die Betrachtungsweise ist Catford 1974. Catford zeigt jedoch nicht die Grenzen einer linguistischen Betrachtung von Übersetzen schlechthin, sondern macht in seiner sehr überzeugenden Analyse auf exemplarische Weise auch auf die besonderen Grenzen eines strukturalistischen linguistischen Modells aufmerksam, vgl. hierzu Näheres in 3.4.2.

Nun stellt in wissenschaftstheoretischer Hinsicht bekanntlich jede Herangehensweise eine Reduktion der Analyseperspektive dar und genauso wenig vermag ein der Linguistik oder auch einer anderen Disziplin abgeleitetes Modell das komplexe Phänomen Übersetzen *in toto* zu beschreiben. Aber strukturalistische Modelle sind vor allem wegen ihrer Ausklammerung pragmatischer Aspekte so reduktionistisch, dass ganz grundlegende Aspekte von Übersetzungen nicht berücksichtigt werden. Als linguistische Grundlage einer Übersetzungswissenschaft dürften daher pragmatische Ansätze eine angemessenere theoretische Grundlage darstellen, vor allem eine pragmatisch basierte Textlinguistik. Denn hier ist erstens der Text als dynamische, kommunikative Größe und nicht der strukturelle statische Satz Untersuchungsobjekt, zweitens hat die pragmatisch orientierte Textlinguistik einen Textbegriff entwickelt oder besser: arbeitet diese Textlinguistik an einem Textbegriff, bei dem sowohl grammatisch-strukturelle als auch handlungsbezogene Kategorien in die Analyse aufgegriffen werden. Text wird eben nicht nur als ein durch diverse Kohärenzmittel verbundenes Gefüge von Sätzen analysiert,[3] sondern als grammatisch strukturierte *und* pragmatisch zu interpretierende kommunikative Kategorie betrachtet. Dabei wird eben von einem konstitutiven Zusammenhang und eben nicht von einer Trennung zwischen sprachlicher Struktur und Handlungsstruktur ausgegangen. Auf der Grundlage der Entwicklung der Übersetzungswissenschaft und der Sprachwissenschaft in eine pragmatische Richtung ist es interessant, der Frage nachzugehen, wie das Phänomen Übersetzen von der Textlinguistik aufgegriffen wird und vor allem wie die Textlinguistik von der Übersetzungswissenschaft thematisiert worden ist, um vor diesem Hintergrund Grundlagen für einen textlinguistisch basierten Ansatz zur Übersetzungswissenschaft zu entwerfen.

---

3 Zentrale Beiträge zu dieser Theoriediskussion sind u.a. Heinemann/Heinemann 2002, Adamzik 2004 und die Beiträge in Adamzik 2001.

1. Problemstellung und Vorgehensweise

Gegenstand dieser Arbeit ist eine Analyse von der Relevanz der Textlinguistik für die Übersetzungswissenschaft mit dem Ziel, nach einem kritischen Durchgang von textlinguistischen Ansätzen in der Übersetzungswissenschaft Grundlagen eines textlinguistisch fundierten Übersetzungsbegriffs sowie Analysekategorien für eine textlinguistisch basierte Übersetzungswissenschaft vorzuschlagen.

Dabei ist zunächst die Relevanz der Textlinguistik als theoretische Basis für übersetzungstheoretische Ansätze zu diskutieren (2). Anschließend erfolgt ein kritischer Überblick über übersetzungstheoretische Ansätze, die entweder textlinguistisch fundiert sind oder auf textlinguistische Kategorien für die Modellbildung zurückgreifen (3). Ziel dieser Analyse ist eine Klassifizierung relevanter Forschungsliteratur nach 1990 nach der Art und Weise, wie die Textlinguistik in der Übersetzungstheorie rezipiert worden ist. Zum Schluss ist auf der Basis der Theoriediskussion in (2) sowie des in (3) dargelegten Forschungsüberblicks ein textlinguistisch fundierter Übersetzungsbegriff zu positionieren (4). Auf dieser Grundlage sind anschließend Vorschläge für Beschreibungskategorien für eine textlinguistisch fundierte Übersetzungswissenschaft auszuarbeiten (5). Ein Überblick über die Grundprobleme einer textlinguistischen Übersetzungstheorie (6) sowie ein Plädoyer für unterschiedlich perspektivierte Übersetzungstheorien als Alternative einer allgemeinen Übersetzungstheorie (7) runden die Arbeit ab.

Dabei ist es schon jetzt wichtig zu betonen, dass hier von textlinguistisch basierten Ansätzen und eben nicht von anderen Verwendungen des Textbegriffs in übersetzungswissenschaftlichen Arbeiten die Rede ist.[4] Denn in den meisten Untersuchungen mit Übersetzen als Forschungsgegenstand wird die Größe *Text* in irgendeiner Weise angesprochen, aber, wie in 3. noch zu zeigen sein wird, in recht wenigen Fällen mit textlinguistischen Kategorien systematisch analysiert. In der vorliegenden Untersuchung werden daher nur Arbeiten berücksichtigt, die übersetzungswissenschaftliche Analysen auf genereller textlinguistischer Grundlage bzw. textlinguistische Analysekategorien wie Textsorte, Isotopie, Kohärenz usw. in den vorgelegten Übersetzungsanalysen systematisch miteinbeziehen. Es würde jeden zumutbaren Rahmen dieser Untersuchung sprengen, auf Arbeiten einzugehen, die in irgendeiner Form irgendetwas zum Thema ‚Text und Übersetzen' schreiben. Darüber hinaus würde eine Berücksichtigung solcher Arbeiten den Forschungsgegenstand völlig vernebeln und allein deswegen zu kaum sinnvollen Analyseergebnissen führen können.[5]

---

4 Für die Einteilung der Sekundärliteratur nach deren Verhältnis zu textlinguistischen Kategorien, siehe 3.1.

5 Beispiele für Arbeiten, die den Textbegriff eher generell und keineswegs auf textlinguistischer Grundlage benutzen, sind Stolze 1992; 2008. Siehe hierzu Genaueres in 3.6.2.3.2.

Wie in 2.1 zu zeigen ist, bedeutet jede wissenschaftliche Analyse, bei der es ja um die Aufstellung von Regeln und Regelzusammenhängen nach bestimmten Fragestellungen bei einem gegebenen Forschungsobjekt geht, eine Reduktion der Komplexität des Forschungsgegenstandes. In diesem Zusammenhang ist die Klärung der Frage nach der Art der Reduktion bei der in der vorliegenden Arbeit gewählten Forschungsperspektive zu diskutieren.

Zunächst ist das Forschungsobjekt Übersetzen als Teilmenge eines spezifischen – genauer – pragmatischen Textbegriffs grundsätzlich festzulegen, diese bewusste Reduktion zu begründen sowie auch zu verdeutlichen, dass bei dieser Analyseperspektive andere übersetzungswissenschaftlich relevante Analyseaspekte bewusst nicht aufgegriffen werden.

Die Festlegung des Forschungsgegenstandes und die Begründung der damit gewählten Reduktion der Forschungsperspektive bieten eine notwendige Grundlage für das zweigeteilte Analyseziel der Arbeit: Zunächst eine Basis für eine Aufarbeitung der jüngsten Forschung in der Übersetzungswissenschaft mit dem Ziel einer Klassifizierung dieser Ansätze nach der Art der Verwendung textlinguistischer Analysekategorien schaffen. Anschließend ist ein textlinguistisch fundierter Übersetzungsbegriff genauer zu beschreiben. Auf dieser Grundlage sind Beschreibungskategorien für eine textlinguistisch basierte Übersetzungswissenschaft vorzuschlagen.

Arbeiten, in denen textlinguistische Kategorien analytisch benutzt werden, sind beispielsweise Thiel 1996 (Isotopie), Tirkkonen-Condit 1985 (Makrostrukturen) und Göpferich 1993, Engberg 2003, (Textsorten). Siehe hierzu Genaueres in 3.5.

2. Zum Gegenstand der Analyse: Geschriebene sprachliche Kommunikation in der Form von Übersetzungen

2.1 Zur Notwendigkeit einer Reduktion der Analyseperspektive

Übersetzen ist bekanntlich eine historisch gewachsene und je nach kulturellem Hintergrund unterschiedlich konventionalisierte Größe. Dies bedeutet, dass Übersetzen von seiner jeweiligen sozio-kulturellen Situation nicht getrennt definiert werden kann, sondern erst aus einer gegebenen Situation und den damit verbundenen Konventionen heraus verstanden werden kann. Zwar dürften nach einem Blick in die Geschichte des Übersetzens einige Charakteristika, wie z.B. die Umformung eines Ausgangstextes in einer Sprache A in einen Zieltext in einer Sprache B, für den Kommunikationsfall Übersetzen als typisch gelten. Nichtsdestotrotz variieren die Konventionen für das *wie* einer übersetzungsspezifischen Textumformung so deutlich, dass es unmöglich erscheint, eine Definition zu formulieren, die das Phänomen Übersetzen einerseits von allen anderen möglichen interlingualen Textumformungen abgrenzt, andererseits auch alle Fälle umfasst, die in jeder Diskursgemeinschaft als Übersetzungen angesehen werden. Als Sonderfall von sprachlicher Kommunikation kann Übersetzen aus einer Vielzahl von Analyseperspektiven untersucht werden, sei es als Prozess,[6] als besonderes historisch-politisches Phänomen,[7] als sprachlich-kommunikatives Produkt[8] usw.

Aufgrund dieser hier nur ansatzweise angedeuteten Vielseitigkeit des Übersetzungsbegriffs dürfte es m.E. sehr schwierig sein, eine allumfassende Übersetzungstheorie, geschweige denn eine allgemeine Translationstheorie, die also auch das Dolmetschen umfassen würde, aufzustellen, ohne dass eine solche einerseits viel zu allgemein wird und daher nicht geeignet wäre, Einzelaspekte des Phänomens zu beschreiben[9] oder andererseits so eng wird, dass nur wenige Aspekte von Übersetzen (und ggf. auch Dolmetschen) methodisch erfasst werden können.[10]

---

6   Zu erwähnen wäre Göpferich et al. 2008 sowie die in diesem Sammelband erschienenen Arbeiten. Sehr interessant ist auch die umfangreiche empirische Arbeit zu Störquellen in Übersetzungsprozessen von Gyde Hansen (2005).

7   Vgl. hierzu u.a. Delisle/Woodsworth 1995, 101ff., wo verschiedene Aspekte der Rolle von Übersetzungen bei der Ausübung politischer Macht und der politisch determinierten Verbreitung von Wissen aufgegriffen werden.

8   Vgl. hierzu u.a. die in 3.4 und 3.5 besprochenen Arbeiten.

9   Vgl. hierzu Zybatow 2003, unsere Ausführungen in 7. sowie die Kritik an der allgemeinen Translationstheorie von Reiß/Vermeer 1991 in 3.3.

10 Vgl. hierzu u.a. die kritische Analyse von Oettinger in Koller 2004, 90.

Nun bedeutet bekanntlich jede Art von Forschung eine Reduktion des Forschungsgegenstandes, aber dieses allgemeine methodologische Problem wird in der Übersetzungswissenschaft dadurch verschärft, dass das Forschungsobjekt Übersetzen eine sozial, kulturell und historisch unterschiedlich konventionalisierte Größe[11] und deshalb grundsätzlich veränderbar ist. Gerade dieser spezifische dynamische Aspekt macht deutlich, dass bei jedem übersetzungstheoretischen Ansatz nicht nur die Grenzen der besonderen Reduktion, sondern auch die Kompatibilität des gewählten Ansatzes mit dem Status von Übersetzen als besonderer, sozial konventionalisierter sprachlich-kommunikativer Größe begründet werden sollte.

2.2 Die Reduktion des Forschungsobjekts

Wegen der bereits erwähnten Komplexität des Untersuchungsgegenstandes wird in der vorliegenden Arbeit die Analyseperspektive wie folgt eingeengt:

Erstens wird hier nur auf Übersetzen als geschriebene Kommunikation eingegangen – mündliche Formen werden u.a. aufgrund der grundsätzlich unterschiedlichen Produktions- und Rezeptionsbedingungen von gesprochener Sprache im Vergleich mit der geschriebenen Sprache ausgeklammert.[12]

Zweitens wird die Untersuchung bewusst auf Übersetzen als sprachlich-kommunikatives Produkt beschränkt. Auf eine Analyse von z.B. kognitiven und prozessorientierten Aspekten von Übersetzen wird hier nicht eingegangen, ebenfalls nicht auf Fragen der historischen Dimensionen des Untersuchungsgegenstandes.

Drittens wird dieses sprachlich-kommunikative Produkt im Rahmen einer pragmatischen Textlinguistik betrachtet und dabei *Übersetzen* von einem pragmatisch definierten Textbegriff abgeleitet. Das bedeutet, dass der hier zugrunde gelegte Textbegriff im Gegensatz zu einem rein transphrastischen

---

11 Dies betrifft nicht nur die zeitlich-historische Dimension von Übersetzen, sondern auch die Tatsache, dass Übersetzungskonventionen selbstverständlich innerhalb einer Kultur sowie auch innerhalb eines gegebenen Zeitraumes variieren können.

12 Gesprochene Sprache ist bekanntlich durch eine Gleichzeitigkeit von Produktion und Rezeption der sprachlich-kommunikativen Handlung gekennzeichnet, während geschriebene Sprache eine sprachlich-kommunikative Handlung wiederholen und somit verdauern kann, vgl. hierzu u.a. Ehlich 1994, 18-20. Dolmetschen als Sonderform von gesprochener Sprache ist deshalb durch eine Einmaligkeit der kommunikativen Handlung charakterisiert, während sich Übersetzen als geschriebene Sprache durch die Möglichkeit wiederholter und neuer Rezeptionen der kommunikativen Handlung vom Dolmetschen unterscheidet. Das bedeutet auch, dass ein Text in verschiedenen Übersetzungskontexten übersetzt werden kann, während Dolmetschen als gesprochene Sprache an eine bestimmte Produktions- und Rezeptionssituation gebunden ist.

Textbegriff[13] zusätzlich zu strukturellen Merkmalen auch handlungsbezogene Aspekte von Texten[14] berücksichtigt. Dies bedeutet jedoch nicht, dass eine systematische Analyse sämtlicher handlungsbezogener Aspekte übersetzerischer kommunikativer Handlungen angestrebt wird. Die Berücksichtigung solcher Aspekte ist in der vorliegenden Arbeit am Übersetzen als spezifischem *Text*produkt orientiert und beinhaltet somit keine weiteren Analysen von Übersetzen als soziologischem Phänomen, wie z.B. der Verwendung von Übersetzen zur Durchsetzung bzw. Kontrolle von politischer Macht.[15]

2.3 Zur Plausibilität der gewählten Reduktion

Die Frage, ob die hier gewählte Reduktion eine plausible, also in Bezug auf den Analysegegenstand angemessene Reduktion darstellt, lässt sich m.E. über eine Betrachtung von Übersetzen im Rahmen der Einheiten *Text* und *Kommunikation* begründen. Diese Einheiten bilden in sprachlich-kommunikativer Hinsicht den übergeordneten Rahmen für das Phänomen Übersetzen, indem alle Übersetzungen Texte und Texte wiederum als grundlegende Einheiten von sprachlicher Kommunikation zu betrachten sind.

Diesbezüglich dürfte die Sprachwissenschaft als Wissenschaft von der sprachlichen Kommunikation eine wichtige Grundlage bzw. ein ontologisch angemessener Rahmen für eine Übersetzungswissenschaft sein. Vor diesem sprachwissenschaftlichen Hintergrund erscheint wiederum die *Textlinguistik* als wichtigster (aber nicht einzig möglicher) linguistischer Teilbereich für eine ontologisch angemessene Beschreibung von *Übersetzen:* denn alle Übersetzungen sind Texte und haben somit auch diejenigen Merkmale, die allen Texten gemein sind. Das Problematische einer Reduktion des Forschungsgegenstandes auf eine textlinguistische Analyseperspektive liegt jedoch eher im Textbegriff selbst verborgen. Denn ein transphrastischer Textbegriff, der Sprache ausschließlich als ein von Kommunikation getrenntes strukturelles Gebilde betrachtet, wäre weder mit dem ontologischen Status von *Text* noch von *Übersetzen* kompatibel: Texte – und automatisch auch Übersetzungen als besonders konventionalisierte, interlinguale sprachliche Kommunikation in der Form von Texten – kommen nie ohne Situation, besondere Beteiligtengruppen,

---

13 Vgl. hierzu die Besprechung von Harweg 1979 in 3.4.2. Bei Harweg wird der Text auf der Grundlage der Satzlinguistik als eine Verkettung von Sätzen in der Form von Pronominalisierungen beschrieben.

14 Vgl. hierzu u.a. Heinemann/Heinemann 2002 und Adamzik 2004 und Brinker 2005.

15 Vgl. hierzu u.a. die Rolle von Übersetzungen und Übersetzern in totalitären Staaten sowie auch die Funktion von Übersetzern als Vermittlern von neuem Wissen nach politischen Vorgaben (Delisle/Woodsworth 1995, 131ff.). Aus soziologisch-sozialanthropologischer Perspektive interessant sind auch Analysen von Übersetzern als Kulturstiftern oder Verbreitern kultureller Werte, vgl. ebd., 191ff.

Handlungsinteressen, kurz: nie ohne Handlungsbezogenes, also Pragmatisches vor. Textdefinitionen, die Texte als akommunikative Strukturgefüge ohne jeden Bezug zu der Rolle der Sprache als sozialem Verständigungsmittel betrachten, sind als methodische Grundlage eben problematisch, da der Untersuchungsgegenstand auf eine Größe, und zwar: Sprache ohne Kommunikation, reduziert wird, die empirisch nicht gegeben ist.

Noch problematischer wäre ein rein syntaktischer Übersetzungsbegriff: Hier wird wie bei der klassischen transphrastischen Textlinguistik Sprache zwar auch als akommunikatives strukturelles Gefüge gesehen, darüber hinaus ist das Forschungsobjekt auf den einfachen Satz oder höchstens auf den zusammengesetzten Satz eingeschränkt. Übersetzen ist dagegen zum einen ein Textphänomen – Gegenstand des Übersetzens sind sprachlich-kommunikative Handlungen in der Form von Texten – zum anderen ein pragmatisches Phänomen, da durch das Übersetzen im Rahmen spezifischer Konventionen in zwei unterschiedlichen sprachlich-kommunikativen Kontexten eine neue soziale Situation geschaffen wird.

Das soll natürlich nicht heißen, dass weder die transphrastische Textlinguistik noch die Syntax in übersetzungswissenschaftlicher Hinsicht uninteressant sind. Dies könnte an Doherty 1992 exemplarisch gezeigt werden. In einem Beispiel wie in dem englischen Satz

The moon is the natural object to consider as our first source of space materials (Doherty 1992, 45)

wäre zwar die folgende deutsche Übersetzung möglich

Der Mond ist natürlich??? das Objekt im Weltall, das als erste Rohstoffquelle in Betracht kommt.

Stilistisch viel besser wäre aber die Alternative

Das Objekt im Weltall, das als erste Rohstoffquelle in Betracht kommt, ist natürlich der Mond (ebd.).

Dohertys Analyse wird dadurch begründet, dass dieser stilistische Kontrast zwischen dem Deutschen und Englischen über grundsätzlich unterschiedliche Abfolgeregeln in den genannten Sprachen erklärbar sei: Diese seien wiederum auf grundsätzlich unterschiedliche Stellungsregeln des finiten Verbs im Deutschen und Englischen zurückzuführen (Doherty 1992, 45ff.). Hier handelt es sich m.E. um eine theoretisch fundierte syntaktische Analyse mit deutlicher Relevanz für die übersetzerische Praxis, aber eben nicht um eine übersetzungswissenschaftliche Analyse. Das Forschungsobjekt ist auf den Satz beschränkt und der Übersetzungsbegriff ist weder genauer definiert noch weiter differenziert. Der Analysegegenstand Übersetzen wird also nicht problematisiert, sondern als gegeben vorausgesetzt und hat hier die Rolle einer Materialgrundlage für eine kontrastive Analyse. Das Forschungsobjekt ist weder die Übersetzung, noch der Text, sondern kommunikationsneutrale topologische Muster im Rahmen eines syntaktischen Beschreibungsmodells. Zwar bieten syntaktische Ansätze Analyseinstrumente und -methoden, die m.E. für eine Analyse von Übersetzungsproblemen ,innerhalb' der Satzebene nicht nur nützlich, sondern unentbehrlich sind. Aber Übersetzungsprobleme lassen sich von einem ausschließlich strukturellen und ,situationsneutralen' Satzbegriff nicht ableiten, sondern erst von Texten in Übersetzungssituationen, also erst auf der Grundlage einer spezifischen Kommunikationssituation positionieren.[16] So gesehen ist die Bezeichnung ,syntaktische Übersetzungsprobleme' wenig angebracht, weitaus besser wären ,Übersetzungsprobleme auf der Satzebene', die im Rahmen einer pragmatisch-textlinguistischen Analyse der gesamten sprachlich-kommunikativen Handlung zuerst auffindbar sind, dann aber mit Hilfe syntaktischer Kategorien beschrieben werden können und müssen. Deshalb spielt die Syntax in einer linguistisch basierten Übersetzungstheorie als Beschreibungsinstrument für auf der Satzebene lokalisierte Übersetzungsfragen eine wichtige und unentbehrliche Rolle, als übergeordnete theoretische Grundlage würde jedoch eine solche Perspektive aus den oben genannten Gründen eine nicht angemessene Reduktion bedeuten.

Die Wahl einer pragmatisch orientierten textlinguistischen Perspektive bedeutet selbstverständlich auch nicht, dass ganz andere linguistische Ansätze als theoretische Grundlagen für eine produktorientierte Übersetzungsanalyse ebenso sinnvoll sein könnten. Hier dürfte die Semiotik einen spannenden Ansatz darstellen, vielleicht besonders semiotische Ansätze, die den Zeichenbegriff sowohl pragmatisch als auch strukturell betrachten (Ortner/Sitta 2003, 6ff.).[17]

---

16 Vgl. hierzu u.a. auch Neubert/Shreve 1992, wo auf die Unzulänglichkeiten eines syntaktischen Ansatzes für die Beschreibung von Übersetzungen eingegangen wird. Hier wird Übersetzen als Textphänomen positioniert und dabei die übersetzerische Äquivalenz auf der Textebene und nicht auf der Satzebene angesiedelt (ebd., 124). Syntaktische Beschreibungsmodelle seien auf der Satz als Analyseeinheit beschränkt und dadurch nicht im Stande, weder die Textbedeutung noch den kommunikativen Wert des Ausgangstextes als Ausgangpunkt für die Übersetzung zu berücksichtigen (ebd.). Vgl. auch Nord 1996, in dem auf die vielen Probleme einer satzbezogenen Übersetzungsstrategie eingegangen wird.

17 Dabei wird für eine Maximalsemiotik plädiert: Texte seien ein zentrales Mittel zur Wissenskonstitution und bilden die Basis für ein „Gesamtzeichen für individuelles und soziales Wissen" (Ortner/Sitta 2003, 19). Sprache müsse daher nicht nur von den kleinsten Einheiten gesehen werden, sondern vor allem „als von Menschen konstituierte Verhaltensform zwischen Menschen" (ebd.). Vgl. hierzu auch Auer 2003, 185f.

Durch diese Überlegungen wird ersichtlich, dass eine pragmatisch basierte Textlinguistik einerseits eine in Bezug auf den Forschungsgegenstand *Übersetzen* mögliche Untersuchungsperspektive darstellt, weil Übersetzen eine Teilmenge von Text ist. Darüber hinaus dürfte ein solcher Ansatz in Bezug auf den Untersuchungsgegenstand auch als angemessene Reduktion betrachtet werden, da ein pragmatischer Textbegriff *Text* als sowohl soziales als auch strukturelles Phänomen betrachtet und sich dabei auch traditioneller systemlinguistischer Verfahren bedienen muss, um Probleme auf Mikroebenen des Textes beschreiben zu können.

Die Begründung der hier gewählten Einengung auf eine Analyse von Übersetzen im Rahmen eines pragmatischen Textbegriffs macht auch deutlich, dass Übersetzen und Textlinguistik kein eindeutiges Forschungsobjekt darstellen. Es gibt in der Forschung unterschiedliche Perspektiven, je nach Textbegriff und Übersetzungsbegriff. Bevor auf die Positionierung des Übersetzungsbegriffs in dieser Arbeit genauer eingegangen wird, erfolgt deshalb ein Überblick über die jüngste Forschung zum Thema textlinguistische Ansätze in der Übersetzungswissenschaft.

3. Textlinguistische Ansätze in der Übersetzungswissenschaft

3.1 Ausgangslage

Eine Analyse von textlinguistischen Ansätzen in der Übersetzungswissenschaft erweckt beim ersten Anblick den Eindruck eines uferlosen Unternehmens. Fast alle übersetzungswissenschaftlichen Arbeiten erwähnen in irgendeiner Form das Phänomen Text. Denn beim Übersetzen geht es bekanntlich um Texte, und zwar um einen Ausgangstext zu Beginn des Übersetzungsprozesses und einen Zieltext als dessen Ergebnis – und mit einer oder mehreren recht unklaren und umstrittenen Übersetzungsbeziehung(en) zwischen diesen. Aber erstaunlich wenige Arbeiten bauen ihre Analysen auf ein textlinguistisches Modell für den besonderen Textfall Übersetzen auf. Nun ist die Beziehung zwischen der Linguistik und der Übersetzungswissenschaft auch recht problematisch – von der totalen Abgrenzung wie etwa bei Vermeer 1998 bis zur Betrachtung der Übersetzungswissenschaft als Teilbereich der Linguistik wie bei Klein 1992. Das könnte daran liegen, dass sich die Übersetzungswissenschaft als junges Forschungsfeld als eigenes Fach mit einer eigenen, von der Sprachwissenschaft unabhängigen Theorie hat emanzipieren wollen. Dafür sprechen vor allem bei einigen Vertretern des Skopos-Ansatzes heftige Angriffe auf die Relevanz der Linguistik für eine Translationswissenschaft,[18] gekoppelt mit einem Plädoyer für eine eigene Translationstheorie in der Form einer spezifischen Kulturtheorie ohne jeden Bezug zur Sprachwissenschaft.

Das Problem der Ausarbeitung einer hauseigenen, von anderen Fächern unabhängigen Theorie betrifft jedoch die Sprachwissenschaft genauso wie die Übersetzungswissenschaft bzw. auch eine Übersetzen und Dolmetschen umfassende allgemeine Translationswissenschaft. Dieses Bestreben nach fachlicher Unabhängigkeit mit eigener Theorie hat für beide Disziplinen zu einer Flucht in methodisch problematische, reduktionistische Theoriewelten geführt: für die Sprachwissenschaft die Flucht von der Kommunikation in die ,objektiven' Naturwissenschaften in der Form von kommunikationsabgewandten satzgrammatischen Modellen,[19] für die jüngste Übersetzungswissenschaft in die Flucht in eine allgemeine Handlungs- bzw. Kulturtheorie wie in einigen Werken der funktionalistischen Translationswissenschaft (u.a. Vermeer 1998, Holz-

---

18 Allerdings bezieht sich die Fundamentalkritik an der Linguistik oft nur auf systemlinguistische Ansätze, die auf die Beschreibung der strukturellen Regeln des Satzes beschränkt sind. Dabei werden pragmatische und satzübergreifende Ansätze in der Linguistik mehr oder weniger bewusst ausgeklammert. Vgl. hierzu u.a. Vermeer 1998; 2000 und Witte 2000 sowie auch Näheres in 3.3.
19 Vgl. hierzu die kritische Analyse solcher Ansätze in der Linguistik in Ehlich 1999, 28ff.

Mänttari 1993, Kaindl 1997). Das Problem von sowohl Sprach- als auch Übersetzungswissenschaft, eine ‚eigene‘ theoretische Grundlage zu entwickeln, wird in Steiner 1999 systematisch analysiert. Dabei wird mit aller Deutlichkeit nachgewiesen, dass die beiden Disziplinen im Prinzip gemeinsame Theorieprobleme haben, die sie auf unterschiedliche Weise zu lösen versucht haben.[20] Durch Steiners Analyse wird auch ersichtlich, dass beide Disziplinen auf der Suche nach einem eigenen Revier in erster Linie von ihrem eigentlichen und gemeinsamen Gegenstandbereich geflüchtet sind, und zwar von Sprache als sozialem Verständigungsmittel in der Form von kommunikativen Regeln von den kleinsten sprachlichen Einheiten bis zu den großen kommunikativen Einheiten mit ihren mehr oder weniger eindeutigen Vernetzungen zu anderen sprachlich-kommunikativen Handlungen. Die Sprachwissenschaft hat sich vor allem in den ersten Jahrzehnten nach dem zweiten Weltkrieg auf abstrakte Strukturen ohne jeden Bezug zu kommunikativen Handlungen und auf den Satz als Beschreibungseinheit konzentriert. Das ist natürlich, wie bereits in der Einleitung angesprochen, eine problematische Reduktion von Sprache, weil Sprache als soziales Verständigungsmittel nie auf den Satz bzw. auf eine Verkettung von Sätzen beschränkt ist. Die Flucht einiger moderner Richtungen der Übersetzungswissenschaft in eine übergeordnete Kultur und die pure Handlung ist eine Flucht weg von der Sprache und einer Analyse sprachlicher Phänomene, also eigentlich eine Flucht weg vom Forschungsobjekt selbst. Denn Übersetzen lässt sich genauso wenig von Sprache trennen wie Sprache von Kommunikation.

Diese beiden Fluchtwege – weg von der Kommunikation im Falle der struktur-orientierten Sprachwissenschaft und weg von der Sprache bei einigen Richtungen der funktionalen Translationswissenschaft – machen deutlich, dass die beiden Disziplinen einiges gemeinsam haben: Sprache, Kommunikation und dabei auch die wichtige sprachlich-kommunikative Größe Text. Allein aus diesem Grunde erscheint die Textlinguistik als theoretische Grundlage einer Übersetzungswissenschaft sinnvoll und deswegen auch eine Analyse textlinguistischer Ansätze in der Übersetzungswissenschaft interessant. Ein Durchgang von Arbeiten an dieser Schnittstelle zwischen Übersetzungswissenschaft und Textlinguistik dokumentiert allerdings auch das problematische Verhältnis zwischen den beiden Disziplinen: Es gibt viele Arbeiten zur Übersetzungswissenschaft, mindestens genau so viele zur Textlinguistik, aber recht wenige textlinguistisch fundierte übersetzungswissenschaftliche Arbeiten. Im Folgenden wird der Versuch gemacht, dieses Forschungsfeld zu systematisieren. Dabei kann von einem vollständigen Forschungsüberblick nicht die Rede sein, sondern von Klassifizie-

---

20 Steiner weist mit aller Deutlichkeit nach, dass Translationswissenschaft und Linguistik keine streng abgegrenzten Disziplinen sind. Wichtiger als die Positionierung als unabhängige Fächer erscheine die Identifizierung von Fragestellungen, „deren erfolgreiche Behandlung einen signifikanten Beitrag zur Erkenntnis darstellt" (Steiner 1999, 490) – und zwar unabhängig von etwaigen Disziplingrenzen.

rungen, die das Verhältnis zwischen Übersetzungswissenschaft und Textlinguistik einigermaßen systematisch aufzeigen.

3.2 Einteilungskriterien

3.2.1 Klassifizierung

Die Forschungsliteratur wird in dieser Arbeit nach folgenden zwei Haupt-
kriterien klassifiziert und dann in weitere Untergruppen eingeteilt.

Das erste Haupteinteilungskriterium bezieht sich auf *den Stellenwert von Übersetzen als Forschungsobjekt* in den jeweiligen Arbeiten: Wird Übersetzen als
Forschungsobjekt überhaupt thematisiert oder bilden Übersetzungen lediglich
eine Materialgrundlage für andere Analysen, in erster Linie oft für Studien zu
Kontrasten zwischen Sprachen? Für diejenigen Arbeiten, die Übersetzen als
eigenes Forschungsobjekt thematisieren, wird danach gefragt, ob Übersetzen
definiert und ggf. typologisiert wird oder ob die Analyse ohne eine eigene Definition von Übersetzen erfolgt.

Das zweite Haupteinteilungskriterium bezieht sich auf *den Stellenwert der
Textlinguistik als theoretische Grundlage* einer Übersetzungswissenschaft. Am
einen Ende der Skala stehen Arbeiten, die die Textlinguistik – und dann meist
auch die Linguistik generell – als Grundlage für eine Übersetzungswissenschaft
rundweg ablehnen. Am anderen Ende befinden sich Arbeiten, die ihre übersetzungswissenschaftlichen Ansätze auf eine ganzheitliche textlinguistische
Grundlage aufbauen, in der Mitte Arbeiten, die einzelne textlinguistische
Aspekte bzw. Teilbereiche als Modellgrundlage wählen.

3.2.2 Chronologie der Darstellung

Zunächst sind Arbeiten zu besprechen, die das Forschungsobjekt Übersetzen
zwar irgendwie definieren, aber eine (text-)linguistische Grundlage einer Übersetzungstheorie in jeder Form ablehnen (3.3). Anschließend erfolgen Arbeiten,
in denen Übersetzen nicht definiert wird und auch nicht Gegenstand der Forschung ist. Dafür werden hier Übersetzungen als Materialgrundlage bei
Problemstellungen im Bereich der kontrastiven Linguistik benutzt (3.4). Dann
folgt ein Durchgang von Arbeiten, die zwar eine textlinguistische Grundlage der
Übersetzungsanalyse in irgendeiner Form benutzen, aber auf eine Definition
bzw. eine Problematisierung des Übersetzungsbegriffs weitgehend verzichten.
Hier werden auch Arbeiten zur kontrastiven Textsortenforschung besprochen.
Bei dieser Kategorie bilden Übersetzungen zwar nicht das Forschungsobjekt.
Aber wegen der unmittelbaren methodischen Relevanz für Übersetzungs-

analysen sowie auch wegen der Tatsache, dass diese Arbeiten als wichtige Grundlage für die übersetzerische Praxis konzipiert sind, werden sie an dieser Stelle besprochen (3.5). Zum Schluss werden auch exemplarisch Arbeiten aufgegriffen, die sowohl eine textlinguistische Basis der Analyse als auch eine Definition bzw. auch eine Typologisierung von Übersetzen aufweisen (3.6). Ein Überblick zum Problemkreis Textlinguistik und Übersetzungswissenschaft rundet die Klassifizierung der Forschungsliteratur ab (3.7).

3.3 Ablehnung einer (text-)linguistischen Theoriebasis für die Übersetzungswissenschaft

Es gibt in der modernen Übersetzungswissenschaft vor allem eine zentrale ‚Schule', die für eine Trennung zwischen Linguistik und Übersetzungswissenschaft plädiert und die Ausarbeitung einer kulturwissenschaftlich fundierten Translationswissenschaft befürwortet. Dabei handelt es sich um die funktionale Translationswissenschaft oder auch um den als Skopos-Theorie bezeichneten Ansatz. Zwar ist diese funktionale Schule alles andere als einheitlich, aber in diesem Kapitel interessieren uns eben diejenigen Vertreter der Skopos-Theorie, die für eine strikte Trennung zwischen Sprach- und Übersetzungswissenschaft plädieren.

Das in *Reiß/Vermeer 1991* vorgelegte Skopos-Konzept stellt einen wichtigen Beitrag zu der Ausarbeitung einer eigenständigen Übersetzungs- und Dolmetschwissenschaft dar. Durch diesen Ansatz wurde der Versuch unternommen, Grundlagen einer das Übersetzen und Dolmetschen umfassenden Translationstheorie aufzustellen. Dies war ein kühner und vielversprechender Schritt weg von einer rein sprachlich-strukturellen zu einer handlungsorientierten Betrachtung von Übersetzen und Dolmetschen und somit ein interessanter Beitrag zu einer pragmatisch fundierten Translationstheorie. In vielen Fällen bedeutete dieses Konzept jedoch allmählich eine Abkehr von der Linguistik an sich. Im Laufe der 90er Jahre kam immer deutlicher zum Ausdruck, dass sich viele Vertreter des Skopos-Ansatzes an rein handlungstheoretischen, anti-linguistischen Konzepten orientierten und dabei den Faden zur sprachlichen Gestalt des Forschungsobjekts Übersetzen abgeschnitten haben: Die Linguistik wurde – und wird immer noch – auf die Analyse von sprachlichen Strukturen ohne Berücksichtigung situativer, und dabei auch kultureller Aspekte von sprachlicher Kommunikation reduziert. Translation sei dagegen eine von der Linguistik unabhängige Disziplin, eine eigenständige, interdisziplinäre Kulturwissenschaft. Die Linguistik, die sich ja nur mit den Sprachstrukturen beschäftige, sei deshalb als Grundlage einer Translationswissenschaft völlig ungeeignet.[21] Im Folgenden werden wir auf einige zentrale Werke dieser Tradition exemplarisch eingehen und dabei ihre Ansätze in Bezug auf die Analyse von Übersetzungen kritisch beleuchten.

Snell-Hornby betrachtet Translation als eine eigenständige Wissenschaft, die sich mit einer Welt zwischen den Disziplinen beschäftige (Snell-Hornby 1995, 35). Für eine solche interdisziplinäre Wissenschaft seien holistische Analyseverfahren gefordert; diese seien „essentially concerned with a web of relationships, the importance of individual items being decided by their relevance in the larger context of text, situation and culture" (ebd.). Für eine solche holistische Analyse sei die Linguistik wegen ihrer beschränkten Perspektive auf sprachliche Strukturen ungeeignet: durch ihren Fokus auf sprachliche Universalien isoliere sie Sprache von der Welt und klammere somit eine Berücksichtigung von Kulturunterschieden aus der Analyseperspektive aus (ebd., 67f.). Eine solche Betrachtung sei mit dem Wesen von Übersetzen nicht vereinbar, denn Übersetzen bedeute schließlich „a dynamic and constantly shifting cosmos of words, text, situation, sociocultural environment and the world around us, where everything is relative to varying and variable factors; against that the systems and relations of linguistic studies often have the character of constructs, of simplified models, and the more rigid their nature, the less relevance they have for translation" (Snell-Hornby 1992, 164). Das Phänomen Text müsse daher neu betrachtet werden, und zwar als besondere Sinngröße. Eine Übersetzung sei dadurch nicht „die Substitution sprachlicher Zeichen, sondern die *Neugestaltung* des Gesamttextes" (Snell-Hornby 1996, 55).

Snell-Hornby ist in ihrer Kritik an der Linguistik[22] als Modellgrundlage einer Übersetzungswissenschaft zunächst grundsätzlich zuzustimmen. Denn eine Linguistik, die sich auf die Analyse von strukturellen Elementen und auf Substitution von formal definierten Größen als Analyseverfahren beschränkt, bedeutet selbstverständlich eine nicht angemessene Reduktion des situativ variierenden Forschungsobjekts Übersetzen. Aber eine Beschränkung der Linguistik auf eine klassische Phasenstrukturgrammatik bedeutet vielleicht eine noch bedenklichere Reduktion, in diesem Falle eine nicht angemessene Reduktion des Forschungsobjekts der Linguistik. Zwar spielt der Strukturalismus in der Geschichte der Linguistik eine bedeutende Rolle, aber seit Jahrzehnten sind pragmatische Fragestellungen etablierter Gegenstand linguistischer Analysen und Modellbildungen. Die heutige Linguistik ist nicht nur auf die rein strukturelle Beschreibung des Satzes beschränkt; vielmehr sind größere Einheiten wie der

---

21 Vgl. hierzu etwa Snell-Hornby 1995, Kaindl 1997, Vermeer 1998.
22 Auf eine Kritik der holistischen ‚Top-down'-Beschreibung von Übersetzungshandlungen sowie des Analyseverfahrens nach dem Scenes-and-frames-Konzept (Snell-Hornby 1995, 81ff.) wird hier nicht eingegangen, da in diesem Kapitel der Stellenwert der Textlinguistik bzw. der Linguistik generell in Snell-Hornbys Ansatz Gegenstand der Analyse ist.

Text und dabei auch an Situation und Funktion von Texten orientierte Problemstellungen Gegenstand der Analyse. Obwohl durch Snell-Hornby deutlich wird, dass Teilbereiche der Linguistik im Rahmen der Stilanalyse von Übersetzungen integrierbar wären, erscheint ihre ablehnende Kritik an der Linguistik einfach historisch überholt. Was die Textlinguistik betrifft, hätte zwar ihre Kritik an einer textlinguistischen Theoriegrundlage der Übersetzungswissenschaft für die erste, sog. transphrastische Phase der Textlinguistik[23] eine gewisse Relevanz. Nach der pragmatischen Wende werden jedoch gerade in der Textlinguistik pragmatische Aspekte aufgegriffen und auch Kategorien für eine strukturelle und handlungsorientierte Analyse von Texten entwickelt.[24] Snell-Hornbys Generalverzicht auf die Linguistik hat leider auch zur Folge, dass die Analyse auch von kleinen sprachlichen Einheiten, wie beispielsweise von syntaktischen Größen, aus der Übersetzungswissenschaft ausgeschlossen wird. Dadurch werden wichtige ‚Mikroprobleme' beim Übersetzen anderen von der Übersetzungswissenschaft getrennten Disziplinen zugeordnet und nicht in einem übersetzungswissenschaftlichen Kontext analysiert.[25] Für die vorliegende Arbeit ist von besonderem Interesse, dass Übersetzungswissenschaftler wie Snell-Hornby diese pragmatische Entwicklung in der (Text-)Linguistik nicht aufgreifen sowie auch dass Fragen der Übersetzungswissenschaft in neueren textlinguistischen Arbeiten[26] auch sehr selten thematisiert werden.

Eine ebenfalls anti-linguistische Betrachtung von Übersetzen ist auch in anderen Arbeiten der funktionalen Translationswissenschaft immer deutlicher geworden: Obwohl eine Art Integration linguistischer Ansätze nach dem Grundmodell der Skopos-Theorie in Reiß/Vermeer 1991 durchaus denkbar wäre,[27] zeichnet sich vor allem in den vielen Arbeiten von *Hans J. Vermeer* eine Tendenz der totalen Ausgrenzung der Linguistik zugunsten einer rein kultur- und handlungsorientierten Übersetzungswissenschaft ab: Die gesamte Sprachwissenschaft sei für die Übersetzungswissenschaft uninteressant, da sie nur auf sprachstrukturelle Unterschiede aus sei und Übersetzen als Sonderfall einer formalisierten kontrastiven Sprachwissenschaft als Kodewechsel auf der Textoberfläche betrachtet

---

23 Diese Phase der Textlinguistik könnte als eine Art ‚verlängerte Satzlinguistik' bezeichnet werden. Hier ging es um eine Analyse von Satzverbindungen in der Form von Pronominalisierungsketten. Vgl. hierzu exemplarisch Harweg 1979 sowie eine Darstellung solcher transphrastischer Ansätze in Albrecht 2005, 121ff.

24 Zu erwähnen sind hier Klassiker, u.a. Brinker 2005 Beaugrande/Dressler 1981 sowie auch neuere Arbeiten wie Ehlich 1999, Heinemann/Heinemann 2002, Adamzik 2004, Ditlevsen et al. 2007.

25 Vgl. hierzu unsere Überlegungen in 2.3.

26 Vgl. hierzu u.a. Heinemann/Heinemann 2002 und Adamzik 2004.

27 In Reiß/Vermeer 1991 wird der übergeordnete Stellenwert von Skopos im Sinne der imitierenden Wirkung für den Zieltext betont. Auf der Grundlage dieser recht vagen Intentionalität von Texten ließe sich – wie etwa am Beispiel von Nord 1989; 1997a – eine funktionale Übersetzungstypologie mit einer gewissen Orientierung an der Textlinguistik ableiten.

werde (Vermeer 2000, 39ff.). Für eine translatorische Kompetenz reiche eine sprachliche Kompetenz auch nicht aus, hier sei eine besondere kulturell fundierte translatorische Kompetenz nötig (Vermeer 1995, 254f.). Diese bewusste Ausgrenzung von Sprachlichem bedeutet auch eine Ausklammerung von sprachlichen Analysen aus der Übersetzungswissenschaft – trotz der Tatsache, dass Übersetzen eben eine *sprachlich*-kommunikative Tätigkeit ist. Diese in jeder Hinsicht nicht angemessene Reduktion des Forschungsobjekts kommt in einem Artikel zum Unterschied zwischen linguistischer und translatorischer Textanalyse (Vermeer 1998) besonders deutlich zum Ausdruck. Das Ziel dieser Arbeit bestehe darin, zu zeigen, dass „die Translatologie eine eigene Disziplin und jedenfalls nicht lediglich ein Zweig der Linguistik ist" (Vermeer 1998, 4). Denn die besondere soziokulturelle Einbettung einer translatorischen Handlung – darunter werde die Reproduktion einer sprachlich-kommunikativen Handlung unter geänderten soziokulturellen Bedingungen verstanden – bedeute automatisch eine Funktionsänderung. Das fordere eine eigene Textanalyse, die ihren Ausgangspunkt in der kulturellen Einbettung von Handlungen nehme. Eine translatorische Textanalyse habe daher holistisch zu sein mit dem sog. „Kontinuum der möglichen Welten" (ebd., 6) als oberster Analyseebene. Eine linguistische Textanalyse sei dagegen nicht holistisch, sondern eher am sprachlichen Detail orientiert: „Die Linguistik hat in ihrem bottom-up-Ansatz bisher kaum über den Satz hinausgeschaut; selbst transphrastische Analysen beschränken sich weitgehend auf Satznektoren" (ebd., 5). Sogar pragmatische Richtungen in der Linguistik wären für eine translatorische Textanalyse ungeeignet, da bei diesen zumindest bisher die interkulturelle Komparation fehle (ebd.). Als Alternative entwirft Vermeer mit Hilfe von Demonstrationsbeispielen diverse Interpretationsaspekte, die zeigen, dass bei einer Übersetzung ein Text in einem neuen kulturellen Kontext neu interpretiert werden muss und dass diese Interpretation nur eine von vielen möglichen Interpretationen ist (ebd., 10ff.). Dabei entwirft er, abgesehen von einem Verweis auf die Laswell-Formel (ebd., 7), kein geschlossenes Modell, sondern nur Ideen und recht vage Analysekategorien. In anderen Werken, wie etwa in Vermeer 1990, werden Kategorien aus der Textlinguistik, wie beispielsweise die Kohärenz, ‚geliehen', umdefiniert und im Rahmen eines translatorischen Handelns verwendet (Vermeer 1990, 234ff.). Die Ausklammerung der Linguistik bedeutet wie bei Snell-Hornby einerseits den Verzicht auf Analysekategorien zur Beschreibung von Übersetzungsproblemen auf der Mikroebene des Textes, andererseits aber auch eine Flucht weg vom Sprachlichen in eine Art allgemeine Kulturwissenschaft. Diese nicht angemessene Reduktion des Forschungsobjekts wird auch dadurch verschärft, dass die Kritik an der Linguistik als struktureller Satzlinguistik auch nicht angemessen ist. Durch solche methodisch problematischen Aussagen wird eine interessante und m.E. notwendige Diskussion zwischen einer handlungsorientierten Übersetzungstheorie und einer pragmatisch orientierten Linguistik ausgeklammert.

Geradezu symptomatisch für diese anti-linguistische Haltung ist Vermeers Kritik an Macheiner 1995. Er behauptet, ihre Arbeit habe mit Übersetzen nichts zu tun. Denn sie beschreibe bloß Stellungsregeln im deutschen und englischen Satz, und zwar ganz kontextfrei: „Mich ärgert die ewige Vermengung von Sprach- und Übersetzungskompetenz. Oder: dass Übersetzen bloß unter Philologie abgearbeitet wird" (Vermeer 1995, 246). Da die Autorin nur sprachstrukturelle und keine kulturellen Unterschiede analysiere, biete ihre Analyse nur eine Voraussetzung für eine translatorische Kompetenz, nicht jedoch diese Kompetenz selber (ebd., 254f.). Zwar wäre eine kontextfreie, auf den Satz beschränkte Linguistik nicht imstande, eine konventionalisierte soziale Praxis wie das Übersetzen zu beschreiben. Übersetzen lässt sich sicher nicht auf nur Sprachliches reduzieren. Aber Linguistik ist nun heute viel mehr als strukturalistische bzw. generative Linguistik und gerade die satzbezogene Linguistik bietet interessante Analyseinstrumentarien für die Untersuchung von Übersetzungsproblemen auf Satz- und Wortebene. Das wollen wir in 3.3 ausführlicher diskutieren, an dieser Stelle uns jedoch mit der Feststellung begnügen, dass eine Übersetzungs- oder auch allgemeine Translationstheorie ohne eine sprachwissenschaftliche Komponente ihren Forschungsgegenstand verfehlt.

Die Frage nach der Eigenständigkeit einer Translationswissenschaft bzw. der Emanzipation der Translatologie von der Linguistik und auch der Literaturwissenschaft wird von Vertretern der ‚radikalisierten' funktionalistischen Richtung des translatorischen Handelns[28] aufgegriffen. Als Beispiel diene hier *Kaindl 1997*, der für eine Emanzipation der Translationswissenschaft vom Textbegriff und einer Textwissenschaft schlechthin plädiert: Trotz der neueren pragmatischen Richtungen in der Linguistik, bleibe diese struktur- und äquivalenzorientiert und somit als Grundlage einer Translationswissenschaft ungeeignet (Kaindl 1997, 56). Zentral seien „nicht mehr Texte, sondern Tätigkeiten" (ebd.). Durch diese Loslösung der Translationswissenschaft von einem textwissenschaftlichen Fächerkanon könne eine Dynamisierung des Forschungsprozesses ermöglicht und somit neue Perspektiven für diese Wissenschaft eröffnet werden (ebd., 57). Denn: „Will man den Text als zentrale Kategorie in einer eigenständigen Translationswissenschaft halten, ... so muß der Unterschied zu den sonstigen textwissenschaftlichen Untersuchungsperspektiven und – methoden deutlich gemacht werden" (ebd., 61). Das sei nun ohne Berücksichtigung linguistischer Methoden kaum möglich und eben deswegen biete das Konzept des translatorischen Handelns eine Alternative, da hier der Unter-

---

28 Vgl. hierzu u.a. Holz-Mänttäri 1993. Dieser Richtung ließe sich auch Schneiders 2007 zuordnen. Schneiders lehnt zwar die Skopos-Theorie ab, bleibt aber in Bezug auf den Übersetzungsbegriff eher normativ. Die Analyse ist literaturwissenschaftlich-hermeneutisch orientiert und deutlich anti-linguistisch: Linguistik wird als Substitutionalismus abgetan, durch linguistische Ansätze werde Übersetzen zu einem Phänomen der Substitution formaler Elemente reduziert (Schneider 2007, 17).

suchungsgegenstand nicht als Text und Textvergleich, sondern als Handlungsgefüge gesehen werde (ebd., 62).

Diese programmatisch bestimmte Flucht vor der Linguistik endet in dem vagen translatorischen Handeln, wo eben zwischen Text und Handeln getrennt wird. Dies ist ein Fehler, weil ja Handlungen eben durch Texte oder Diskurse erst konstituiert werden – hier wird Handeln bzw. Kommunikation von Sprache getrennt und Übersetzen auf eine empirisch nicht nachweisbare und theoretisch äußerst problematische Handlungsebene transportiert. Ein Übersetzungsbegriff, bei dem weder Text noch Sprache eine Rolle spielen, ist eine deutlich unzulässige Reduktion des Forschungsobjekts, da bekanntlich Übersetzungen immer Sprache enthalten und in der Form von Texten realisiert werden. Es könnte zwar interessant sein, Handlungsaspekte beim Übersetzen getrennt zu analysieren,[29] aber dies als Grundlage einer Übersetzungs-, geschweige denn einer Translationstheorie wäre aus den bereits genannten Gründen wenig angebracht.

Auch bei *Gideon Toury*, der keineswegs dem Skopos-Ansatzes zugeordnet werden kann, sondern für einen empirisch-deskriptiven Ansatz in der Übersetzungswissenschaft plädiert, findet sich eine deutliche Ablehnung der Linguistik, darunter auch der Textlinguistik, als theoretischer Grundlage einer Übersetzungswissenschaft:

> „However highly one may think of Linguistics, Text-Linguistics, Contrastive Textology or Pragmatics and their explanatory power with respect to translational phenomena, being a translator cannot be reduced to the mere generation of utterances which would be considered ‚translations' within any of these disciplines. Translation activities should rather be regarded as having cultural significance. Consequently, ‚translatorship' amounts first and foremost to being able to *play a social role*, i.e., to fulfil a function allotted by a community – to the activity, its practitioners and/or their products – in a way which is deemed appropriate in its own terms of reference" (Toury 1995, 53).

Eine linguistisch bezogene Definition von Übersetzen sei also reduktionistisch, da Übersetzen hier nur im Rahmen solcher Modelle auf eine Generierung sprachlicher Äußerungen beschränkt und eben nicht als soziales Phänomen gesehen werde. Dieser Behauptung ist ohne weiteres zuzustimmen – dass Übersetzen ein tradiertes, rollenspezifisches soziales Phänomen und deswegen auch eine normgesteuerte Aktivität ist, lässt sich ohne weiteres nachweisen und trifft in der Tat den ontologischen Kern von Übersetzen. Aber seine Kritik an der

---

29 Eine konsequente handlungsorientierte Analyse von Übersetzen findet sich in Resch 2006. Sie betrachtet Übersetzen als eine kulturüberschreitende Tätigkeit wo „eine erfolgreiche Bedeutungskonstitution aufgrund kulturspezifisch anderer Kommunikationskonventionen und Realitätssichten nicht erfolgen kann" (Resch 2006, 39). Von Sprache ist hier wenig die Rede. Die Autorin grenzt linguistische Aspekte beim Übersetzen bewusst aus, was bei ihrer Betrachtung von Genre auch explizit geäußert wird (ebd., 42).

Linguistik trifft nur zur Hälfte zu: Wie bei Vermeer wird die Linguistik reduziert auf „the mere generation of utterances" (ebd.). Das trifft für Modelle der strukturellen Satzlinguistik zu, nicht aber für pragmatische Ansätze, die ja Sprache – und dann auch Übersetzen – eben als soziale Praxis betrachten. Das bedeutet, dass Übersetzen wie jede Art von sprachlicher Kommunikation normgesteuert und daher auch eine interaktiv ‚verhandelte' Aktivität ist. Eine Betrachtung von Übersetzen auf einer solchen textlinguistischen Grundlage würde daher Übersetzen als normgesteuerte kommunikative Aktivität einerseits und sprachlich strukturiertes Gebilde in der Form von Texten andererseits berücksichtigen müssen.[30] Tourys Ablehnung der Linguistik bedeutet jedoch, dass sprachliche Aspekte beim Übersetzen sehr weit in den Hintergrund gedrängt werden. Nun ist es nicht nur legitim, sondern auch äußerst relevant, die Normproblematik beim Übersetzen als spezifischen Forschungsgegenstand hervorzuheben. Aber wie bei dem Skopos-Ansatz wird hier die Linguistik ausgeklammert, trotz der Tatsache, dass Sprache ein nicht wegzudenkendes Merkmal von Übersetzen ist.

3.4 Übersetzen als Materialgrundlage der satzorientierten kontrastiven Linguistik

3.4.1 Vorbemerkung

Übersetzungen sind natürlich ein sehr interessanter Ausgangspunkt für kontrastiv-linguistische Forschungsvorhaben. Denn ein Korpus bestehend aus Ausgangstexten und deren Übersetzungen bietet grundsätzlich eine gute Basis dafür, wie man, sozusagen Satz für Satz, ‚dasselbe' in zwei Sprachen ausdrücken kann. Übersetzungen treten deshalb nicht selten als Materialgrundlage für einen kontrastiven Strukturvergleich auf, vor allem im Rahmen der Analyse syntaktischer und transphrastischer Kontraste. Dabei wird Übersetzen als Phänomen meist nicht weiter thematisiert, sondern mehr oder weniger als gegeben angenommen bzw. über einen meist nicht definierten Begriff Äquivalenz charakterisiert. Bei diesen Analysen sind eben Sprachkontraste das Forschungsobjekt und Übersetzungen die empirische Basis für solche. Es ist daher nicht verwunderlich, dass auf eine eingehende Problematisierung des Übersetzungsbegriffs meist ver-

---

30 Vgl. hierzu Toury 1999, 14f., wo Toury Übersetzen als normgesteuerte Aktivität erläutert und dabei den dynamischen Charakter von Normen erläutert. In der pragmatischen Textlinguistik kritisiert Konrad Ehlich den Reduktionismus der strukturellen Linguistik auf Satz und Struktur: das bedeute schließlich eine „Verarmung des Objektbereichs" (Ehlich 1999, 30). Um Objekt und Methode zu versöhnen, sei eine Betrachtung von Sprache nötig, die diese „als eine gesellschaftliche Praxis der Kommunikation und als ein für vielfältige Funktionen entwickeltes und unterhaltendes Ensemble von Mitteln" (ebd., 32) betrachtet. Eine Betrachtung von Sprache als konventionalisiertem, sozialem Verständigungsmittel liegt auch der Textlinguistik von Kirsten Adamzik (Adamzik 2004) zugrunde.

zichtet wird. Das ist einerseits problematisch, da Übersetzungen sich wohl kaum über einen einfachen, statischen Äquivalenzbegriff definieren lassen, andererseits ist jedoch der Fokus auf strukturelle Kontraste sowohl für die Analyse von mikrolinguistisch lokalisierten Übersetzungsproblemen als auch für die Analyse von Charakteristika einer etwaigen Übersetzungssprache äußerst relevant.

3.4.2 Der strukturalistische Textansatz: Übersetzen als Substitution

Bei den meisten der hier zu besprechenden Arbeiten wird also der Übersetzungsbegriff nicht weiter thematisiert. Aber eine Ausnahme hierzu bietet Roland Harweg, der auf einer strukturalistischen Grundlage mit Hilfe des Analyseverfahrens Substitution den Übersetzungsbegriff definiert: Übersetzen sei eine interlinguale paradigmatische Substitution von Textelementen wie in der Substitution eines Textelements *Es war einmal ein alter König* im Deutschen durch ein Textelement *Once upon a time there was an old king* im Englischen (Harweg 1979, 312). Dabei unterscheidet er zwischen interlingualen Texten einerseits, die Elemente aus mehreren Sprachsystemen enthalten,[31] und Übersetzungen andererseits, die „durch den Vergleich einer Mehrheit von – verschiedensprachigen – Texten mit maximaler mutueller Vergleichbarkeit, d.h. durch den Vergleich solcher Texte, zwischen denen ein paradigmatisches Substitutions- oder herkömmlich gesprochen: ein Übersetzungsverhältnis besteht" gekennzeichnet sind (ebd., 316). Auf der Basis eines über pronominale Substitutionsketten definierten Textbegriffs leitet also Harweg einen ebenfalls über Substitution struktureller Elemente definierten Übersetzungsbegriff ab. Dieser modellkonsistente strukturalistische Übersetzungsbegriff zeigt mit aller Deutlichkeit die Grenzen eines Textbegriffs auf der Grundlage der strukturalistischen Syntax und ist eben wegen der sauberen, konsistenten Darstellung ein gutes Beispiel für die Unzulänglichkeit rein strukturalistischer Ansätze als Grundlage einer linguistischen Übersetzungstheorie – der Ansatz zeigt exemplarisch ‚wie weit man damit kommt'. Ähnlich wie bei Catford, der Übersetzen auf der Grundlage einer frühen Version der systemic functional grammar von Halliday auch über das Kriterium Substitution definiert („the replacement of textual material in one language (SL) by equivalent textual material in another language (TL)" (Catford 1974, 20)), muss hier aus Gründen des gewählten Beschreibungsansatzes Übersetzen auf ein statisches Substitutionsphänomen reduziert werden. Dass solche Ansätze nur wenige Seiten beim Übersetzen zu analysieren imstande sind, wird durch beide Arbeiten gezeigt, vor allem bei Catford, der auch die Grenzen seines Ansatzes zeigt, indem er auch explizit angibt, welche

---

31 Als Beispiel führt Harweg hier einen Satz wie *jemand hatte three children* auf (Harweg 1979, 313).

Aspekte beim Übersetzen im Rahmen seines Ansatzes[32] eben nicht Gegenstand der Analyse sein können (v.a. ebd., 83ff.).

3.4.3 Übersetzen als Materialgrundlage für kontrastive Analysen

3.4.3.1 Vorbemerkung

Bei den übrigen hier zu besprechenden kontrastiven Arbeiten wird also der Übersetzungsbegriff nicht weiter thematisiert, sondern als Materialgrundlage für syntaktisch-kontrastive Problemstellung eingesetzt. Hier lassen sich jedoch zwei Gruppen herausfiltern, und zwar nach dem Forschungsobjekt für die jeweilige kontrastive Problemstellung: Zum einen handelt es sich um Arbeiten, die mit Hilfe von Übersetzungen Kontraste – vorwiegend strukturell-grammatischer Art – zwischen den *Sprachen* analysieren. Zum anderen finden sich hier auch Untersuchungen, die sprachlich-strukturelle Phänomene in Übersetzungen analysieren mit dem Ziel, spezifische sprachliche Charakteristika von *Übersetzungen*, also eine Art Übersetzungssprache, zu erforschen.

3.4.3.2 Kontraste zwischen Sprachen bzw. Sprachsystemen

Übersetzungen sind als empirische Basis für kontrastive Arbeiten ideal, vorausgesetzt, dass Übersetzen als statisches Phänomen betrachtet wird sowie dass von einem etwaigen Einfluss der Übersetzungssituation selbst – also die Tatsache, dass man einen Text als Wiedergabe eines anderen schreibt – auf die ermittelten Kontraste abgesehen wird. Mit solch einer radikalen Reduktion von Übersetzen ist die direkte Relevanz dieser Arbeiten für die Übersetzungswissenschaft mit Vorbehalt zu genießen, allerdings liefern die Ergebnisse dieser Analysen wichtige kontrastive Grunddaten auch für pragmatisch ausgerichtete Übersetzungsanalysen.

In ihren vielen Arbeiten zur Informationsstruktur und topologischen Struktur im einfachen Satz analysiert *Monika Doherty* (1991, 1992, 1996, 2000, 2002) wichtige und übersetzungsrelevante Kontraste zwischen dem Deutschen und dem Englischen. Übersetzen wird dabei meist nicht definiert oder generell gekennzeichnet, etwa durch Forderungen an den Zieltext „to retain as much of the wearing and style of the original as was compatible with an appropriate use of that target language" (Doherty 2002, 160). Stattdessen werden sprachspezifische

---

32 Dies ist insofern interessant, weil Catford 1974, wie Jörn Albrecht dies sehr treffend formuliert, als „das am stärksten an rein linguistischen Kategorien orientierte Werk zu den Problemen der Übersetzung, das je geschrieben wurde" (Albrecht 2005, 19) betrachtet werden kann.

Regeln für die Informationsprozessierung auf der Basis von Übersetzungen untersucht. Dabei geht sie von dem grundlegenden, universalen pragmatischen Prinzip der Relevanz[33] aus. Das Relevanzprinzip sei also universell, es liege daher jeder sprachlichen Äußerung und auch Übersetzungen zugrunde: Eine Äußerung sei relevant, wenn durch geringst möglichen Prozessierungsaufwand eine größtmögliche kontextuelle Wirkung erzielt werde. Optimale Relevanz sei also eine Art „trade-off between cognitive gains and processing efforts" (Doherty 2002, 160), wobei dieser Prozessierungsaufwand durch „language-specific conditions on optimal processing" (ebd.) kontrolliert sei. Ein wichtiger Aspekt solcher sprachenspezifischen Kontraste sei die Prozessierung von Information im einfachen Satz. Dabei wird davon ausgegangen, dass das Verb das strukturelle und informationelle Zentrum des Satzes darstellt und die Anordnung der Elemente im Satz von der Grundposition des Verbs (Endstellung, Zweitstellung) abhängt – eine rechtsdirektionale Anordnung der Elemente in Verbendstellungssprachen wie dem Deutschen und eine linksdirektionale Anordnung in einer Verbzweitstellungssprache wie dem Englischen. Durch diese und ähnliche Analysen (Doherty 2000, 2002) werden wichtige, generelle topologische Regeln im einfachen Satz in den verglichenen Sprachen analysiert; in anderen Arbeiten wie in Doherty 1991 werden Spaltsätze (‚cleft sentence') in Übersetzungen untersucht. Diese kontrastiven Regeln sind für Übersetzer zweifellos nützlich und Dohertys Arbeiten somit auch für die Übersetzungswissenschaft relevant. Aber weder der Übersetzungsbegriff noch der Textbegriff werden hier problematisiert: Es handelt sich letzten Endes um eine satzgrammatische kontrastive Analyse auf generativ-grammatischer Grundlage, bei dem satzstrukturelle Phänomene das Forschungsobjekt und Übersetzungen die Materialgrundlage darstellen.

Ähnliche Arbeiten zur kontrastiven Linguistik mit Übersetzungen als Materialbasis findet sich bei *Spraul 1990*, bei der der Artikelgebrauch im Deutschen und Russischen im Rahmen des Nutzens für den Übersetzungsunterricht untersucht wird. Ein weiteres Beispiel wäre *Klaudy 1991*. Sie untersucht wie Doherty die Informationsstruktur des Satzes und wie diese im Ungarischen und Russischen unterschiedlich realisiert wird, dabei vor allem den Zusammenhang zwischen Nominalkonstruktionen im Russischen und Relativsätzen als struktureller Entsprechung von diesen im Ungarischen. Zu erwähnen wären auch *Altenberg 2002*, der auf der Basis eines Korpus von Übersetzungen und deren Ausgangstexten das System der Konzessivkonnektoren im Englischen und Schwedischen untersucht, sowie auch *Gundel 2002*, die Satzspaltungen im Englischen und Norwegischen auf der Grundlage eines ähnlichen Übersetzungskorpus analysiert. Diesen Arbeiten ist ein systemlinguistisches Forschungsinteresse in Bezug auf Sprachkontraste gemein. Das

---

33 Der Stellenwert von Übersetzungen im Rahmen der Relevanztheorie wird in Gutt 2000 ausführlich diskutiert.

Phänomen Übersetzen, auch die Analyse einer etwaigen Übersetzungssprache, ist nicht Gegenstand der Forschung – Übersetzungen werden auch hier nur als empirische Basis für strukturspezifische Kontraste zwischen Sprachen benutzt.

Auch die große Untersuchung von *Kåre Solfjeld* zur Sententialität im Deutschen und Norwegischen (Solfjeld 2000) hat ein sprachkontrastives Forschungs-interesse – trotz der Tatsache, dass hier norwegische Übersetzungen im Bereich der Sachprosatexte mit ihren deutschen Ausgangstexten verglichen werden: Auf der Basis einer Pilotuntersuchung von deutschen und norwegischen Pressetexten (Fabricius-Hansen/Solfjeld 1994) wird hier auf breiter empirischer Grundlage untersucht, ob sich die damals formulierten Arbeitshypothesen zur Sententialität und Nominalität im Deutschen und Norwegischen bestätigen lassen, und zwar, dass „deutsche Sachprosa im allgemeinen nominaler als die norwegische ist und daß deutsche Sachprosatexte demzufolge beim Übersetzen ins Norwegische ten-denziell sententialisiert werden" (Solfjeld 2000, 301). Diese Annahme lässt sich auch bestätigen und wird in Solfjeld 2000 über die sehr allgemein formulierte Ausgangsthese hinaus auch weiter differenziert (u.a. ebd., 77ff.; 302). Dabei werden auch mögliche Übersetzungsstrategien erläutert (ebd., 145ff.). Trotz der Analyse möglicher Übersetzungsstrategien handelt es sich in Solfjeld 2000 immerhin um Sprachkontraste als Analysegegenstand. Diese strukturellen Kon-traste und die damit verbundenen Sententialisierungsstrategien bilden allerdings einen guten Ausgangspunkt für weitere übersetzungsbezogene Untersuchungen, etwa in Bezug auf strukturelle Charakteristika einer etwaigen Übersetzungs-sprache. Solfjeld 2000 ist jedoch wie auch Spraul 1990 und Doherty 2002 an Sprachkontrasten orientiert und untersucht dabei satzstrukturelle Phänomene. Sogar sein Kapitel über Stilnormen und Übersetzung (Solfjeld 2000, 35ff.) ist satzbezogen und beschäftigt sich in erster Linie mit dem Grad des Nominalstils in den untersuchten Sprachen. Abgesehen von einigen Kommentaren zur Kohäsionsbildung (z.B. ebd., 195ff.) bleibt die Arbeit in Theorie, Methode und Empirie satz- und eben nicht textbezogen.

Kurz zu erwähnen wäre auch die Arbeit von *Ramm 2004*. Ihre Materialgrund-lage bilden deutsch-norwegische und norwegisch-deutsche Übersetzungen aus dem Osloer multilingualen Korpus[34]. Auch bei ihr bildet nicht die Textebene, sondern die Satzebene den Analysegegenstand. Sie begründet die Wahl von Übersetzungen als Materialgrundlage ihrer Arbeit eben damit, dass „There is little doubt that the sentence ... forms the basic unit for translation" (Ramm 2004, 129). Vor diesem Hintergrund untersucht Ramm, inwieweit Inhalte satz-strukturell identisch übersetzt werden, auf mehrere Sätze verteilt werden („sentence splitting") (ebd.) oder auch wie zwei oder mehrere Sätze in der Aus-

---

34 Das Oslo Multilingual Corpus besteht aus authentischen Texten und Übersetzungen aus einer Reihe unterschiedlicher Sprachen, vgl. hierzu www.hf.uio/ilos/OMC.

gangssprache „may be combined or merged into one TL sentence (sentence fusion)" (ebd.). Ihr Forschungsinteresse ist aber nicht übersetzungswissenschaftlich, sondern eher sprachtypologisch. Bei Ramm geht es in erster Linie um „typological differences between the two languages and their consequences for information distribution" (ebd., 144). Übersetzungen bilden hierzu die empirische Basis für kontrastive Analysen zur Distribution von Information in Sätzen.

Die hier exemplarisch aufgeführten Arbeiten[35] zur kontrastiven Satzlinguistik sind m.E. nicht einer Übersetzungswissenschaft zuzurechnen, da sie Übersetzungen ‚nur' als Materialgrundlage für die Erforschung von Sprachkontrasten verwenden. Dabei sind sie auf satz- und systembezogene Sprachkontraste ausgerichtet – Text und Übersetzungssituation werden kaum oder gar nicht thematisiert. Die hier genannten Arbeiten bieten allerdings nicht nur eine interessante, sondern eine notwendige empirische Grundlage für die Übersetzungswissenschaft im eigentlichen Sinne: Da Übersetzen in der Tat immer Sprachliches enthält, bilden gerade empirisch fundierte, kontrastiv-linguistische Erkenntnisse eine unentbehrliche Grundlage übersetzungswissenschaftlicher Analysen: Diese grundlegenden (syntaktischen) Kontraste zwischen den Sprachen spielen bei jedem Übersetzungsfall eine Rolle, da ja hier Regeln mit allgemeiner Gültigkeit für die gesamte Sprache oder mindestens für die gesamte geschriebene sprachliche Kommunikation ermittelt werden.

3.4.3.3 Satzlinguistische Kontraste zwischen Übersetzungen bzw. Übersetzungssystemen

Während im letzten Teilkapitel strukturelle Charakteristika von Sprachen bzw. Sprachsystemen durch kontrastive Analysen von Übersetzungen zu ermitteln waren, werden hier exemplarisch einige Arbeiten besprochen, die auf der Grundlage kontrastiver Analysen Besonderheiten von übersetzten Texten als ihr Erkenntnisinteresse haben. Das Übersetzen selbst ist also Gegenstand der Forschung, nicht die Sprache generell als eigenständiges Sprachsystem. Dabei werden – vor allem auf der Basis von Übersetzungskorpora – Übersetzungen nicht nur mit deren Ausgangstexten, sondern auch mit Originaltexten in der Zielsprache verglichen. Aber auch hier befassen sich die meisten Analysen mit satzlinguistischen Fragestellungen, seltener mit Analysen transphrastischer Phäno-

---

35 Erwähnen könnten wir auch Gundersen 2004, der Übersetzungen von der norwegischen Konstruktion Präposition + *at*-Satz *(‚dass*-Satz') ins Englische als empirische Grundlage für einen Vergleich mit den Regeln zu diesem kontrastiven Phänomen in pädagogischen Grammatiken für Englischstudierende in Norwegen und Schweden untersucht. In diesem Zusammenhang sei ein wichtiges Forschungsziel, „to find out what the corpus can tell us about the circumstances under which we can expect the different types of correspondence to be used" (Gundersen 2004, 114).

mene, und schon gar nicht mit der Analyse von Text in seiner Gesamtheit. Dabei wird nicht unerwartet vorwiegend mit Methoden der kontrastiven Satz- und Systemlinguistik gearbeitet, denn auch hier bleibt der Satz und nicht der Text die Analyseeinheit. Der Übersetzungsbegriff wird nicht weiter thematisiert – allerdings wird hier zwischen übersetzten Texten und Originaltexten einer Sprache unterschieden und dabei Übersetzungen wegen der besonderen Interlingualität dieser Textklasse als geeignete empirische Grundlage für allgemeine, sprachenkontrastive Analysen – zumindest implizit – in Frage gestellt.

Auch hier ist zu betonen, dass kein vollständiger Forschungsüberblick über diese Analysen im Grenzbereich zwischen Übersetzungsanalysen und klassischen kontrastiven Analysen einerseits sowie zwischen transphrastischer Textlinguistik und Satzlinguistik andererseits angestrebt wird. Sie bilden jedoch eine wichtige Gruppe bei Analysen von Übersetzungen mit dem Forschungsschwerpunkt ‚Satz im Text' und sind deshalb auch in einem textlinguistisch orientierten Überblick über die Übersetzungswissenschaft interessant. Aus diesem Grund werden wir uns auf nur einige Arbeiten dieser Forschungsrichtung in der Übersetzungswissenschaft beschränken.

In vielen ihrer Arbeiten untersucht *Cathrine Fabricius-Hansen* auf der Grundlage deutsch-norwegischer Übersetzungsfälle und der Diskursrepräsentationstheorie von Nicholas Asher (Asher 1993) die Informationsdichte in deutschen und norwegischen Sätzen.

Ausgangspunkt der Untersuchung sind syntaktisch komplexe deutsche Texte aus dem großen Textbereich Sachprosa. Dabei wird vor allem der Frage nachgegangen, nach welchen Prinzipien Sätze in solchen deutschen Texten in einen syntaktisch weniger komplexen Stil ins Norwegische übersetzt werden. Durch diese Analyse wird nachgewiesen, dass bei einer stilistisch angemessenen Übersetzung die Information, verstanden als die Denotation eines deutschen Ausgangssatzes, im norwegischen Zieltext oft über mehrere Sätze verteilt werden muss (Fabricius-Hansen 1996[36], 530-540).

Durch ihre sehr fundierte theoretische und empirische Analyse zeigt die Autorin, dass deutsche Sachprosa einen recht hohen Grad an Informationsdichte aufweist, „packing much information into each sentence and/or clause by way of a complex syntactic structure at different levels and relying heavily on accommodation and knowledge-based inference as a means of enriching the information expressed by overt linguistic material" (ebd., 558). Norwegische Sachprosa weise dagegen einen deutlich niedrigeren Grad an Informationsdichte auf, „distributing the discourse information over a sequence of syntactically rather

---

36 Vgl. hierzu auch Fabricius-Hansen 1999, wo auch Informationsstrukturen in Sätzen übersetzter Texte und in Originaltexten nach der Diskursrepräsentationstheorie „by holding the information conveyed and the intentional global discourse structure under control" (Fabricius-Hansen 1999, 212) untersucht werden.

simple sentences with the effect that in the most extreme cases, each sentence mentions and describes one eventuality only" (ebd.).

Fabricius-Hansens Analyse ist satzbezogen, quantitativ ausgerichtet und auf transformationelle Prozesse als Beschreibungsinstrument bezogen. Übersetzen wird im Sinne dieses Ansatzes auf eine Übertragung von Informationselementen in Sätzen beschränkt, wobei sowohl auf eine Analyse der Textperspektive als auch auf etwaige unterschiedliche Übersetzungssituationen nicht eingegangen wird. Auf diese Reduktion der Analyseperspektive macht die Autorin auch aufmerksam, denn der Ansatz der Diskursrepräsentationstheorie „cannot do justice to those aspects of texts that make them more than a mere bundle of information" (ebd., 542). Nun sind Texte zweifellos viel mehr als ‚a mere bundle of information', aber trotzdem könnte man auf der Basis einer solchen auf Denotation, Satz und funktionskonstanten Übersetzungssituationen beschränkten Ansatzes sinnvolle Hypothesen auch für eher textbasierte Analyseansätze in der Übersetzungswissenschaft formulieren. Besonders die generelle Tendenz der unterschiedlichen Verteilung von Information auf strukturelle definierte Einheiten scheint ein textsortenübergreifendes Charakteristikum norwegischer Übersetzungen deutscher Sachprosatexte zu sein und spiegelt somit eine auch für ganze Texte relevante Übersetzungsstrategie wider. Aus diesem Grunde ist dem wichtigen Vorbehalt der Autorin auch zuzustimmen: „informational density, discourse structure, and style are properties of texts. Consequently, the balance should be made with respect to the text as a whole" (ebd., 561).

Ein weiteres Beispiel dieser kontrastiven Übersetzungsanalysen wäre u.a. *Krein-Kühle 2002*[37]. Sie untersucht auf breiter Materialgrundlage deutsche Übersetzungen von *this* als Kohäsionselement in technischen und wissenschaftlichen Texten. Ein wichtiges Ziel ihrer Arbeit sei, „to gain more specific insights into the way cohesion and coherence are established in source texts and their translations in a variety of scientific and technical text types" (Krein-Kühle 2002, 51). Ihre These, dass die Wahl von Übersetzungsalternativen nicht nur systemlinguistisch über generelle Sprachkontraste, sondern auch semantisch und pragmatisch auf der Grundlage der besonderen Textproduktionsbedingungen für Übersetzungen erklärt werden können, zeigt, dass hier erstens Übersetzungen

---

37 Vgl. hierzu auch Schmitt 1991, der am Beispiel der Wortbildung im Deutschen und Französischen auf der Grundlage des Vergleichs zwischen Paralleltexten und Übersetzungen eine unidirektionale Übersetzungsgrammatik als Leitfaden für Übersetzer vorstellt. Als generelle Methodik für „procédés technique auxquelles se ramène la démarche du traducteur" (Chuquet/Paillard 1989, 9) schlägt Chuquet/Paillard im Sinne der stylistique comparée eine Reihe von Übersetzungstechniken für sowohl lexikalische als auch syntaktische Phänomene wie u.a. Tempus und Modalität vor. Auch hier finden sich kontrastiv interessante Ergebnisse für die übersetzerische Praxis. Die beschriebenen Verfahren sind rein mechanistisch und ohne Bezug zu weder zum Text noch zur Textlinguistik.

und nicht die Sprache generell Gegenstand der Analyse sind, zweitens, dass auch mit satzübergreifenden Kategorien wie Kohäsion gearbeitet wird. Aber Übersetzen als Analysegegenstand wird nicht weiter thematisiert, sondern nur über eine nicht definierte Kategorie Äquivalenz charakterisiert. So gesehen bleibt die Arbeit eine klassische kontrastive Untersuchung, allerdings nicht auf Sprachkontraste generell, sondern auf Charakteristika einer etwaigen Übersetzungssprache bezogen.

Ein Argument für eine etwaige Übersetzungssprache findet sich auch in Arbeiten von Hilde Hasselgård, wie beispielsweise in *Hasselgård 1997*. Hier wird auf der Grundlage einer kontrastiven Analyse von Originaltexten und Übersetzungen die Besetzung der Erststelle im Satz im Norwegischen und Englischen untersucht. Als Beispiel einer übersetzungsspezifischen Verwendung dieser topologischen Regeln führt die Autorin u.a. die im heutigen Englisch seltene, aber mögliche V2-Inversion an. Vgl. hierzu den folgenden, aus dem Norwegischen übersetzten englischen Satz:

> After them come the orphanage children, and after that come Ruth and Anita (Hasselgård 1997, 9).

Diese im heutigen Englisch eher seltene topologische Variante findet sich in übersetzten englischen Texten aus dem Norwegischen deutlich häufiger als in englischen Originaltexten – 33 in Originaltexten gegenüber 43 in einem vergleichbaren Übersetzungskorpus (ebd.).[38]

In Hasselgård 2004 werden auf der Grundlage des Osloer Übersetzungskorpus unterschiedliche Funktionen von Lokaladverbialen für die Kohärenz in Texten untersucht. Im Zentrum der Untersuchung steht die kohäsionsstiftende Funktion der Adverbien *here* im Englischen und *her* im Norwegischen an der Erststelle im Satz. Diese verbinden nicht nur einen Satz mit dem vorhergehenden Satz, sondern gewährleisten im Text auch oft eine „*spatial continuity* ..., typically marked by frequent use of clause-initial space adverbials" (Hasselgård 2004, 165). Dabei wird betont, dass Übersetzungen mit Originaltexten nicht gleichgestellt werden können, da „most translations have traces from the source language, so that translated texts will not tell the whole truth about the structures of that language" (ebd., 164). Durch die Analyse der Übersetzungspraxis sowie auch der Distribution und Funktion dieser Adverbien in Originaltexten kommen recht deutliche Kontraste zwischen den untersuchten norwegischen und eng-

---

38 Vgl. hierzu auch Hasselgård 2000, wo nachgewiesen wird, dass bei der Besetzung der Erststelle im Satz in englisch-norwegischen Übersetzungen ein erstaunlich hoher Grad an Übereinstimmung zwischen Ausgangstext und Zieltext „in an area where the languages are known to differ" (Hasselgård 2000, 36) vorliege. Dies deute zum einen darauf, dass der Übersetzungsprozess linear stattzufinden scheine, zum anderen aber auch, dass für den Übersetzer die Übernahme der thematischen Struktur des Ausgangstextes für die Beibehaltung der Bedeutung des Ausgangstextes eine wichtige Rolle spiele (ebd.).

lischen Textmengen zum Vorschein. In den untersuchten Originaltexten kommt das norwegische *her* etwa doppelt so häufig vor wie das englische *here*; an der Erststelle im Satz findet sich fast der gleiche Frequenzunterschied (ebd., 164). In den untersuchten Übersetzungen in beiden Richtungen wird in rund der Hälfte der Fälle *here* nicht durch *her* bzw. *her* nicht durch *here* übersetzt (ebd., 168f.). Nach einem Durchgang unterschiedlicher Distributionen von solchen Lokal-adverbien in den übersetzten Texten kommt die Autorin zu dem Schluss, dass gerade durch kontrastive Analysen von Übersetzungen wichtige Hypothesen für Kontraste zwischen den untersuchten Sprachen generell ausgearbeitet werden könnten: Wie auch aus anderen Arbeiten hervorgeht, habe das Englische „an even greater preference for subjects in clause-initial position than Norwegian has. It may be claimed that English uses participant continuity as the most common cohesive strategy … to an even greater extent than Norwegian does" (ebd., 187). Da in den norwegischen Übersetzungen in solchen Fällen oft adverbiale PPs an der Erststelle erscheinen wie in

> „A harassed middle-aged woman in a green coat and felt hat stood *on his step* … *På trappen* stod en forknytt, middelaldrende dame i grønn kåpe og filthatt" (ebd., 183),

könnte zumindest hypothetisch behauptet werden, dass im Norwegischen eine Art ‚spatial continuity' statt einer ‚participant continuity' zur Markierung von Kohärenz benutzt wird. Durch gezielte Analysen von spezifischen (text-) linguistischen Fragestellungen an Hand von sowohl Übersetzungen als auch Originaltexten sind empirisch gesicherte Ergebnisse mit großer Relevanz für die übersetzerische Praxis möglich, die wiederum notwendig seien „in order to achieve both ‚textual equivalence' and a natural text in the target language" (ebd., 187).

Auch *Johansson 2005* analysiert die Besetzung der Erststelle im Satz in eng-lischen Originaltexten und deren norwegischen Übersetzungen. Wie etwa bei Hasselgård 1997, wird bei Johansson die Beibehaltung der thematischen Struktur der englischen Ausgangstexte in den norwegischen Zieltexten nach-gewiesen. Aber darüber hinaus findet sich auch eine Reihe unterschiedlicher Übersetzungsstrategien, vor allem in denjenigen Fällen, „where there are obstacles to preserving sentence openings because of lexical or syntactic differences between the source and the target language" (Johansson 2005, 31). Diese Ergebnisse bieten laut Johansson eine gute Grundlage für Vergleiche mit kontrastiven Analysen von englischen und norwegischen Originaltexten mit der Fragestellung „to what extent translators' choices reflect individual preferences, translation norms, or general differences between languages" (ebd., 32).

Die Frage nach dem unterschiedlichen Grad an Explizitierung in Originaltexten und Übersetzungen wird anhand von sowohl satzinternen als auch eher transphrastischen Aspekten bei *Linn Øverås* (Øverås 1998) aufgegriffen. Øverås überprüft durch den Vergleich zwischen Übersetzungen und Originaltexten[39] die Explizitierungshypothese von Blum-Kulka[40], und untersucht dabei Explizitierungen sowohl satzintern als auch transphrastisch. Sie kommt zu dem Schluss, dass Explizitierungen als „a characteristic feature of the translation *process*" (Øverås 1998, 123) zu betrachten sind. Øverås bestätigt Blum-Kulkas Hypothese dadurch, dass Explizitierungen in sämtlichen untersuchten Texten nachgewiesen wurden sowie auch dass 33 der 40 untersuchten Textexemplare mehr Explizitierungen als Implizitierungen enthielten. Ihre Arbeit unterstützt viele Aspekte der Explizitierungshypothese von Blum-Kulka und ist in Bezug auf mögliche strukturelle Charakteristika vieler oder vielleicht fast sämtlicher Übersetzungen sehr interessant. Die Analyse ist aber eindeutig strukturorientiert und berücksichtigt so gut wie gar nicht den textuellen Kontext oder pragmatische Aspekte der besprochenen Satzbeispiele. Das Analysemodell und die theoretische Grundlage der Analyse von strukturell definierten Universalien bleiben satzlinguistisch orientiert. Allerdings zeigt ihre Analyse von einer transphrastischen Kategorie wie Kohäsion, dass auch textlinguistische Kategorien untersucht werden. Øverås 1998 ist deswegen eine Arbeit im Grenzbereich zu der transphrastischen Textlinguistik, ohne dass sie textlinguistische Analyseverfahren verwendet, sondern sich immer noch Methoden der Satzlinguistik bedient. In übersetzungswissenschaftlicher Hinsicht ist die Arbeit konsistent deskriptiv, indem sie in Anlehnung an Gideon Toury untersucht „what translations are, rather than what they fail to be" (ebd., 102). Sie betrachtet Übersetzungen eben nicht als Realisierung eines Sprachsystems, sondern als eigene Sprachkategorie, die auf der Basis eines spezifischen Übersetzungsprozesses entstanden ist. Dabei geht sie auch konsequent von Texten aus, die von der aktuellen Diskursgemeinschaft als Übersetzungen benannt worden sind (ebd.). In dieser Hinsicht ist Øverås 1998 eine Arbeit, die Übersetzen deskriptiv als eigenständiges Textphänomen analysiert und sich in der Systematik des vorliegenden Kapitels an der Schnittstelle zwischen Syntax und Textlinguistik sowie zwischen Übersetzen als ‚nur' Sprache und Übersetzen als eigener Textkategorie befindet. So gesehen bildet diese Gruppe und dabei Øverås 1998 insbesondere einen Übergangsbereich zwischen syntaktischen und textlinguistisch-transphrastischen Ansätzen in der Übersetzungswissenschaft.

---

39 Øverås benutzt The English-Norwegian Parallel Corpus (ENPC), das aus Originaltexten und deren Übersetzungen besteht und später in das Oslo Multilingual Corpus (OMC) integriert worden ist.

40 Blum-Kulkas Explizitierungshypothese („an observed cohesive explicitness from SL to TL texts regardless of the increase traceable to differences between the two linguistic and textual systems involved") (Blum-Kulka 1986, 19) wird in 3.5 ausführlicher besprochen.

3.5 Kontrastive Textlinguistik und Übersetzungsanalysen

3.5.1 Vorbemerkung

Die hier zu besprechenden Beiträge sind grob gesehen auch als kontrastive Arbeiten zu betrachten. Auch bei diesen Arbeiten sind meist Sprachkontraste zentraler als Übersetzungskontraste, untersucht werden aber nicht satz-linguistisch definierte, sondern textlinguistische Phänomene wie die gram-matische Kohärenz[41], thematische Kohärenz, Textsortenvergleiche oder kontra-stiv-textologisch orientierte Untersuchungen zu größeren Textbereichen. Diese kontrastiven Arbeiten decken also die Entwicklung von transphrastischen zu funktionalpragmatischen Ansätzen in der Textlinguistik ab. Die Tatsache, dass das Forschungsinteresse dieser Arbeiten auf Sprachkontraste ausgerichtet ist, bedeutet, dass auch hier Übersetzen als eigenes Phänomen kaum definiert oder typologisiert wird. Allerdings wird fast in jeder Arbeit betont, dass die zu ermit-telnden Textkontraste für die Übersetzungspraxis relevant seien. Nicht wenige dieser Arbeiten geben deshalb die Relevanz ihrer Ergebnisse für die Über-setzungspraxis als wichtiges Ziel ihrer Forschung an.

Als Beispiel wäre hier u.a. die Arbeit der 2000 eingerichteten Forschergruppe GENTT – *Textual Genres for Translation* an der Universität Jaume I in Castellón in Spanien (Ressurrecció et al. 2008) zu erwähnen. Dabei wird *Genre* als eine formale, sozio-kommunikative und kognitive Aspekte enthaltende Kategorie im Rahmen eines größeren Konzepts zur übersetzerischen Kompetenz betrachtet (Resurrecció et al. 2008, 9f.). Genre bilde dabei eine Schlüssel-kategorie für die übersetzerische Praxis, indem erstens Genre sowohl den An-fang als auch das Ende jeder Analyse darstelle und zweitens erst über Genre kommunikative Ziele beim Übersetzen realisiert werden können (ebd., 5f.). Dieser deutliche Bezug zur Übersetzungspraxis wird in erster Linie dadurch legitimiert, dass vor allem Analysen im Bereich der kontrastiven Textologie und dadurch erkennbare unterschiedliche Textnormen in einem gegebenen Text-sortenbereich eine wichtige Grundlage für sowohl Analysen der Übersetzungs-praxis als auch für die Evaluation von Übersetzungen darstellen. Gerade durch die Tatsache, dass hier nicht mehr der (einfache) Satz, sondern textbezogene Kontraste Gegenstand der Analyse sind, wird der Bezug zum Textphänomen Übersetzen noch deutlicher.

---

41 In der vorliegenden Arbeit wird nicht zwischen Kohärenz und Kohäsion wie etwa bei Halliday 1985, 287ff. unterschieden, sondern von einem generellen Kohärenzkonzept ausgegangen. Dieser im Vergleich mit Halliday 1985, 297; 318 umfassendere Kohärenz-begriff wird vor allem dadurch begründet, dass Kohärenz generell für Textzusammenhang sorgt und dass dies entweder explizit durch spezifische sprachliche Elemente wie Deixis und Konnektoren markiert wird oder implizit durch eine Interpretation der konzeptuellen Struktur des Textes geschieht.

3.5.2 Grammatische Kohärenz

Die unterschiedliche Verwendung von Kohäsionsmitteln in Ausgangstexten und Zieltexten ist beim Übersetzen kein unbekanntes Problem. Dies kommt schon in einigen der bereits besprochenen satzbezogenen Analysen indirekt zum Ausdruck. Ein oft über weite Textstrecken beobachtbarer satzarmer, syntaktisch komplexer deutscher Nominalstil muss oft in norwegischen – und auch englischen – Zieltexten durch mehr Sätze und weniger komplexe Syntax wiedergegeben werden, wie dies u.a. in Fabricius-Hansen 1996 und auch in Solfjeld 2000 gezeigt wird. Dies hat unweigerlich zur Folge, dass die 'neuen' Sätze in den Zieltexten durch Kohärenzmittel vernetzt werden müssen, die gerade wegen des Nominalstils im Ausgangstext implizit sind und die der Übersetzer wegen der erhöhten Sententialität im Zieltext selbst hineinfügen bzw. hineininterpretieren muss. Die generellen Probleme der Herstellung von Kohärenz in Zieltexten sind auch oft der Anlass für spezifische kontrastive Analysen zur grammatischen Kohärenz.

Eine typische Vertreterin solcher Problemstellungen ist die Arbeit von *Inkeri Vehmas-Lehto*. Ihre Analyse ist eine Diskussion von Gründen „for the unnaturalness and obscurity of some translations from Russian into Finnish" (Vehmas-Lehto 1991, 172). Durch diese Arbeit untersucht die Autorin „means of avoiding certain flaws in these translations … or, more precisely, cohesion between sentences" (ebd.). Auf der Grundlage der finnischen Übersetzung von 11 russischen Texten und einem Paralleltextkorpus von 15 authentischen finnischen Texten aus entsprechenden Textsortenbereichen werden zwei Klassen von Kohäsionsfehlern festgestellt – zum einen Fälle, die unfinnisch klingen, aber den Textzusammenhang nicht stören, zum anderen Fälle von unklarer bzw. falscher Kohäsion zwischen Sätzen. Es gebe allerdings auch Fälle, bei denen pragmatisch bedingte, nicht realisierte Kohäsion im Ausgangstext in der Übersetzung verloren gehe. Die Kohäsion im Zieltext könne dann nur durch „compensational cohesive ties between chunks of text" (ebd., 177) wieder hergestellt werden, was u.a. durch eine höhere Frequenz von Konnektoren in den finnischen Zieltexten als in den russischen Ausgangstexten nachgewiesen wird. Allerdings sei die Frequenz von Konnektoren in den finnischen Zieltexten niedriger als in den finnischen Paralleltexten, was auf die zentrale Rolle der Interferenz vom Ausgangstext deute (ebd., 180).

Vehmas-Lehtos Arbeit ist eine transphrastisch-textlinguistisch basierte Analyse von Übersetzungen als spezifischer Textklasse. Am Beispiel der Analyse von grammatischer Kohärenz in Übersetzungen im Vergleich mit deren Ausgangstexten und zielsprachlichen Paralleltexten werden Übersetzungen als eine Sonderform einer Interimsprache positioniert. Dies kommt u.a. durch die oben erwähnte höhere Frequenz von Konnektoren in den Zieltexten als in den Ausgangstexten und die niedrigere Frequenz derselben im Vergleich mit den zielsprachlichen Paralleltexten zum Ausdruck.

Ein weiteres Beispiel wäre hier *Mason 1998*, der Konnektoren, dabei vor allem implizit ausgedrückte Konnexion, im Englischen und Französischen untersucht. Die Arbeit ist weitgehend sprachlich kontrastiv, erwähnt aber eine besondere übersetzungswissenschaftliche Perspektive. Wenn bei diesen von ihm als elliptisch bezeichneten Fällen der pragmatische und semiotische Kontext des Zieltextes von dem des Ausgangstextes abweiche, seien Kohäsion und Kohärenz anderen pragmatischen Bedingungen zugeordnet (Mason 1998, 181). In solchen Situationen sei ein Vergleich von beispielsweise Konnektoren im Ausgangstext und Zieltext nur sinnvoll „in relation to overall rhetorical purposes and the ways in which these find expression in source and target texts" (ebd.). Die Einbindung der Analyse in das funktionale Paradigma wird jedoch über den Verweis auf den Skopos-Begriff bei Reiß/Vermeer 1991 nicht weiter verfolgt, ansonsten wird hier vorwiegend kontrastiv mit Hilfe von Originaltexten in beiden Sprachen gearbeitet. Aber weder Mason 1998 noch Vehmas-Lehto 1991 gehen auf die Ausarbeitung eines textlinguistischen Modells für die Beschreibung von Übersetzungen, auch nicht auf eine mögliche Differenzierung des Übersetzungsbegriffs ein. Aber sie verweisen mit aller Deutlichkeit auf relevante Übersetzungsprobleme, die im Bereich der grammatischen Kohärenz lokalisiert sind.

Diese unterschiedliche Frequenz und auch Verwendung von Kohärenzelementen zwischen Übersetzungen und deren Ausgangstexten einerseits und zielsprachlichen Paralleltexten andererseits ist ein interessanter Aspekt einer zentralen, allgemeinen These zu einem textlinguistisch-transphrastischen Wesensmerkmal von Übersetzungen, der Explizitierungshypothese von Blum-Kulka 1986.

Shoshanna Blum-Kulka untersucht „possible shifts of cohesion and coherence in the translation of written texts" (Blum-Kulka 1986, 17). Sie geht dabei von der These aus, dass der Übersetzungsprozess „necessarily entails shifts in both textual and discoursal relationships" (ebd., 18). Zwischen Sprachen sei die Distribution von Kohäsionsmitteln unterschiedlich: Dies sei zum einen sprachenspezifisch[42], zum anderen in Übersetzungsfällen auch ein Ergebnis des Übersetzungsprozesses selbst (ebd., 19). Dies wird u.a. dadurch begründet, dass sowohl in einer Fremdsprache F verfasste Texte als auch Übersetzungen die Sprache F länger, also expliziter sind als authentische muttersprachliche Texte in der Sprache F, einschließlich Texte in der Sprache F, die als Ausgangstexte für Übersetzungen funktionieren: „explicitation is a universal strategy inherent in the process of language mediation, as practiced by language learners, non-professional translators and professional translators alike" (ebd., 21). Auf Übersetzungen bezogen postuliert diese *explicitation hypothesis* „an observed

---

42 Als Beispiel erwähnt Blum-Kulka Unterschiede zwischen dem Englischen und Hebräischen: Im Englischen werde die Kohäsion vorwiegend durch Pronomina markiert, im Hebräischen jedoch eher durch lexikalische Wiederholung (ebd., 22).

cohesive explicitness from SL to TL texts regardless of the increase traceable to differences between the two linguistic and textual systems involved" (ebd., 19). Für die Überprüfung dieser universell konzipierten Hypothese sind selbstverständlich empirische Analysen nötig. Blum-Kulka schlägt dabei selbst Analysen von Kohäsionsmustern zwischen zwei Sprachen innerhalb eines Registers verglichen mit Übersetzungen innerhalb des gleichen Registers (ebd., 32f.) vor.

Blum-Kulkas Explizitierungshypothese ist übersetzungswissenschaftlich orientiert in dem Sinne, dass bei ihr Übersetzungen das Forschungsobjekt ausmachen: Untersucht werden hier Phänomene in übersetzten Texten, nicht generelle Sprachkontraste auf übersetzerischer Materialbasis. Sie untersucht aber ein transphrastisch definiertes Phänomen, und zwar die unterschiedliche Distribution der Kohäsionselemente bzw. der expliziten grammatischen Kohärenz. Weil ihre Problemstellung auf dieses Phänomen konzentriert ist, findet sich bei ihr weder ein textlinguistisches Analysemodell für das Übersetzen noch über die Erwähnung von Nida 1964 hinaus eine Diskussion der Definition bzw. der Typologisierung des Phänomens Übersetzen – sie beschränkt sich eben auf ein transphrastisch definiertes Einzelphänomen.

Ihre Arbeit spricht in der Form einer radikalen Hypothese allerdings einen Problembereich an, der höchst interessant ist: Gibt es eine eigene Übersetzungssprache mit eigenen linguistischen Charakteristika? Ihre Arbeit ist allein aus diesem Grunde nicht ohne Wirkung geblieben. Es findet sich eine Reihe von Arbeiten, die Probleme der angemessenen Verwendung von Kohärenzmitteln in Übersetzungen analysieren, wobei viele davon – wie oben u.a. Øverås 1998 und Vehmas-Lehto 1991 – auch Fragen in Anlehnung an die Explizitierungshypothese von Blum-Kulka aufgreifen. So gesehen spielt Blum-Kulkas Arbeit und vor allem die Rezeption dieser Arbeit eine wichtige Rolle bei der Erforschung von übersetzungsspezifischen Charakteristika an der Schnittstelle zwischen Syntax und textlinguistischer Transphrastik – zumindest in den hier untersuchten funktionskonstanten ‚Standardfällen' von Übersetzungen.

3.5.3 Thematische Kohärenz

Der thematische Zusammenhang in Texten ist in der Übersetzungspraxis kein unbekanntes Problem, sei es in der Form von Textdefekten in Ausgangstexten oder als Problem einer strukturell unterschiedlichen Verteilung von Informationselementen in Zieltexten. Dies wird auch in satzlinguistisch basierten Arbeiten zur Informationsstruktur wie Doherty 2002, Fabricius-Hansen 1999 und Solfjeld 2000 angesprochen, andere Arbeiten analysieren dieses Problem beim Übersetzen über die konsistente Verwendung textlinguistischer Modelle. Aber den hier zu besprechenden Arbeiten ist gemein, dass Übersetzen wie in 3.2.2 erwähnt, zwar als Forschungsobjekt thematisiert wird, dieses jedoch kaum oder lediglich über einen nicht genauer definierten Äquivalenzbegriff beschrieben wird.

Böhler 1998 untersucht am Beispiel literarischer Übersetzungen Kohärenz auf verschiedenen linguistischen Ebenen[43], bezeichnet jedoch eine kohärente Wiedergabe eines Textausschnitts lediglich als „die Wiedergabe der Harmonie, der Stimmigkeit, der Einheitlichkeit des ausgangssprachlichen Werkes im Zieltext" (Böhler 1998, 116). Hierbei wird Kohärenz in Übersetzungen über Begriffe wie ‚Harmonie‘ einem vagen und normativen Übersetzungsbegriff zugeordnet und nur über Demonstrationsbeispiele besprochen. Trotzdem wird hier eine textlinguistische Kategorie, die semantische Kohärenz, für die Analyse benutzt, jedoch ohne dass diese im Rahmen eines textlinguistischen oder übersetzungswissenschaftlichen Analysemodells verwendet wird.

In *Papegaaij/Schubert 1988* wird Übersetzen normativ festgelegt auf Fälle, in denen „target and source texts should be understood the same way by their respective readers" (Papegaaij/Schubert 1988, 12). Das bedeute, dass nicht nur eine Analyse der Kohärenz im Ausgangstext wichtig sei, sondern auch das Aufstellen eines in Bezug auf die Kohärenz entsprechend strukturierten Zieltextes (ebd.). Ziel der Arbeit ist „to estimate the impact of text phenomena on a machine translation process, to assess the feasibility of a number of suggested models for this particular application and to propose solutions" (ebd., 9). Für diese computerorientierte Analyse wird ein Tertium Comparationis in der Form einer Interimsprache aufgestellt, und zwar eine „slightly modified version of Esperanto" (ebd., 169). Mit Hilfe dieser Vergleichsgröße wird ein Text zweimal übersetzt – zum einen von der Ausgangssprache in die Esperanto-Variante und zum anderen von dieser Vergleichsgröße in die intendierte Zielsprache. Über diese Kunstsprache, durch welche die Bedeutung „is nothing but Esperanto morphemes purposefully arranged in labelled tree structures" (ebd.), erfolge dann die automatische Umsetzung in die Zielsprache. Auf der Grundlage von der semantischen Kohärenz des Textes sowie von expliziten Kohärenzsignalen im Text wird hier ein sehr mechanistischer Text- und Übersetzungsbegriff ausgearbeitet. Übersetzen wird als gleiche Bedeutung in Ausgangs- und Zielsprache (ebd., 12) normativ festgelegt und der Textbegriff vor allem auf grammatisch-semantische Koreferenzstrukturen beschränkt. Diese Analyse ist auf maschinelles Übersetzen ausgerichtet und beschäftigt sich vorwiegend mit Strukturen, „which help to convey coherence from a source language text into a target text being generated in machine translation" (ebd., 170). Durch die Verwendung der textlinguistischen Kategorie Kohärenz im Rahmen eines computerorientierten Analyseverfahrens leistet diese Arbeit einen interessanten Beitrag zu den

---

43 Dabei geht sie von der sigmatischen, semantischen, pragmatischen und syntaktischen Ebene im Text aus (Böhler 1998, 113ff.).

Grenzen und Möglichkeiten des maschinellen Übersetzens, dagegen wohl weniger zur Entwicklung einer textlinguistisch fundierten Beschreibung des dynamischen Phänomens Übersetzen.

Bei *Sylvi Rørvik* bildet auch die thematische Kohärenz in Übersetzungen den zentralen Forschungsgegenstand. Auf der Grundlage von fünf authentischen Übersetzungen einer englischen Kurzgeschichte ins Norwegische wird vor dem Hintergrund übersetzungsspezifischer und sprachenpaarspezifischer Kontraste die thematische Kohärenz in den jeweiligen Übersetzungen im Vergleich mit dem Ausgangstext analysiert. Ihre Problemstellung wird in drei Teilfragen wie folgt gegliedert:

> „1. To what extent do translators stick to the patterns of thematic progression found in the source text?
> 2. What, if any, is the connection between thematic progression and message content, i.e. does a translation have to be identical to the source text in terms of thematic progression for it to convey the same message?
> 3. Is there a connection between changes in thematic progression/theme, explicitation … and readability?" (Rørvik 2004, 149).

Die thematische Kohärenz wird im Rahmen des Modells von Daneš für die thematische Progression[44] in Texten analysiert. Wie bei Hasselgård 2000 und Johansson 2005 wird bei Rørvik 2004 auch nachgewiesen, dass alle untersuchten Zieltexte im Großen und Ganzen die thematische Progression des Ausgangstextes wiedergeben: „translators generally try to stick to the patterns of thematic progression found in the source text" (ebd., 159). Lediglich bei der einfachen thematischen Progression findet sich eine Tendenz der häufigeren Verwendung dieser Variante in den Zieltexten als im Ausgangstext. Der größere Anteil von einfacher linearer thematischer Progression in den Zieltexten deutet darauf hin, „that explicitation and simplification are universal features of translated texts" (ebd.). Diese effiziente Explizitierung von Diskursrelationen mit Hilfe der linearen thematischen Progression erleichtere auch die Lesbarkeit des Textes (ebd.). Rørvik untersucht bei verschiedenen Übersetzungen ein und desselben Ausgangstextes einen textlinguistischen Teilbereich – die thematische Progression. Dabei bedient sie sich eines eigens für die thematische Progression ausgearbeiteten Modells und weist auch – vor allem zusammengehalten mit den Ergebnissen in u.a. Johansson 2005 und Hasselgård 1997; 2000 – interessante mögliche Charakteristika von zumindest einigen übersetzten Texten auf. Sie bietet verständlicherweise kein geschlossenes textlinguistisches Modell für die

---

44 Dabei wird im Einklang mit Daneš 1974, 118f. zwischen den Grundkategorien *linear thematic progression, thematic progression with a continous(constant) theme* und *thematic progression with derived theme* unterschieden (Rørvik 2004, 151ff.). Darüber hinaus arbeitet Rørvik auch mit den Kategorien *complex linear progression* und *complex continous theme* (ebd., 153f.).

Analyse von Übersetzungen, das Phänomen Übersetzen wird genauso wenig definiert bzw. auch nicht problematisiert, da ja ihre Analyse ganz gezielt auf die thematische Progression auf der Grundlage einer Übersetzungssituation – fünf Zieltexte von einem Ausgangstext – gerichtet ist.

Die thematische Kohärenz ist auch Gegenstand der Analyse in *Ghadessy/Gao 2000*, obwohl hier eigentlich satzgrammatisch nach Hallidays Systemic Functional Grammar verfahren wird.[45] Aber trotz des hier satzgrammatisch fundierten Beschreibungsmodells wird bei Ghadessy/Gao über die thematische Progression und die Suche nach thematischen Musterkombinationen der Text als Forschungsobjekt dieser Arbeit festgelegt. Verglichen wird hier die thematische Organisation von Texten im Englischen und Chinesischen. Gegenstand des Vergleichs sind also generelle Sprachkontraste zwischen den genannten Sprachen. Dabei wird Übersetzen nicht als eigenständiges Phänomen betrachtet, sondern dient lediglich als Materialbasis für diesen Vergleich. Übersetzungswissenschaftlich ist diese Arbeit aber weniger interessant, da sie wie viele andere Arbeiten Übersetzen überhaupt nicht thematisieren, sondern Übersetzungen undifferenziert als Materialgrundlage für den Sprachvergleich benutzt. Dies ist nun auch methodisch fraglich, da übersetzerische Zieltexte – wie u.a. Øverås 1998 und Hasselgård 1997 empirisch nachweisen – aufgrund der besonderen Kontrastsituation nicht selten andere konstruktionelle Charakteristika aufweisen als entsprechende Originaltexte in der Zielsprache.

In *Tirkkonen-Condit 1985* wird dagegen der Unterschied zwischen kontrastiven Arbeiten zur Ermittlung von Sprachkontrasten einerseits und kontrastiven Analysen zur Ermittlung von Charakteristika einer Übersetzungssprache andererseits sehr deutlich hervorgehoben. Ihre Problemstellung ist „to describe two authentic texts in order to develop a method for the description of argumentative text structure in general, at the same time contributing to the battery of text type criteria, and to shed light on text comprehension and interpretation, and ultimately, translation" (Tirkkonen-Condit 1985, 16). Sowohl in der Problemstellung als auch in der Analyse eines Korpus von finnischen und englischen argumentativen Texten unterscheidet die Autorin zwischen Sprachkontrasten

---

45 Die Relevanz von Hallidays Functional Grammar für die Übersetzungswissenschaft wird auch von Trosborg 1997 betont. Zwar gibt Trosborg in dieser Arbeit keine konkreten Hinweise auf eine textlinguistisch basierte Übersetzungstheorie, auch keine Verfahrensmodelle werden diskutiert. Diskutiert werden allerdings zentrale textlinguistische Kategorien der britischen systemisch-funktionalen Grammatik sowie der Nutzen dieser theoretischen Grundlage für die Fachsprachenforschung und die Übersetzungswissenschaft (Trosborg 1997, 18). Hallidays Functional Grammar dient bei anderen als unmittelbare Grundlage für die Beschreibung von Übersetzungen (u.a. House 1997; 2002; Teich 1999; Steiner 1997; Neumann 2003) und ist deshalb einer der wenigen textlinguistischen Ansätze, die aufs Übersetzen als Forschungsobjekt zugeschnitten wird, vgl. ausführlicher in 3.6.2.5.2.

und Übersetzungskontrasten, indem die Argumentstruktur generell Gegenstand der Analyse ist und die dadurch gewonnenen Ergebnisse erst in einem zweiten Schritt dazu benutzt werden können, das Phänomen Übersetzen zu beleuchten. Dabei arbeitet Tirkkonen-Condit deduktiv u.a. mit den textlinguistischen Kategorien Superstruktur und Makrostruktur und analysiert dabei wichtige Kontraste zwischen dem Englischen und Finnischen im Bereich der argumentativen thematischen Progression. In Bezug auf Übersetzungen habe die unterschiedliche thematische Progression in dem genannten Textsortenbereich zur Folge, dass finnische Studierende englische Texte suboptimal übersetzen würden, wenn sie zuerst nicht den ganzen Text kennen und in Bezug auf die besondere thematische Entfaltung analysiert haben (ebd., 206). Dies ist ein deutliches Argument gegen eine lokale, Satz-für-Satz-basierte Übersetzungsstrategie. Das ist somit ein empirisch sehr gut fundiertes Plädoyer für eine globale Übersetzungsstrategie[46] und eine damit verbundene Analyse möglicher Kontraste im Bereich der thematischen Progression zwischen Ausgangs- und Zielsprache. Durch diese Arbeit wird auch exemplarisch und auf solider empirischer Grundlage gezeigt, dass erstens textlinguistische Kategorien im Bereich der thematischen Kohärenz wie die thematische Progression, Superstruktur, Makrostruktur usw. insbesondere für die Übersetzungsstrategie und damit auch für die Übersetzungswissenschaft von Bedeutung sind; zweitens, dass zwischen sprachkontrastiven Analysen und Übersetzungsanalysen zwar unterschieden werden muss, dass aber die oben genannten textlinguistischen Beschreibungskategorien eine unentbehrliche Grundlage für sowohl die übersetzungswissenschaftlichen Analysen als auch als Werkzeug für die übersetzerische Textproduktion von großer Relevanz sind.

Die unmittelbare Relevanz von Beschreibungskategorien für die thematische Entfaltung im Text wird in *Thiel 1996* am Beispiel der Isotopie in Textenexemplarisch gezeigt.[47] Durch die Analyse der Isotopie im Text werde die semantische Struktur des Textes aufgeschlüsselt. Dies stelle ein „relativ objektives Verfahren für die Beurteilung der übersetzerischen Leistung" (Thiel 1996, 62) dar. Durch die Analyse von Isotopiestrukturen des Ausgangstextes können übersetzerische Entscheidungen vorbereitet werden. Über diese Funktion als strategisches Werkzeug für die Zieltextproduktion hinaus sei das Isotopiekonzept – gewissermaßen als sprachneutrales Tertium Comparationis – auch als Maßstab für die Übersetzungskritik geeignet (ebd., 63). Thiel betont aber auch, dass das Isotopiekonzept nur einen, wenn auch wichtigen Aspekt der übersetzerischen Textanalyse berücksichtigt. Über die Analyse der semantischen Struktur des

---

46 Vgl. hierzu weitere Argumente für eine globale und gegen eine lokale Übersetzungsstrategie in Nord 1996.
47 Vgl. hierzu auch Thiel/Thome 1996, in dem auf der Grundlage u.a. textsemantischer Kriterien die Fachsprachlichkeit in deutschen, englischen und französischen Fachtexten sowie auch in wissenschaftsjournalistischen Texten analysiert wird.

Ausgangstextes hinaus müsse die übersetzerische Textanalyse „weiter aus-
greifen und zusätzlich vor allem die pragmatischen Elemente bezüglich ihrer
Versprachlichung im Zieltext mitberücksichtigen" (ebd., 66). Die Hinzuziehung
von pragmatischen, handlungsorientierten Aspekten stellt zweifellos eine notwendige Bedingung für eine angemessene textlinguistische Beschreibung des
genuin pragmatischen Phänomens Übersetzen dar. Allerdings wäre auch eine
Diskussion der Möglichkeit derjenigen Übersetzungsfälle geboten, bei denen die
semantische Struktur von Ausgangstext und Zieltext nicht identisch sein soll.
Thiel bietet somit kein geschlossenes textlinguistisches Analysemodell für das
Übersetzen, betont aber die Relevanz des Isotopiekonzepts als strategisches
Werkzeug für gerade diejenigen häufigen und zentralen Übersetzungsfälle, in
denen die semantische Struktur von Ausgangs- und Zieltext, nicht nur gleich-
wertig, sondern nachweislich identisch zu sein haben.[48]

Gerade Modelle zur Beschreibung der semantischen Struktur von Texten wie
das Isotopiekonzept[49] in Thiel 1996 und das Super- bzw. Makrostruktur-Kon-
zept in Tirkkonen-Condit 1985 thematisieren eine äußerst zentrale Eigenschaft
von Texten und erweisen sich daher auch als sehr nützlich für wichtige Aspekte
der Übersetzungsstrategie. Sie haben somit für ein textlinguistisch basiertes
Analysemodell zur Beschreibung von Übersetzungen unmittelbare Relevanz.
Denn trotz der historischen und kulturellen Breite des Übersetzungsbegriffs und
der Vielseitigkeit von Übersetzungsaufträgen liegen beim Übersetzen zwischen
Ausgangs- und Zieltext Ähnlichkeitsbeziehungen im Bereich der Semantik vor,
die über Konzepte der semantischen Struktur von Texten analysierbar sind und
eine gute Grundlage für die übersetzungsstrategische Operationalisierung
solcher Ansätze bilden.

---

48 Vgl. hierzu einige Übersetzungsaufträge bei der Übersetzung von einigen Gebrauchsanleitungen: Hier wird im Auftrag festgestellt, dass die semantische Struktur des Zieltextes mit dem des Ausgangstextes identisch zu sein hat. Vgl. hierzu u.a. die Analyse von
   Übersetzungen von Haushaltsgeräten des Unternehmens Braun in Kvam 2009.
49 Zum Thema Isotopie als Verfahren für die Analyse der semantischen Kohärenz in Übersetzungsfällen, siehe auch Holzer 1998b. Von den vielen anderen Arbeiten, die sich mit
   der Wiedergabe der semantischen Struktur des Ausgangstextes als Wesensmerkmal von
   Übersetzungen beschäftigen, seien hier exemplarisch Lotfipour-Saedi 1997 und Poulsen
   1981 erwähnt. Lotfipour-Saedi untersucht die Rolle der lexikalischen Kohäsion für die
   übersetzerische Äquivalenz (Lotfipour-Saedi 1997, 186) mit Schwerpunkt auf „the lexical
   collocational chain and its effect on the texture" (ebd., 187), während Poulsen Isotopieebenen als wichtige Übersetzungseinheit im Sinne einer textgrammatischen Analyse betrachtet: Isotopieebenen zeigen sowohl Übersetzern als auch Übersetzungskritikern, „wie
   die Lexeme zu übersetzen sind, die die jeweilige Isotopieebene konstituieren" (Poulsen
   1981, 303).

3.5.4 Exkurs: Korpuslinguistische Untersuchungen zu einer Übersetzungssprache

Die neuen Möglichkeiten im Bereich der elektronischen Datenverarbeitung seit den 90er Jahren haben eine Reihe Analysen von Übersetzungen auf der Basis von großen Textkorpora ergeben. Einige Übersetzungekorpora wurden mit dem Ziel einer Analyse spezifischer Merkmale von Übersetzungen eingerichtet. Die Annahme einer spezifischen Übersetzungssprache, die empirisch-statistisch u.a. im Vergleich mit einer Reihe von linguistischen Merkmalen von Originaltexten zu ermitteln waren, ist an sich grundsätzlich nichts Neues – beispielsweise geben die bereits besprochenen Arbeiten von Blum-Kulka 1986 und Øverås 1998 ebenfalls die Analyse einer eigenen Übersetzungssprache als Forschungsobjekt an. Bei den neueren korpuslinguistischen Arbeiten spielt eben der Vorteil großer, durch die neue Datentechnologie analysierbarer Textkorpora eine wesentliche Rolle für die Ermittlung einer etwaigen Übersetzungssprache. In diesem Zusammenhang spielen verschiedene Hypothesen zu möglichen Universalien einer Übersetzungssprache eine wichtige Rolle, wie etwa das Phänomen *explicitation*, bei dem „Übersetzer zusätzliche Wörter oder allgemeiner Informationen einfügen, um größere Transparenz oder Klarheit zu erreichen" (Neumann 2003, 67). Dabei wird eine Vielzahl von Hypothesen zu verschiedenen satzgrammatischen, textgrammatischen und stilistischen Phänomenen formuliert, ohne dass notwendigerweise textlinguistisch fundierte Modelle verwendet werden. Charakteristisch für diese Analysen ist auch, dass Übersetzen als einheitliches, nicht differenziertes Phänomen ohne eine interne Typologie betrachtet wird. Die empirische Grundlage der Analysen sind zwar authentische Übersetzungen, die aber in methodischer Hinsicht auf elektronisch analysierbare Texte beschränkt werden. Unter Korpus wird „any collection of running texts ... held in electronic form and analysable automatically or semi-automatically" (Mona Baker, in: ebd., 62) verstanden. Durch diese explizite methodische Wahl einer computergesteuerten Analyse wird zwischen dem sprachlichen Produkt Text in der Form einer Übersetzung und den jeweiligen Kommunikationssituationen von Ausgangstext und Zieltext, also dem Übersetzungskontext, getrennt. Diese methodengeleitete Reduktion beschränkt deshalb Übersetzen auf ein durch bestimmte Computerprogramme analysierbares quantifizierbares Phänomen. Im Rahmen dieser Reduktion auf quantitativ-statistische Analysen wird aber auch weitgehend auf eine Betrachtung von Übersetzen als Textphänomen im Rahmen eines textlinguistischen Modells verzichtet. Eine wichtige Ausnahme bilden hier einige Analysen von Übersetzungen im Rahmen der systemisch-funktionalen Grammatik, die zwar auch korpusbasiert sind, aber sich bei der Analyse an einem spezifischen textlinguistischen Modell orientierten. Diese werden jedoch hier nicht aufgegriffen, sondern in Verbindung mit dem Analyseobjekt der jeweiligen Arbeiten besprochen. Die zentrale Rolle der systemisch-funktionalen Grammatik als zugrundeliegenden textlinguistischen

Analysemodells im Rahmen einer textlinguistisch basierten Übersetzungstheorie wird jedoch an verschiedenen Stellen aufgegriffen, vor allem in Verbindung mit der Diskussion eines geeigneten Basismodells für eine textlinguistische Übersetzungswissenschaft.[50]

3.5.5 Funktional-pragmatische Textlinguistik: Textsorten

3.5.5.1 Zur Relevanz der Textsorte als Beschreibungskategorie des sprachlich-kommunikativen Handelns

Während sowohl die grammatische als auch die semantische Kohärenz immer noch strukturelle, in einem gewissen Sinne eindeutig nachweisbare Aspekte von Texten darstellen, ist der Schritt in die Textebene, in der also der Text als Exemplar einer ‚Klasse‘ im Sinne von konventionalisierten Mustern betrachtet wird, in übersetzungswissenschaftlicher Hinsicht sowohl höchst interessant als auch höchst problematisch. Interessant ist die Betrachtung von Texten als Exemplaren von konventionellen Mustern, also als Realisierung einer spezifischen Klasse der abstrakten Kategorie Textsorte, weil Übersetzungen als Texte übersetzt werden und nicht etwa als eine Reihe von Sätzen oder Propositionen. Da ein Text immer als Exemplar einer mehr oder weniger spezifischen Textsorte interpretiert wird, Textsortenkonventionen zwischen Sprachen variieren und in einigen Übersetzungsaufträgen auch ein Textsortenwechsel stattfindet, bildet die Kategorie Textsorte den Dreh- und Angelpunkt des Übersetzens: Die Textsorte sei „both the starting point and the target of translating" (Izquierdo/Resurrecció 2002, 135) und dadurch auch „a space where all fundamental elements of the communicative act converge" (ebd.). So auch Wolf-Dieter Krause, der für die kontrastive Textologie eben die Textsorte als wichtige Grundlage eines Tertium Comparationis hervorhebt. Die Analyse von Textsorten sei jedoch auch problematisch, denn „wegen der Komplexität und Heterogenität der Klassen von Texten" (Krause 2000, 138) sei es viel schwieriger als in der traditionellen Systemlinguistik, ein generelles Tertium Comparationis für Textsorten aufzustellen.

Für die Textlinguistik bildet die Analyse von Textsorten somit den entscheidenden Schritt in die Pragmatik: Die Textsorte ist eine soziale Kategorie, die Kommunikation konstituiert und nicht ein von der Kommunikation getrenntes Phänomen. Allerdings ist die Kategorie Textsorte auch problematisch: Ein Text wird von den an der Kommunikation Beteiligten als Exemplar eines spezifischen Kommunikationsmusters in der Form einer Textsorte interpretiert.

---

50 Vgl. hier die Besprechung von Arbeiten der systemisch-funktionalen Grammatik, u.a. in 3.6.2.5.2, den kritischen Durchgang dieses Modells in 5.5.2 sowie die zusammenfassende Diskussion der Frage nach einem geeigneten textlinguistischen Modell in 5.5.4.

Zwischen diesen sehr unterschiedlichen konventionalisierten Kommunikations-mustern lassen sich – wie aus obigem Zitat von Krause 2000 auch hervorgeht – geschlossene Systeme von Klassen schwer bilden. Zwar ist die Herausarbeitung von solchen Systemen wie in Göpferich 1995 sowohl relevant als auch interessant: Sie schaffen aber nur eine gewisse Ordnung (aber auch eine gewisse Reduktion) in diesem sehr flexiblen Geflecht von kommunikativen Konventionen. Trotz der Tatsache, dass die konkreten Textsortenexemplare sich zu der jeweiligen Textsorte verhalten wie in der Phonologie das Allophon zur abstrakten Klasse des Phonems, sind die Verhältnisse auf der Textebene wesentlich anders als auf der Lautebene. Die Textsorten bilden kein geschlossenes System wie etwa das Phonemsystem einer Sprache, stattdessen geht es hier um flexible, unendliche ‚Systeme' mit teilweise sehr unscharfen Grenzen zwischen den jeweiligen Textsorten, in einigen Fällen wohl sogar um sehr unklare Zuordnungen sowie auch um Mehrfachzuordnungungen zu bestimmten Textsorten. Das liegt vor allem daran, dass Textsortenkonventionen ein historisch-kulturell gewachsenes Phänomen sind. Sie sind daher Gegenstand der (Neu-)Interpretation in jeder konkreten Kommunikationssituation und nicht über eine von der Kommunikationssituation getrennte Klassifizierung im Rahmen geschlossener Systeme erkennbar.[51] Aber Gegenstand des Übersetzens sind eben Texte als Exemplare von bestimmten Textsorten. Deshalb spielt diese spannende und problematische Kategorie der pragmatisch orientierten Textlinguistik für eine textlinguistisch fundierte Beschreibung vom Übersetzen eine Schlüsselrolle.

3.5.5.2 Kontrastive Textologie und Übersetzungswissenschaft

Die zentrale Rolle der textlinguistischen Kategorie Textsorte für die Analyse von Übersetzungen wird sehr oft als Legitimation von Forschungsvorhaben angegeben, in denen Textsortenkonventionen in zwei oder mehreren Sprachen analysiert werden. Dabei ist die Grenzziehung zwischen kontrastiver Textsortenforschung und Übersetzungsanalysen oft nicht einfach: Es finden sich mittlerweile viele Arbeiten zur kontrastiven Textsortenforschung, die einerseits in übersetzungstheoretischer Hinsicht relevant sind, andererseits auch unmittelbaren Nutzen für die übersetzerische Praxis haben, indem sie mehr oder weniger direkt aus den ermittelten Kontrasten Empfehlungen für die übersetzerische Praxis ableiten.[52] Ein konkretes Beispiel hierzu wäre Bhatia 1997. Er betont in seiner Analyse der Übersetzung von juristischen Textsorten die Notwendigkeit einer textsortenbasierten Übersetzungsverfahrens. Sprache könne nicht als von der Kommunikation isoliertes Phänomen gesehen werden, die Grundfrage sei

---

51 Vgl. hierzu u.a. Adamzik 2004, 72ff.
52 Vgl. hierzu u.a. die Ausführungen zu Göpferich 1995 und Engberg 1997 in 3.5.5.4.

dagegen „why do members of specific discourse communities use the language the way they do?" (Bhatia 1997, 203). Übersetzen wird bei Bhatia nicht definiert, aber implizit als Wiedergabe des Ausgangstextes in der Form eines zielkulturell textsortengerechten Stils („to maintain the generic identity of the target text" (ebd., 206)) skizziert. Da nicht Texte an sich, sondern nur in der Form von Textsortenexemplaren übersetzt werden, diskutiert Bhatia am Beispiel juristischer Textsorten einige grundlegende Aspekte für ein übersetzungsgerichtetes Umgehen mit Textsorten (‚knowlegde of the codes', ‚acquisition of genre knowlcgde', ‚sensitivity to cognitive structures', ‚exploitation of generic knowledge' (ebd., 206ff.)). Hier kommt sehr deutlich zum Ausdruck, dass der Gegenstand der Analyse die Kategorie Textsorte oder Genre ist. Übersetzen wird als Beispiel eines Praxisfeldes gesehen, wo analytisches Wissen um Textsorten für diese sprachlich-kommunikative Praxis notwendig ist.

Trotz der Tatsache, dass bei Bhatia und einer Reihe anderer Arbeiten Übersetzen als sprachlich-kommunikative Praxis aufgegriffen wird, erscheint es nicht berechtigt, diese Arbeiten als übersetzungswissenschaftlich im engeren Sinne einzustufen. Denn das Forschungsobjekt dieser Arbeiten sind eben nicht Übersetzungen, sondern das Phänomen Textsorte in der Form von Originaltexten in den zu untersuchenden Sprachen. Trotz der Tatsache, dass in diesen Arbeiten Originaltexte und also nicht Übersetzungen Gegenstand der Forschung sind, werden sie hier kurz aufgegriffen, weil hier der Text in seiner Gesamtheit als kommunikative Handlung den Forschungsgegenstand für kontrastive Analysen bildet und dabei sowohl Forschungsgegenstand als auch Analyseperspektive für eine Beschreibung des Textphänomens Übersetzen auf textlinguistischer Grundlage direkte methodische Relevanz haben. Arbeiten, die auf der Grundlage dieser kontrastiven Textologie Beschreibungsmodelle fürs Übersetzen direkt ableiten, sind allerdings sehr selten und werden in 3.5.5.4 besprochen. Da ja in der kontrastiven Textologie Originaltexte in den untersuchten Sprachen den Analysegegenstand ausmachen, bilden Paralleltexte die empirische Basis dieser Analysen. In methodischer Hinsicht bilden deshalb die Kriterien für die Parallelisierung von Texten eine wichtige Grundlage für die Aufstellung eines Tertium Comparationis für die jeweilige kontrastive Analyse, einschließlich einer Analyse von den spezifischen Intertextbeziehungen zwischen Ausgangstext und Zieltext in einer gegebenen Übersetzungssituation. Aus diesem Grunde halten wir einen Exkurs zur Positionierung des Paralleltextbegriffs für angebracht. Im Folgenden werden wir zunächst diesen für die kontrastive Textologie grundlegenden methodologischen Begriff im Umfeld der Nachbarkategorien Übersetzen und paralleles Schreiben kurz positionieren (3.5.5.3), anschließend erfolgt ein kurzer Durchgang exemplarisch ausgewählter Arbeiten zur kontrastiven Textologie (3.5.5.4).

3.5.5.3 Übersetzungen, Paralleltexte und paralleles Schreiben

In der kontrastiven Textologie sind also Texte Gegenstand des Vergleichs. Dies bedeutet, dass die zu vergleichenden Texte irgendwie einen gemeinsamen Nenner haben müssen, sei es die Textsortenzuordnung, den propositionalen Inhalt oder die Kommunikationsabsicht. Der Paralleltextbegriff ist auch übersetzungswissenschaftlich interessant und zwar nicht nur als bewährtes Hilfsmittel für die Erstellung des Zieltextes, sondern auch hier als Tertium Comparationis für eine Evaluation des Zieltextes oder eine Analyse spezifischer Charakteristika übersetzter Texte.[53] Der Paralleltextbegriff ist jedoch alles andere als eindeutig. Es würde allerdings hier zu weit führen, auf alle möglichen Kriterien zur Parallelität zwischen Texten einzugehen. In Kürze lässt sich der Begriff *Paralleltext* im Vergleich mit den Nachbarkategorien *Übersetzen* und *paralleles Schreiben* wie folgt kurz positionieren.

Übersetzungen werden auf der Grundlage eines anderen Textes geschrieben und reproduzieren diesen als Ausgangstext bezeichneten Text auf eine mehr oder weniger spezifische Weise in einem anderen sprachlich-kulturellen Raum. Sie werden also auf der Grundlage eines spezifischen Ausgangstextes mit dem Auftrag einer Art von Reproduktion von diesem in einem anderen sprachlich-kulturellen Kontext verfasst.

Unter *Paralleltexten* verstehen wir dagegen Originaltexte, die unabhängig voneinander produziert worden sind und sich in Bezug auf Textsorte und Inhalt entsprechen. Paralleltexte können einerseits von der aktuellen Diskursgemeinschaft produziert werden, um den gleichen Inhalt im Rahmen der gleichen Textsorte wiederzugeben. Bei diesen Texten liegt ein Fall von direkter Parallelität vor[54] und solche Paralleltexte werden im Einklang mit Kvam (2001, 86) als prospektive Paralleltexte bezeichnet. Andererseits können sie von Personen, die nicht an der sprachlich-kommunikativen Handlung beteiligt waren, also ‚im Nachhinein', im Rahmen einer bestimmten analytischen Perspektive als parallel klassifiziert werden. Da eine solche Parallelität nicht durch die an der Textproduktion Beteiligten, sondern später im Rahmen einer spezifischen kontrastiven Problemstellung analytisch hergestellt wird, liegt hier ein Fall von indirekter

---

53 Vgl. hierzu u.a. Neumann 2003, 69ff., House 2002, 201.
54 Vgl. hierzu Kvam 2001,86. Ein Beispiel wäre das von mehreren Ländern unterzeichnete, bei der UNO deponierte und am 19.5.1995 in Kraft getretene *International Coffee Agreement* (= Den internasjonale kaffeavtale 1995). Dieses Abkommen besteht aus prospektiv parallel produzierten Texten im Englischen, Französischen, Portugiesischen und Spanischen, die alle gleich authentisch sind. Der nachher produzierte norwegische Text ist dagegen eine Übersetzung des englischen Textes und auch nicht juristisch gültig.

Parallelität vor. Solche Paralleltexte werden daher retrospektive Paralleltexte genannt.[55]

Unter *parallelem Schreiben* verstehen wir im Einklang mit Jämtelid 2000, 5ff. Zieltexte,[56] die auf der Basis von einem oder mehreren Ausgangstexten entstanden sind, aber bei denen Inhalte nach Bedarf im Zieltext wiedergegeben werden. Es handelt sich also um eine Bearbeitung unterschiedlicher Aspekte von oft mehreren Texten für die Gestaltung eines neuen Textes.[57] Die Ausgangstexte sind daher nicht als ganze sprachlich-kommunikative Handlungen wiederzugeben, sondern spielen lediglich die Rolle eines fakultativen Rohmaterials für die Gestaltung eines neuen Textes bzw. von Teilen eines neuen Textes.

Bei diesen drei interlingualen Textproduktionskategorien liegen also unterschiedliche Produktions- und Rezeptionsbedingungen vor:

Beim *Übersetzen* haben wir es mit einer spezifischen abhängigen Textproduktion zu tun, und zwar mit einem Ausgangstext, der also unter einer bestimmten Perspektive zu reproduzieren ist. Bei *Paralleltexten* liegt dagegen keine solche abhängige Textproduktion vor, indem die Texte nach einem bestimmten semantischen Muster gleichzeitig prospektiv produziert werden oder auf der Grundlage bestimmter Analysekriterien bzw. Erkenntnisinteressen retrospektiv parallelisiert werden. Beim *parallelen Schreiben* liegt im Vermeerschen Sinne ein Weiterhandeln vor, indem der Ausgangstext bzw. die Ausgangstexte nur als eine mehr oder weniger optionale Vorlage für die Produktion eines oder mehrerer grundsätzlich unabhängiger Texte dienen und dabei also keine andere Intertextrelation zu einem Ausgangstext gefordert wird, als dass dieser einen wie auch immer gearteten Ausgangspunkt für eine spätere Textproduktion oder nur für Teile davon darstellt.

---

55 Vgl. hierzu ebd. sowie auch Hartmann 1996, 956. Beispiele von prospektiver Parallelität findet sich in vielen Arbeit der kontrastiven Textologie, vgl. hierzu die Besprechung von Göpferich 1995 in 3.5.5.4.

56 Jämtelid definiert paralleles Schreiben als einen Schreibprozess, bei dem Texte nicht auf der Grundlage eines Ausgangstextes, sondern auf der Basis von etwas anderem verfasst werden und in denen Teile von Inhalten in diesem Rohmaterial wiedergegeben werden: „Denna process, när texter skrivs med utgångspunkt i något annat än en källtext och där delar av ett innehåll i ett råmaterial återges, benämns parallellskrivning" (Jämtelid 2000, 4). Vgl. hierzu auch Jämtelid 2002, 61ff. Interessant wäre in diesem Zusammenhang der Textproduktionsfall *jigsaw translation*, bei dem ein Zieltext auf der Basis von mehreren Ausgangstexten zusammengestellt wird, vgl. hierzu Schubert 2003.

57 Ein Beispiel wäre hier eine Pressemeldung des Unternehmens Elektrolux auf Englisch, die an eine Reihe von Ländern geschickt wird. Dieser Text dient dann als Basistext mit Fakten für das Verfassen von Nachrichtenartikeln in den jeweiligen Zielländern (ebd., 5).

3.5.5.4 Kontrastive Textologie als Vorstufe textsortenbasierter Übersetzungsanalysen

In *Trumpp 1998* werden Paralleltexte im Bereich sportwissenschaftlicher Textsorten[58] im Deutschen, Französischen und Englischen in Drillingpaaren von Textexemplaren, also innerhalb von jeder untersuchten Textsorte Gruppen von einem Textexemplar aus jeder Sprache, analysiert. Die Arbeit versteht sich als ein Beitrag zur kontrastiven Fachtextlinguistik mit dem Ziel der Analyse von „Gemeinsamkeiten und Unterschiede[n] in der Vertextung sportwissenschaftlichen Wissens in drei Sprachen und vier Textsorten" (Trumpp 1998, 199). Die Arbeit ist empirisch, verwendet statistische Analyseverfahren und basiert auf einem Analysemodell in der Tradition der integrativen Fachsprachenforschung, in der strukturelle und funktionale Aspekte gleichermaßen berücksichtigt werden (ebd. 53ff.).[59]

Die Autorin untersucht eine Reihe von Vertextungsmerkmalen wie beispielsweise Kontraste bei Gliederungsmerkmalen, Darstellungshaltung (v.a. Passiv und andere agensabgewandte Konstruktionen), Autorenbezug (z.b. Verwendung der 1. Person), Leserbezug (z.b. Verwendung der 2. Person) und Darstellungshaltung (z.B. Heckenausdrücke, metatextuelle Textverweise). Dabei werden Kontraste sowohl zwischen den Sprachen im jeweiligen Textsortenausschnitt sowie auch intra- und interlingual zwischen den Textsortengruppen ermittelt. Diese Unterschiede werden übersichtlich und detailliert vorgelegt und statistisch begründet (ebd., 81ff.; 199ff.).

Die Ergebnisse in Trumpps Arbeit stellen für die übersetzerische Praxis ein empirisch fundiertes Wissen über Kontraste in relevanten Textsortenbereichen dar. Die Arbeit ist jedoch in keiner Weise übersetzungswissenschaftlich ausgerichtet und geht überhaupt nicht auf mögliche Folgen für eine Übersetzungstheorie ein. Sie enthält lediglich einige der Analyse direkt übernommene lexikalisch-idiomatische Empfehlungen für die übersetzerische Praxis. Theoretisch interessant ist jedoch trotzdem das verwendete Analysemodell. Die Tradition der kumulativen Analyse von Fachtexten (u.a. Hoffmann 1985) wäre ein mögliches Tertium Comparationis in der kontrastiven Textsortenforschung und dürfte im Zusammenhang mit einem operationalisierten Paralleltextbegriff auch für die Übersetzungswissenschaft interessant sein.

---

58 Dabei handelt es sich um insgesamt 379 Texte bzw. 3000 Seiten Text, bestehend aus 83 wissenschaftlichen Artikeln, 88 Abstracts, 82 Fachbuchbesprechungen, 51 Auszügen aus Lehrbüchern sowie 75 Fachzeitschriftenartikeln für Praktiker.

59 Diese Tradition ist in vielerlei Hinsicht eine Weiterentwicklung von Hoffmanns kumulativer Fachsprachenanalyse, einem taxonomischen Modell mit inhaltlichen (fachlichen) syntagmatischen Kategorien einerseits und pragmatischen paradigmatischen Kategorien andererseits (Trumpp 1998, 55ff.), siehe u.a. auch Hoffmann 1985, 47ff.

Susanne Göpferich geht in ihrer Arbeit *Textsorten im Bereich der Naturwissenschaften und Technik* (Göpferich 1995) beim Sprachenpaar Deutsch und Englisch auf eine kontrastive Analyse dieses Textsortenbereichs[60] am Beispiel ausgewählter Textsorten[61] ein. Auch bei Göpferich bilden Paralleltexte und nicht Übersetzungen in diesem Textsortenbereich den Forschungsgegenstand. Ziel der Arbeit ist einerseits „die intra- und interlingual-kontrastive Darstellung der Textsortencharakteristika in den deutschen und englischen Fachsprachen der Naturwissenschaften und der Technik am Beispiel von Texten aus der Kraftfahrzeugtechnik" (Göpferich 1995, 2), andererseits auch eine Analyse der Frage, ob diese Textsortencharakteristika „für die kommunikativen Ziele, die mit den jeweiligen Textsorten angestrebt werden, und die effiziente fachsprachliche Kommunikation zweckdienlich sind" (ebd.).

Ausgehend von der kumulativen Fachtextanalyse für die textinternen Merkmale und für die textexternen Merkmale erarbeitet Göpferich ein deduktives Analysemodell auf der Basis der Hoffmannschen Einteilung in horizontaler und vertikaler Gliederung von Fachtexten. In diesem taxonomischen Grundmodell für viele Arbeiten in der Fachsprachenforschung bilden bei Göpferich Textsortenklassen die horizontale Achse,[62] vertikal wird nach Fachtexttypen sowie auch nach Textfunktionen[63] eingeteilt.

Die Autorin entwickelt ein sehr detailliertes System von Textsortencharakteristika nach sowohl textexternen als auch textinternen Kriterien, darunter auch nach Textfunktion, nach Sprechaktrealisierung sowie auch nach der Frequenz von ausgewählten syntaktischen Phänomenen. Die Arbeit ist zwar sehr deutlich der strukturalistisch-taxonomischen Beschreibung von Sprache zuzuordnen, allerdings werden hier nicht nur formal definierte Elemente, sondern vor allem pragmatisch-funktionale Aspekte der Texte analysiert.

Die Arbeit ist eindeutig zwar keine übersetzungswissenschaftliche Arbeit, sondern eine auf der Analyse von Paralleltexten fundierte Arbeit zur kontrastiven Textologie. Aber gerade auf der Grundlage dieser Paralleltextanalyse entwickelt

---

60 Vgl. hierzu als Beispiel der kontrastiven Textsortenanalyse technischer Textsorten auch Hare Hansen 1992, der auf der Basis sprechakttheoretischer Ansätze technische Anleitungstexte deutsch-dänisch kontrastiv untersucht.

61 Untersucht werden hier die Textsorten Patentschrift, Konferenzbericht, Fachzeitschriftenartikel, Lehrbuch, populärwissenschaftlicher Zeitschriftenartikel, popularisierender Zeitschriftenartikel, Werkstatthandbuch, Betriebsanleitung und Enzyklopädie (Göpferich 1995, 68).

62 Dabei unterscheidet Göpferich zwischen juristisch-normativen, fortschrittsorientierend-aktualisierenden, didaktisch-instruktiven, wissenszusammenstellenden Texten (ebd., 124).

63 Dabei unterscheidet die Autorin zwischen Primärtextsorten, die nach der vom Verfasser intendierten Primärfunktion des Textes klassifiziert werden und Sekundärtextsorten, die sowohl Bestandteil der Primärfunktion als auch von dieser autonom sein können (ebd.).

die Autorin weitere Thesen zur Übersetzungswissenschaft und übersetzerischen Praxis. Dies betrifft zum einen das Konzept einer kontrastiven Datenbank auf der Grundlage von Textsortenprofilen (ebd., 465ff.) sowie zum anderen auch eine durch die Ergebnisse dieser Analyse ermöglichte Erstellung von Volltextdatenbanken für Textsortenprototypen mit eigenen textographischen Glossaren (ebd., 453ff.). Das wären textorientierte Hilfsmittel für Übersetzer und dadurch empirisch fundierte Hilfsmittel auf der sprachlich-kommunikativen Ebene, also auf der Ebene, auf der Übersetzungen tatsächlich stattfinden. Dadurch wird eine wichtige Brücke nicht nur zur Übersetzungspraxis, sondern auch zur Übersetzungstheorie geschlagen, da ja dieses kontrastive Verfahren zur Ermittlung von paralleltextbasierten Regeln ein interessantes Tertium Comparationis für eine textlinguistisch basierte Übersetzungswissenschaft darstellen könnte.

Jan Engberg unternimmt in seiner Arbeit *Konventionen von Fachtextsorten* (Engberg 1997) eine kontrastive Analyse zur juristischen Fachsprache am Beispiel von Gerichtsurteilen im Deutschen und Dänischen. Die Materialgrundlage besteht aus 30 deutschen und 26 dänischen zivilgerichtlichen Landgerichtsurteilen (Engberg 1997, 1).

Die Analyse ist eindeutig funktional ausgerichtet – hier sind „Textsortenkonventionen zu beschreiben, erklären und interlingual zu vergleichen" (ebd., 278). Dabei werden Handlungseinheiten vor allem unter dem Gesichtspunkt möglicher Zusammenhänge zwischen der Frequenz von lexikalischen Einheiten und deren Handlungskontext untersucht. Zentraler Bestandteil der Analyse bilden „die konventionalisierten lexikalischen Einheiten mit Beziehungen zu den im Text ausgeführten Sprachhandlungen als Elemente eines Teils der juristischen Fachsprache" (ebd., 11). Die unterschiedlichen Handlungskontexte werden mit Hilfe von verschiedenen Sprachhandlungstypen in Anlehnung an dem funktional-kommunikativen Beschreibungsansatz von Siegfried Weber analysiert. Sprachhandlungstypen werden dabei als „Typen sprachlich-kommunikativen Handelns, die sich in der gesellschaftlichen Kommunikation zur Realisierung bestimmter kommunikativer Leistungen herausgebildet haben und – wenn auch vielfältig variiert – wiederkehrend Verwendung finden" (Siegfried Weber, in: Engberg 1997, 80) definiert. Ausgehend von diesen abstrakten Mustern oder *types* werden dann die in den konkreten Texten vorgefundenen Sprachhandlungen als *tokens* im Sinne von „Realisierungen eines als Sprachhandlungstyp bezeichneten Musters" (ebd.) untersucht. Sprachhandlungen drücken kommunikative Absichten aus und die „Zuschreibung von sprachlichen Elementen zu Kommunikationsabsichten dient dazu, ein einzelsprachenunabhängiges Tertium Comparationis für den Textsortenvergleich zu erarbeiten" (Engberg 1997, 81f.).

Grundlage und Ausgangspunkt der Analyse ist bei Engberg somit die den Sprachhandlungstypen zugrunde liegende soziale Tätigkeit. Zusätzlich zu dieser deduktiv orientierten Analyse von Sprachhandlungstypen unternimmt Engberg eine empirisch-induktive Analyse der jeweiligen Textsortenexemplare mit dem

Ziel der Einteilung jedes untersuchten Textes in Teiltexte sowie auch der Untersuchung der sprachlichen Formulierung der Teiltexte (ebd., 83). Bei dieser Untersuchung wird ersichtlich, dass in der untersuchten Textsorte Deutsch und Dänisch gleiche Sprachhandlungen teils mit gleichen, teils mit unterschiedlichen Konstruktionstypen realisiert werden. Engbergs Analyse zeigt mit aller Deutlichkeit, dass unterschiedliche Sprachhandlungstypen durch die Verwendung von spezifischen lexiko-grammatischen Mitteln signalisiert werden und dadurch bestimmte Handlungseinheiten mitkonstituieren. Dies bedeutet wiederum, dass Kontraste im lexiko-grammatischen Bereich pragmatisch, also auf der Grundlage der durch die analysierte Textsorte konstituierten Interaktionssituation erklärbar sind und nur sehr selten auf einer von der Kommunikationssituation getrennten systemlinguistischen Grundlage.[64]

Die konstruktionellen Kontraste in dieser Textsorte sind laut Engberg einerseits Ausdruck verschiedener Textsortenkonventionen, andererseits aber auch Ausdruck eines Minilekts[65] in der Form eines juristischen Technolekts. Gerade dieser Sonderfall von fachinterner Kommunikation sei hier in übersetzungsstrategischer Hinsicht interessant. Denn bei der Übersetzung von dieser Textsorte – meist zum Zwecke eines Vollstreckungsverfahrens im Land der Zielsprache – bilde gerade „die minilektale Bedeutung der jeweiligen sprachlichen Elemente" (ebd., 273) eine wichtige Grundlage für die Wahl von ausgangssprachlichen oder zielsprachlichen Textsortenkonventionen. Dadurch zeigt Engberg die direkte Relevanz von Analysekategorien in der kontrastiven Textologie für die Übersetzungsstrategie. Wie Göpferich 1995 ist auch Engberg 1997 keine übersetzungswissenschaftliche Arbeit, da auch hier Paralleltexte, die nach einem Modell retrospektiv, also nach der tatsächlichen Textproduktion über ein Analysemodell parallelisiert werden. Aber sowohl Göpferich als auch Engberg zeigen, dass in der kontrastiven Textologie verwendete Analysekategorien bei Paralleltexten für die übersetzerische Praxis unmittelbare Relevanz haben und für die Übersetzungswissenschaft hier Beschreibungsmodelle für den Vergleich von Ausgangstext, (funktionskonstantem) Zieltext und Paralleltext interessante Konzepte entworfen werden.

Sigmund Kvam hat in seiner Analyse zur Satzreduktion in einem wirtschaftlich-juristischen Fachtext (Kvam 2002) Paralleltexte untersucht, die ein Höchstmaß

---

64 Ein Beispiel solcher ‚situationsunabhängiger' syntaktischer Kontraste wäre die in den skandinavischen Sprachen häufig vorkommende Passivkonstruktion Nexusverschränkung im Dänischen wie in *Sagsøgte findes herved at have handlet i strid med X,* die im Deutschen nicht akzeptabel ist, vgl. hierzu die syntaktisch identische Übersetzung **Der Beklagte wird hiermit befunden, unter Verletzung von X gehandelt zu haben.* Vgl. hierzu Näheres in ebd., 208ff.

65 Minilekt wird hier verstanden als „eine fachliche Subsprache, die von einer begrenzten Anzahl von Fachleuten innerhalb eines begrenzten Fachgebietes verwendet wird" (ebd., 265).

an Parallelität aufweisen. Anders als bei Göpferich und Engberg handelt es sich in Kvam 2002 um einen Fall von prospektiven Paralleltexten, bei denen also die Texte gerade deswegen verfasst worden sind, um in zwei sprachlich-kommunikativen Kontexten, hier in zwei Staaten identisch funktionieren zu können.[66] Analysiert wird hier das Doppelbesteuerungsabkommen zwischen Deutschland und Norwegen.[67] Bei diesen Texten handelt es sich um parallel produzierte Texte im Deutschen und Norwegischen mit identischem Inhalt und identischer Textsorte und gleichwertigem juristischem Gültigkeitsbereich. Vor dem Hintergrund dieser optimalen Parallelität der zu analysierenden Texte wird das syntaktisch definierte Phänomen *Satzreduktion* untersucht. Darunter werden Fälle verstanden, in denen „die Realisierung eines Inhalts durch einen Satz in einem Text A in der Sprache X und die Realisierung desselben Inhalts durch einen Nicht-Satz in einem Text B in der Sprache Y" (Kvam 2002, 18) stattfindet. Die Texte A und B sind also prospektive Paralleltexte im oben genannten Sinne und somit inhaltlich-thematisch identische Exemplare ein und derselben Textsorte. Diese Texte werden also vom Textproduzenten – abgesehen von der sprachlichen Realisierung – als identisch festgelegt. Dieser Hintergrund bildet eine gute Vergleichsbasis für mikrolinguistisch definierte Phänomene wie syntaktische Strukturen. Hierzu zwei Beispiele von Satzreduktion. Im nachstehenden Fall entspricht der durch einen Relativsatz realisierten Inhalt im norwegischen Text einem nicht-satzförmigen erweiterten Partizipialattribut im deutschen Text:

Der Ausdruck umfasst jedoch nicht eine Person, die in diesem Staat nur mit Einkünften aus Quellen in diesem Staat oder mit *in diesem Staat gelegenem* Vermögen steuerpflichtig ist (ebd., 18).

Uttrykket omfatter imidlertid ikke noen person som er skattepliktig i denne stat bare på grunnlag av inntekt fra kilder i denne stat eller formue *som befinner seg der* (ebd.).

Im folgenden Beispiel entspricht ein Relativsatz im deutschen Text einer nachgestellten Partizipialkonstruktion im norwegischen Text, vgl.

Er gilt ebenfalls für Vergütungen, die vom deutschen Goethe-Institut gezahlt werden (ebd., 86).

Den får likeledes anvendelse på godtgjørelse **betalt av det tyske Goethe-Institut** (ebd.).

---

66 Vgl. hierzu Kvam 2002, 29ff.
67 „Abkommen zwischen der Bundesrepublik Deutschland und dem Königreich Norwegen zur Vermeidung der Doppelbesteuerung und über gegenseitige Amtshilfe auf dem Gebiet der Steuern vom Einkommen und vom Vermögen" (1991), vgl. hier auch Kvam 2002, 195ff.

Hauptteil der Arbeit bildet eine funktionale Analyse von Satzreduktion. Funktion wird darunter „nicht syntaktisch, sondern pragmatisch verstanden als die durch sprachlich-kommunikative Handlungen beabsichtigte Regelung von sozialem Verhalten in einem gegebenen Handlungsraum" (ebd., 105) und u.a. durch folgende Leitfragen zusammengefasst:

> „Welche kommunikativen Aufgaben sind im vorliegenden Textpaar zu lösen?
> - Welche Handlungsinteressen werden seitens des Textsenders verfolgt?
> - Wie sind die Texte thematisch aufgebaut und welche kommunikativen Funktionen lassen sich dabei den Satzreduktionsbelegen zuschreiben?
> - Inwieweit kann bei diesen Texten von besonderen Textgestaltungsstrategien gesprochen werden und welche Rolle spielen die Satzreduktionsbelege in diesem Zusammenhang?" (ebd., 17).

Darüber hinaus wird Satzreduktion durch eine Analyse der syntaktischen und topologischen Kontexte der Satzreduktionsbelege in strukturell-kontrastiver Hinsicht untersucht.

Für diese doppelte syntaktische und funktionale Problemstellung entwickelt der Autor eine Art doppeltes Tertium Comparationis. Für beide Teile der Problemstellung dient die prospektive Parallelität der untersuchten Texte als invariable Basis der Analyse. Beim syntaktischen Vergleich bildet die satzförmige gegenüber der nicht-satzförmigen[68] Realisierung ein und desselben Inhalts die Vergleichsgrundlage. Bei der funktionalen Analyse werden die Texte nach den funktionalen Kategorien Handlungsinteressen bei den Textproduzenten, Adressatengruppe, Textsortenkonventionen für Doppelbesteuerungsabkommen in der Form von besonderen internationalen Richtlinien und Empfehlungen sowie nach dem referentiellen Bereich der untersuchten Texte verglichen.

Durch diese Arbeit wird nachgewiesen, dass Nominalisierungen als Textgestaltungsmittel in beiden Texten in gleichen Textfunktionen häufig verwendet werden, darunter vor allem zur Abgrenzung von relevanten Sachverhalten in sog. juristischen Normsätzen. Sehr deutliche Kontraste zwischen den beiden Texten finden sich vor allem in der Verwendung von prä- und postnuklear positionierten Attribuierungen in der Form von Partizipialstrukturen.[69]

Auch diese Arbeit ist eindeutig keine übersetzungswissenschaftliche, sondern eine Untersuchung zur kontrastiven Textologie: Prospektive Paralleltexte bilden die Analysegrundlage und eben nicht Übersetzungen. Aber nicht nur die Verwendung von prospektiven Paralleltexten als Vergleichsgrundlage ist

---

68 Zur Definition von Satzförmigkeit auf einer Sententialitäts- bzw. Nominalitätsskala sowie die Positionierung von Satzreduktion im Rahmen des übergeordneten Begriffs *kontraktive Konstruktionen*, s. Kvam 2002, 17-22.

69 Vgl. hierzu Kvam 2002, 95ff. sowie auch die Diskussion von Regeln mit unterschiedlicher Reichweite in ebd., 143ff.

auch für eine textlinguistisch basierte Übersetzungswissenschaft interessant, sondern auch der direkte Hinweis auf Kontraste zwischen Übersetzungen und Paralleltexten im Bereich der Satzreduktion.[70] Durch Kvam 2002 wird ersichtlich, dass ein differenzierter Paralleltextbegriff methodisch sinnvoll sein könnte, darüber hinaus wird hier die Relevanz von empirisch fundierten kontrastiven Analysen von Übersetzungen im Vergleich mit nach Parallelitätstypen differenzierten Paralleltexten deutlich.

In *Tirkkonen-Condit 2002* bildet wie bei den soeben besprochenen Arbeiten der Vergleich zwischen Textnormen in verschiedenen Sprachen den Schwerpunkt der Analyse. Aber hier werden auf der Grundlage der Ausarbeitung eines Modells für kontrastiv-textologische Analysen zusätzlich Arbeitshypothesen zur Analyse von übersetzten Texten formuliert und begründet. Konkret geht es in Tirkkonen-Condit 2002 um die Ausarbeitung eines ganzheitlichen Analysemodells für den Vergleich von Texttypen, das sowohl strukturelle als auch pragmatische Analyseschritte ermöglicht. Dabei entwickelt die Autorin auf der Grundlage der Texttypologie von Egon Werlich und der Sprechakttheorie zum einen ein taxonomisches Modell für die Beschreibung von Textsegmenten,[71] zum anderen wird dieses Modell ergänzt um ein Modell der rhetorischen Struktur von Texten von William Mann et al. zur Analyse der thematischen Kohärenz des gesamten Textes.[72] Auf der Grundlage der rhetorischen Struktur des gesamten Textes sowie der linguistisch-funktionalen Struktur der jeweiligen Textteile entwickelt Tirkkonen-Condit ein Analysemodell „that would make explicit the hierarchial structure of an entire text as well as its linguistic signals" (Tirkkonen-Condit 2002, 33). Dieses Modell könnte somit als Tertium Comparationis für kontrastive Analysen von bestimmten Texttypen in zwei Sprachen dienen. Solche empirisch fundierten Ergebnisse von kontrastiven

---

70 Eine Stichprobe zur Übersetzung von Relativsätzen in norwegischen Sachprosatexten ins Deutsche zeigt eine ganz andere Tendenz als der Vergleich zwischen prospektiven Paralleltexten: Hier wird im deutschen Zieltext weitgehend strukturell identisch – also satzförmig – übersetzt, während im Paralleltextfall gerade hier die meisten Belege von Satzreduktion zu finden waren. Vgl. hierzu Kvam 2002, 159f.

71 Egon Werlich typologisiert Texte nach den Texttypen deskriptiv, narrativ, expositorisch, argumentativ und instruktiv. Diese seien durch distinktive linguistische Merkmale distributionell von einander abgegrenzt. Werlichs Texttypen bilden bei Tirkkonen-Condit den syntagmatischen Teil des Klassifizierungsschemas. Den paradigmatischen Teil bilden distributionell klassifizierte linguistische Charakteristika der jeweiligen Texttypen sowie auch eine zusätzlich zu Werlichs Modell der Sprachakt-Theorie entnommenen funktional definierte paradigmatische Klasse *Illocutionary point; Maxims of Quality and Quantity*, vgl. hierzu Tirkkonen-Condit 2002, 32f.

72 Für die sog. rhetorische Struktur des Textes verwendet Tirkkonen-Condit das *Problem-Solution model* von Gray sowie vor allem die *Rhetorical Structure Theory* von Willam Mann et al., vgl. Tirkkonnen-Condit 2002, 33-35. Diese Analysemodelle ergänzen sich: „The first is to look at the kind of implicit dialogue that the writer seems to be conducting with the imaginary reader. The second is to look at the rhetorical relations at the top of the hierarchical structure" (ebd., 35).

Analysen auf der Grundlage eines gemeinsamen Analysemodells seien gerade für die Evaluation von Übersetzungen wertvoll (ebd., 35). Als Beispiel erwähnt die Autorin mit Verweis auf Anna Mauranen die unterschiedliche Verwendung von expliziten Signalen zur Markierung von rhetorischen Relationen in finnischen und anglo-amerikanischen akademischen Texten (ebd., 35f.). Für die übersetzerische Praxis hieße das u.a., dass beim Übersetzen solcher Texte vom Finnischen ins Englische „the translator's rule of thumb would be to add connectives and other linguistic signals so as to make rhetorical relations explicit" (ebd., 35).

Die für die übersetzerische Praxis nachgewiesene Relevanz des entwickelten Analysemodells bildet bei Tirkkonen-Condit die Grundlage für die Ausarbeitung einer Arbeitshypothese zur Übersetzungssprache generell. Dabei geht sie von „typical or even unique linguistic features and tendencies a language probably has in comparison to other languages" (ebd., 36) aus. Ihre Hypothese besteht darin, „that translations have a tendency of manifesting lower frequencies of these features than non-translated texts of the same genre" (ebd.). Dies liege wiederum daran, dass im Laufe des Übersetzungsprozesses Mechanismen auf-treten, „that generate[s] 'equivalents' automatically, and that expertise in trans-lation includes a capacity to monitor the automatic responses" (ebd.). Wegen fehlender direkter Entsprechungen in der Zielsprache werden solche Phänomene im Übersetzungsprozess oft übersehen, so dass übersetzungseigene Ziel-sprachenelemente automatisch generiert werden, die für die betreffende Text-sorte nicht angemessen bzw. auch falsch sein könnten (ebd.). Diese Hypothese lasse sich auch über Analysedaten in anderen Arbeiten empirisch begründen. Als Beispiel erwähnt die Autorin Arbeiten von Sari Eskola zu infiniten Ver-balkonstruktionen in übersetzten finnischen Texten und in finnischen Original-texten (ebd.).

Durch Tirkkonen-Condit 2002 wird nicht nur die Relevanz eines Analyse-modells mit sowohl funktional-pragmatischen als auch strukturellen Analyse-parametern für die kontrastive Textologie deutlich. Darüber hinaus wird – zu-mindest in der Form einer sehr interessanten Arbeitshypothese – das Modell auch für die Analyse von Übersetzungen angewendet. Da ja das Ziel der Analyse von Tirkkonen-Condit 2002 die Ausarbeitung eines Analysemodells für den Vergleich von Originaltexten in mehreren Sprachen ist, wird die über-setzungsbezogene Analyse auf die Diskussion von einigen Hypothesen be-schränkt. Der Übersetzungsbegriff wird in diesem Forschungskontext selbst-verständlich weder definiert noch typologisiert – ihr Analysemodell bildet je-doch eine interessante Grundlage für die Analyse von übersetzungsspezifischen Sprachvarianten. Tirkkonen-Condit zeigt in ihrer Arbeit exemplarisch, wie man die kontrastive Textologie in der Übersetzungswissenschaft einsetzen könnte, entwickelt aber auf dieser Basis keine textlinguistisch basierte Übersetzungs-theorie, da sie ja Übersetzungen nur als mögliches Anwendungsfeld ihres Analysemodells untersucht.

3.5.5.5 Schlussbemerkung

Durch die hier erwähnten Beispiele aus der kontrastiven Textologie werden empirisch fundierte Regeln zu textsortenbezogenen kontrastiven Regeln ermittelt, die auf der Grundlage von Paralleltexten für den jeweiligen Geltungsbereich dieser Regeln auch wichtige Daten für die Übersetzungspraxis liefern. Während Trumpp 1998 und Göpferich 1995 größere Textsortenbereiche untersuchen, beschränken sich Engberg 1997 und Kvam 2002 auf eine wesentlich schmalere empirische Basis – bei Engberg 1997 wird ein Textkorpus innerhalb einer Textsorte analysiert, bei Kvam 2002 geht es um eine Fallanalyse einer bestimmten Textsorte. Interessant ist hierbei vor allem die unterschiedliche Herangehensweise – deduktiv über die Wahl eines taxonomisch strukturierten Analysemodells einerseits (Trumpp 1998, Göpferich 1995) und induktiv auf der Basis des Minilektkonzepts (Engberg 1997) oder im Rahmen einer Handlungsschrittanalyse (Kvam 2002) andererseits: Die deduktiven Modelle beinhalten einerseits die Gefahr einer modellbezogenen Reduktion des Forschungsobjekts,[73] hier wird aber andererseits ein konsistentes Modell für die Analyse großer Datenmengen vorgelegt. Bei den induktiv orientierten Arbeiten ist aufgrund der schmalen empirischen Basis einerseits die Generalisierbarkeit der Ergebnisse problematisch, andererseits werden Textsorten hier ontologisch angemessen und zwar auf der Basis der sozialen Praxis analysiert. Nichtsdestotrotz finden sich in der kontrastiven Textologie die wichtigsten Voraussetzungen für die Beantwortung der Grundfrage einer textlinguistisch basierten Übersetzungswissenschaft: Ob und ggf. wie weichen nach Übersetzungssituationen differenzierte Übersetzungen von zielsprachlichen Originaltexten in den intendierten Textsorten ab – oder noch grundlegender: Wie sind Konventionen einer Textsorte innerhalb einer Sprache zu ermitteln und auf welcher Grundlage können Analysekategorien für den Vergleich von Übersetzungen bzw. Übersetzungsstypen einerseits und Textsorten bzw. Textsortentypen andererseits entwickelt werden? Gerade diese Frage wird in Tirkkonen-Condit 2002 aufgegriffen, indem über ein für die kontrastive Textologie entwickeltes Analysemodell Hypothesen für linguistische Charakteristika von übersetzten Texten formuliert werden.

Als eigenes Textphänomen sind Übersetzungen also erst dann möglich zu analysieren, wenn sie mit irgendwas verglichen werden: mit dem Ausgangstext nach spezifischen, in der Übersetzungssituation verankerten Vorgaben für die Produktion des Zieltextes sowie auf der Grundlage dieser Vorgaben mit verschiedenen Paralleltexten bzw. Paralleltexttypen in der Zielsprache.

---

73 Vgl. hierzu u.a. Kvam 2002, 156f. und dabei vor allem die traditionelle horizontale Einteilung in Fächer wie etwa in Hoffmann 1985, 58ff. Letztere ist eine Einteilung auf der Basis eines mehr oder weniger traditionellen Fächerkanons und muss schon gar nicht mit der sozialen Praxis in Bezug auf professionelle Kommunikation übereinstimmen.

Es wäre aber verfrüht, schon an dieser Stelle auf diese zentralen Fragen detailliert einzugehen. Das erfordert zunächst eine Besprechung von Arbeiten, die erstens Übersetzungen als Forschungsobjekt haben und zweitens den Textsortenbegriff und den Vergleich von Textsorten als methodischen Kernpunkt haben. Vor dem Hintergrund dieser für die hier gewählte Fragestellung noch zentraleren Arbeiten ist die Problematik der Kriterien von textlinguistisch orientierten Beschreibungsmodellen zuerst in Verbindung mit dem Durchgang von Arbeiten, die auf textlinguistischer Grundlage Übersetzungen und eben nicht Paralleltexte als Forschungsobjekt haben, genauer zu besprechen.

3.6 Übersetzungswissenschaft auf textlinguistischer Grundlage

3.6.1 Vorbemerkung

Die in diesem Abschnitt zu besprechenden Arbeiten sind als übersetzungswissenschaftlich im engeren Sinne einzustufen, da hier erstens Übersetzungen als eigene (Inter-)Textklasse das Forschungsobjekt bildet und nicht etwa Übersetzungen als Materialgrundlage für andere, nicht-übersetzungsspezifische Forschungsobjekte verwendet werden, zweitens das Phänomen Übersetzen auch definiert und in den meisten Fällen auch typologisiert wird. Vor dem Hintergrund einer solchen Abgrenzung und theoretischen Positionierung von Übersetzen werden in diesen Arbeiten entweder einzelne Textualitätsaspekte bei Übersetzungen untersucht oder auch Analysen von Übersetzungen auf der Grundlage eines ganzheitlichen textlinguistischen Modells vorgenommen. Übersetzungstheoretisch lassen sich diese Analysen entweder als ausgangstextorientiert im Sinne eines wie auch immer definierten Äquivalenzbegriffs oder zieltextorientiert im Sinne eines funktionalen Theorieansatzes, ausgehend von der Intentionalität oder dem Skopos für den Zieltext, einordnen.

Hier sind Arbeiten zu besprechen, die Einzelaspekte von Textualität untersuchen, auf äquivalenzorientierter sowie auf funktionaler Grundlage. Arbeiten, die ein ganzheitliches textlinguistisches Modell als Grundlage der Analyse verwenden, werden in Verbindung mit der Diskussion des Standes einer textlinguistisch basierten Übersetzungswissenschaft in 3.7 thematisiert.

3.6.2 Einzelaspekte von Textualität: Intentionalität, Kohärenz, Interaktionalität, Textsorten

3.6.2.1 Vorbemerkung

Die Auswahl der Textualitätsmerkmale Intentionalität, Kohärenz, Interaktionalität und Textsorten(zugehörigkeit) ist einerseits auf eine Klassifizierung der vorgefundenen Forschungsliteratur zurückzuführen. Gerade diese Themen aus der Textlinguistik werden in den zu besprechenden Arbeiten aufgegriffen. Vor allem spielt die Diskussion über funktionale, sprich: intentionale Aspekte von Übersetzungssituationen eine wichtige Rolle. Daher wird hier nicht gesondert auf die Intertextualität von Texten eingegangen, da sich dieser textuelle Aspekt durch die Diskussion über die Funktion von Übersetzungen materialisiert: Hier wird ja oft die Funktion eines Zieltextes über einen Vergleich mit dem Ausgangstext analysiert. Andererseits handelt es sich bei diesen Arbeiten um die Analyse von recht zentralen, im Sinne von Sandig 2000, 101 oder Adamzik 2004, 47f. prototypischen Merkmalen von Texten. Dabei spielen besonders Analysen von textsortenbezogenen Fragestellungen bzw. die Herausbildung von textsortenlinguistisch fundierten Beschreibungsmodellen eine wichtige Rolle, indem durch das Konzept der Textsorte der gesamten sozio-kulturellen und situativen Einbettung von Texten Rechnung getragen wird.

3.6.2.2 Intentionalität

3.6.2.2.1 Funktionale Ansätze

In der funktionalen Übersetzungstheorie – oder besser: Translationstheorie, da ja dieser Ansatz generell für Übersetzen und Dolmetschen gilt – spielt bekanntlich der Begriff *Skopos* eine zentrale Rolle. Dieser Schlüsselbegriff wird nicht selten relativ vage definiert, wie etwa als *Zweck* oder auch *Funktion*, (Reiß/Vermeer 1991, 96[74]). Trotz dieser recht allgemeinen Abgrenzungen lässt sich Skopos textlinguistisch dem Textualitätsmerkmal Intentionalität zuordnen, verstanden als übergeordnetes Handlungsinteresse im Sinne der intendierten Wirkung eines (Ziel)Textes in einer gegebenen (Übersetzungs-)Situation für eine gegebene Zielgruppe. Für den vorliegenden bibliographischen Überblick erscheinen deshalb Arbeiten, die diesen theoretisch zentralen Begriff über die bloße Bezeichnung als Ziel für das translatorische Handeln bzw. als „oberstes Primat der Translation" (Dizdar 1998, 104) hinaus betrachten, von Interesse. Solche Arbeiten finden sich jedoch relativ selten. Wir werden hier exemplarisch auf die Skopostypologie von Prunč 1997 und die Translationstypologie von Christiane Nord (vor allem Nord 1989; 1993; 1997a) eingehen.[75]

---

74 Diese Vagheit kommt noch deutlicher zum Ausdruck, wenn Reiß/Vermeer einerseits Funktion mit Zweck gleichsetzen (Reiß/Vermeer 1991, 96), andererseits eine Handlung – und dabei auch eine Translation – in der Form einer Skoposregel als „eine Funktion ihres Zweckes" (ebd., 101) definiert.

75 In diesem Zusammenhang könnten auch sprechakttheoretische Arbeiten erwähnt werden, wie etwa Kussmaul 1997. Hier werden im Rahmen des im Übersetzungsauftrag vorgeschriebenen Skopos unterschiedliche Illokutionsindikatoren für die kommunikative Handlung *request* in deutsch-englischen Übersetzungsfällen, vorwiegend unter übersetzungsstrategischer Perspektive, untersucht.

Erich Prunč betont auch die Wichtigkeit einer differenzierten Betrachtung von Skopos: Es sei im Sinne einer deskriptiven und kultursensitiven Translationswissenschaft angebracht, „eine in sich geschlossene und alle Tätigkeitsfelder translatorischen Handelns abdeckende Typologie der Skopoi zu entwickeln" (Prunč 1997, 33). Prunč definiert Translation als „jede mehr oder minder konventionalisierte, interlinguale transkulturelle Interaktion" (ebd.) und Skopos als „die Zielvorgabe einer Translation" (ebd., 34). Diese sei grundsätzlich arbiträr[76] und werde „als den vom Translator realisierten intertextuellen Bezug zwischen Ausgangstext (AT) und Zieltext (ZT)" (ebd.) operationalisiert. Auf dieser Grundlage entwickelt Prunč eine Skopostypologie in der Form einer Prototypologie, d.h. als Kontinuum möglicher Realisierungsformen mit unscharfen Grenzen zwischen den Kategorien (ebd., 36f.). Dabei unterscheidet Prunč zwischen den Kategorien *Null-Translation, Pseudotranslation, homologe Translation, analoge Translation, dialogische Translation, trialogische Translation* und *diaskopische Translation* (ebd., 37-49). Entscheidend bei diesen Skoposkategorien ist der Handlungsspielraum des Translators, und zwar: wie stark steuert der Ausgangstext die Translation und wie stark darf der Translator als Handlungsbeteiligter den Ausgangstext umformen? Bei der Null-Translation liegt Translationsverbot als gesellschaftliche Zensur oder Translationsverzicht in der Form von Selbstzensur vor, bei der homologen Translation darf der Translator den Text nur oberflächlich wortgetreu umformen, während bei der analogen, dialogischen und trialogischen Translation der Translator in ständig größerem Umfang als Mitinterpret des Textes bzw. auch als ideologischer Bearbeiter des Ausgangs*textes* auftritt. Beispiele seien hier einige feministische Übersetzungen, bei denen ideologisch markierte Aktionen des Übersetzers (oder wahrscheinlicher der Übersetzerin) absichtlich durchgeführt werden (ebd., 47). Bei der diaskopischen Translation ist dann der Ausgangstext kein Ausgangstext mehr, sondern eher ein Materiallager, aus denen Teileelemente für die Produktion des Zieltextes verwendet werden. Dabei werden „Struktur und Funktion des Ausgangstextes ... als irrelevant eingestuft und ausschließlich nach den Kriterien der Zieltextfunktion selektiert" (ebd., 48f.).

Prunč liefert einen interessanten Ansatz zur Analyse von den Handlungsmöglichkeiten eines Translators: Wie weit kann dieser den Ausgangstext umformen – von Ø-Umformung über variierende Wiedergabemöglichkeiten bis hin zu einer Informationsbasis ohne eigenständige Textfunktion. So gesehen geht es hier um allgemeine gesellschaftliche Textnormen und Handlungsnormen beim Verfassen von Texten. Es geht eben nicht um eine Typologie von Skopos im Sinne einer „Zielvorgabe einer Translation" (ebd., 34), sondern um den sozialen Spielraum beim Verfassen eines Textes auf der Grundlage eines anderen. Dass

---

76 Da Translationsnormen kulturell variieren und daher grundsätzlich arbiträr seien und das Skopos auch dem Prinzip der Arbitrarität untergeordnet sei, sei „grundsätzlich jede Relation zwischen AT und ZT möglich" (ebd., 34) .

ein Übersetzer – um bei diesem in der Gesellschaft gängigen Begriff zu bleiben – im Auftrag anderer Texte verfasst und dass gerade diese zwischen Auftraggeber und Übersetzer ausgehandelten Zielvorgaben für die Textproduktion zentral sind, wird nicht berücksichtigt, sondern nur, was durch eine Textumformerrolle grundsätzlich möglich ist. Auch die ganz zentrale Tatsache, dass ein und derselbe Text je nach Zielvorgaben eines Auftraggebers unterschiedlich übersetzt werden kann[77] und dass dadurch der soziale Spielraum von Umformungsmöglichkeiten eines Textes oder einer Textsorte zum Vorschein kommt, wird durch diese Skopostypologie nicht aufgegriffen. Prunčs Typologie ist daher ein Modell zur Interpretation von gesellschaftlichen Normen von Textumformungsmöglichkeiten eines Textumformers oder Translators auf ganz genereller Grundlage. Seine Analyse ist nicht auf ein abgrenzbares Phänomen Übersetzen bezogen, sie beschränkt sich auf die Handlungsperspektive des Translators und geht dabei nicht auf mögliche Handlungsinteressen eines Auftraggebers oder Initiators, geschweige denn auf die Interaktion zwischen diesen Handlungspartnern, ein. Diese Interaktion ist ja für die Ausarbeitung des Übersetzungsauftrages in der translatorischen Praxis zentral[78] und sollte in einer Modellierung von Intentionalität oder Skopos beim Übersetzen sowohl aus theoretischen als auch aus empirischen Gründen berücksichtigt werden.

Gerade die Rolle des Initiators und die Kooperation zwischen Translator und Initiator für die Ausarbeitung des Translationsauftrages und damit auch des Skopos für den Zieltext bilden die Grundlage der Translationstypologie von *Christiane Nord*. Bei Nord wird Skopos als Zweck bezeichnet, dieser wiederum „definiert sich aus der kommunikativen Situation, für die das Produkt, die Übersetzung oder Verdolmetschung, bestimmt ist und die in Form eines Übersetzungsauftrages beschrieben sein kann" (Nord 1993, 9)[79]. Auf dieser Grundlage wird Funktion definiert als die intendierte Wirkung eines Textes, im Übersetzungsfall wäre das diejenige für den Zieltext. Dabei ist es wichtig zu betonen, dass ein Text nie eine Funktion an sich hat, sondern, dass diese von einer Kontextualisierung in der jeweiligen Interaktionssituation abhängig ist, also in der jeweiligen Rezeptionssituation erst entstehe (ebd., 9f.). Zentral bei Nords Skoposbegriff ist der Initiator oder allgemein gesagt der Auftraggeber: Der Initiator gibt implizit oder explizit, ggf. auch im Dialog mit dem Translator die intendierte Translatfunktion an. Für den Translator bedeutet das, dass dieser einen Zieltext nach den Vorgaben eines Initiators und weder frei von sich aus

---

77 Als Beispiel wären hier verschiedene Übersetzungen der Bibel, (Standardausgabe, Jugendausgabe, wortgetreue Studienausgabe etc.) zu erwähnen.
78 Vgl. hierzu die Analyse von Handlungsschritten in einem authentischen Dialog zwischen Übersetzer und Auftraggeber in Kvam 2001, 96ff. sowie auch generell zur Rolle der Interaktion für die Herstellung von Bedeutung in beispielsweise Nothdurft 1994, 25ff. Siehe hierzu auch die Ausführungen in 3.6.2.4.2.
79 Vgl. hierzu auch Nord 1991, 8ff., auch Nord 1997a, 27ff.

noch ausschließlich auf der Grundlage des Ausgangstextes produziert. Der Translator ist deshalb nicht Sender der Botschaft des Ausgangstextes, sondern im Auftrag anderer ein Textproduzent in der Zielsprache und in der Zielkultur (vgl. Nord 1991, 11-13). Auf der Grundlage der Auftragssituation soll der Translator einen funktions- und adressatengerechten (Ziel-)Text produzieren und kontextualisieren.

Nun ist Skopos als die Intentionalität eines Textes in einer spezifischen Interaktionssituation wie bereits mehrfach erwähnt keineswegs übersetzungsspezifisch: Skopos als Definitionskriterium für das Übersetzen reicht nicht aus, da sich ja bei jeder sprachlich-kommunikativen Handlung einschließlich Übersetzungen eine Intentionalität im oben erwähnten Sinne nachweisen lässt. Nord begnügt sich jedoch nicht mit einem allgemeinen Skoposbegriff, sondern entwickelt auf der Basis von diesem allgemeinen Skoposbegriff spezifische Definitionskriterien für den besonderen Kommunikationsfall Übersetzen. Über den sozio-kulturellen und ethischen Begriff *Loyalität* werden Übersetzungen von anderen (interlingualen) Texttransfertypen unterschieden. Unter *Loyalität* versteht Nord eine ethische Verantwortung des Übersetzers gegenüber den an der komplexen sprachlich-kommunikativen Handlung Übersetzen beteiligten Handlungspartnern – dem Auftraggeber, dem Zieltextempfänger und dem Ausgangstextautor. Diese haben grundsätzlich unterschiedliche Erwartungen an eine Übersetzung, zwischen den beteiligten Kommunikationskulturen könnten unterschiedliche Text- und Translationsnormen vorliegen. Der Übersetzer habe deshalb alle diese Konventionen zu berücksichtigen und bei der Produktion eines übersetzerischen Zieltextes für eine Kompatibilität mit den unterschiedlichen Text- und Translationsnormen zu sorgen. In unserer heutigen Kultur bedeute eine solche Kompatibilität von Auftrag und Ausgangstext, dass „der Auftrag den Intentionen des Autors nicht willentlich und wissentlich zuwiderlaufen darf" (Nord 1993, 19) und dass auf dieser Grundlage „Loyalität als Ethik der Konfliktprävention, des Vertrauens, der Professionalität und der Wahrhaftigkeit" (Nord 2004, 237) beschrieben werden könne. Das Skopos für den Zieltext ist bei Nord also keine offene Kategorie, die grundsätzlich alle möglichen Textumformungen zulässt, sondern eine über die Kompatibilität von grundsätzlich unterschiedlichen Textnormen aus mehreren Diskursgemeinschaften eingeschränkte Kategorie. Loyalität mit den Handlungspartnern ist daher zum einen eine ethische Kategorie für die übersetzerische Arbeit, zum anderen bildet diese Kategorie eine interessante Grundlage für eine sozialwissenschaftlich fundierte Analyse von den Restriktionen vom Übersetzen: Denn nicht jede Umformung eines Textes in eine andere Sprache wird in einer Diskursgemeinschaft als Übersetzung interpretiert, sondern nur als eine Teilmenge von einer etwaigen Intertextklasse ‚Textumformungen', oder in der Terminologie von Nord 1989 ‚interkultureller Texttransfer' (ebd., 102). Daraus wird der Funktion des Übersetzers als Vermittler zwischen mehreren Diskursgemeinschaften eine besondere Rolle

zugeschrieben. Weil nur der Übersetzer im „Konzert dieser Interaktanden[80]"
(Nord 2004, 238) mit Text- und Übersetzungsnormen in den beteiligten Kom-
munikationsgemeinschaften vertraut ist, obliegt diesem die ethische Ver-
pflichtung der Loyalität in der Form der Einhaltung der an der Textproduktion
und -rezeption beteiligten Text- und Übersetzungsnormen.[81]

Auch bei Nord findet sich eine binär aufgebaute Typologie: Hier wird zwischen instrumentellem und dokumentarischem Übersetzen unterschieden. Bei
einer instrumentellen Übersetzung wird der Zieltext als eigenständiger Text in
der Zielsprache konzipiert und produziert: „The result of an instrumental translation is a text that may achieve the same range of functions as an original text"
(Nord 1997a, 50). Eine dokumentarische Übersetzung habe dagegen eine metatextuelle Funktion, indem inhaltliche und/oder formale Aspekte des Ausgangstextes in der Zielsprache abzubilden oder zu ‚dokumentieren' sind: „The target
text, in this case, is a text about a text, or about one or more particular aspects of
a text" (ebd., 47). Dokumentarische Übersetzungen werden weiterhin nach dem
Grad oder Umfang des vom Ausgangstext Abzubildenden unterteilt (exotisie-
rendes, philologisches, wörtliches und Wort-für-Wort-Übersetzen[82], instrumentelle Übersetzungen nach dem Grad der vom Ausgangstext abweichenden Text-
produktionssituation und -intention für den Zieltext (funktionskonstantes, funk-
tionsvariierendes und korrespondierendes Übersetzen)[83]. Aber anders als beispielsweise Nida 1964, Reiß 1985 und House 1997; 2001; 2002, die ja auch eine
binär strukturierte Typologie von Übersetzungen vorschlagen, ist Nords Typologie eine Typologie von Übersetzungsaufträgen, also von den zwischen Übersetzer und Auftraggeber ausgehandelten Produktionsbedingungen für den Zieltext. Bei Nida und House handelt es sich dagegen um eine Typologie von Ausgangstexten, die dann die Grundlage für bestimmte Übersetzungsverfahren
bildet.

Verglichen mit Prunč wird der zentrale Begriff *Skopos* unterschiedlich verwendet. Während Prunč sich auf die Handlungsmöglichkeiten des als Translator
bezeichneten Textumformers beschränkt und dabei auf jede Abgrenzung von
Übersetzen im Verhältnis zu anderen Textumformungsfällen verzichtet, betrachtet Nord das Zieltextskopos zum einen als eine Vorgabe des Initiators für
die Zieltextproduktion, zum anderen unterscheidet sie mit Hilfe des sozio-kulturellen Begriffs Loyalität zwischen Übersetzungen und anderen Textumformungen. Dadurch wird bei Nord Übersetzen als eigenes Textproduktions-

---

80 Diese seien der Sender des Ausgangstextes, der Auftraggeber oder Initiator der Über-
    setzung, der Translator sowie die Rezipienten des Translats (Nord 2004, 238).
81 Das Problem der Berücksichtigung solcher Normen im Geflecht unterschiedlicher Text-
    erwartungen wird durch die Analyse einer skoposorientierten Übersetzung des Neuen
    Testaments in Nord 2005 im Rahmen der Funktion „Otherness Understood" (Nord 2005,
    4ff.) aufgegriffen.
82 Vgl. hierzu ausführlicher in Nord 1989, 103 sowie in Nord 1997a, 47ff.
83 Vgl. hierzu ausführlicher in Nord 1989, 103ff. sowie in Nord 1997a, 50ff.

phänomen modelliert, also (einigermaßen) abgegrenzt, systematisch typologisiert und auch einem Genus proximum, und zwar Textumformungen in der Form von *interkulturellem Texttransfer* (Nord 1989, 102ff.) zugeordnet. Bei Prunč verschwindet trotz einer interessanten Typologie vom Translationsverbot bis zur völlig freien Textneugestaltung auf der Basis von einem Ausgangstext oder Teilen vom Ausgangstext das Phänomen Übersetzen in einen nicht näher definierten Translationsbegriff, der über einen allgemeinen Intentionalitätsbegriff lediglich skizziert und eben nicht definiert wird. Der Translationsbegriff, und dadurch auch ein möglicher Übersetzungsbegriff, steht somit isoliert und ohne Bezug zu einem möglichen Genus proximum und enthält über den Hinweis auf Skopos im Sinne eines Handlungszwecks für den Zieltext keine definitorischen Merkmale.

Nord ist m.E. in der funktionalen Übersetzungswissenschaft die einzige, die sowohl eine Definition und auch eine Typologie von Übersetzungen vornimmt. Während andere funktionale Arbeiten[84] dadurch gekennzeichnet sind, dass sie eben nicht bereit sind, den Skopos-Begriff abzugrenzen, um dadurch Übersetzungen von anderen Textumformungsfällen zu unterscheiden, tut Nord durch ihren Loyalitätsbegriff und ihre Typologie von Übersetzungen im Rahmen des übergeordneten Begriffs interkulturellen Texttransfers gerade dies. Sie begnügt sich dabei jedoch nicht nur mit einer generellen Typologie, sondern liefert auch Kriterien für eine Analyse von textexternen und textinternen Merkmalen durch die Verwendung von textlinguistisch motivierten Kategorien für die Analyse von Übersetzungsproblemen, die auf unterschiedlichen Ebenen im Text lokalisiert sein können. Auf diese Art und Weise wird zwischen der übergeordneten Typologie von Übersetzungen und der Lösung von konkreten Übersetzungsproblemen eine Brücke geschlagen: Erst eine Analyse des Typus einer Übersetzung auf der Grundlage des übergeordneten Handlungsinteresses für den Zieltext im Rahmen einer sozio-kulturellen definierten Loyalität zwischen den Beteiligten am konkreten Translationsdiskurs schafft eine Grundlage für die Analyse von Übersetzungsproblemen auf den unteren Textebenen. Diese können dann auf der Grundlage der Klassifizierung des jeweiligen Übersetzungsfalls mit den in Nord 1991, 40ff. aufgestellten Kategorien für die textinterne und textexterne Textanalyse analysiert werden. Dadurch werden Probleme auf der Mikroebene im Text nicht für sich allein analysiert, sondern stets im Rahmen einer übergeordneten Übersetzungstypologie betrachtet.[85] Dabei wird aber ausdrücklich betont, „daß für den Textbegriff die kommunikative Funktion ent-

---

84 Vgl. hierzu u.a. die in 3.3 besprochenen Arbeiten von Hans J. Vermeer.
85 Vgl. hierzu auch die Diskussion von syntaktisch und lexikalisch lokalisierten Übersetzungsproblemen im Rahmen einer funktionalen Analyse von Titelübersetzungen in Nord 1993, 259ff. sowie die Analyse von auf der Satzebene lokalisierten Übersetzungsproblemen im Rahmen einer funktionalen Textanalyse in Nord 1996.

scheidend und die semantisch-syntaktischen Textualitätsmerkmale erst von nachgeordneter Bedeutung sind" (ebd., 40).

Nords Arbeiten sind für die Problemstellung dieser Arbeit unmittelbar relevant. Das Forschungsobjekt Übersetzen wird mit Hilfe von interkulturellem Texttransfer als Genus proximum und einem sozialwissenschaftlich verorteten Begriff Loyalität als Differentia specifica definiert. Dabei geht sie zumindest implizit von einem pragmatischen Textbegriff aus und liefert in diesem Zusammenhang auch Kriterien für die Analyse von auf verschiedenen Textebenen lokalisierten Übersetzungsproblemen. Diese Kriterien für die Analyse von Übersetzungsproblemen auf verschiedenen Textebenen sind an und für sich interessant, da sie auf der Grundlage textlinguistischer Literatur entstanden sind.[86] Theoretisch zentraler als die genannten textlinguistischen Analysekategorien ist bei Nord allerdings die allgemeine Pragmatik oder genauer der *Theory of Action*[87], operationalisiert durch vor allem die sog. Laswell-Formel[88] und deren Erweiterung zur pragmatischen W-Kette[89]. Translation wird eben im Rahmen dieses pragmatischen Grundkonzepts (Nord 1997a, 16ff.) und nicht über textlinguistische Kriterien etwa im Sinne von Gülich/Raible 1977 definiert. Die textlinguistischen Analyseparameter sind daher nicht Teil der theoretischen Grundlage des Translationsmodells, sondern haben eine instrumentelle Funktion für eine übersetzungsspezifische Textanalyse: Für die übersetzerische Textanalyse sei keine vollständige Textanalyse des Ausgangstextes erforderlich und auch die W-Fragen werden bei Nord nur „im Hinblick auf ihre Relevanz für die Translation zum Teil restriktiver interpretiert, zum Teil uminterpretiert" (ebd., 40f.). Dies zeigt, dass in Nords Arbeiten die Textlinguistik zwar eine nützliche Werkzeugfunktion für die Analyse von Übersetzungsproblemen hat, aber nicht die theoretische Grundlage ihrer Übersetzungsanalyse bildet. Ihre theoretische Grundlage ist in der allgemeinen Pragmatik oder in der oben genannten allgemeinen Handlungstheorie zu finden. Translation, darunter also auch das Übersetzen, wird mit Verweis auf Watzlawick[90] als eine spezifische Interaktionsform („Translation as a Form of Mediated Intercultural Communication" (Nord 1997a, 18)) im Rahmen des Handlungskonzepts *intentional behaviour* (ebd.) betrachtet. Der theoretische Ausgangspunkt bei Nord ist also Intentionalität im Rahmen einer solchen Handlungstheorie und nicht etwa Intentionalität als Textualitätsmerkmal im Rahmen einer pragmatischen Textlinguistik. Dennoch

---

86 Nord verweist hier auf Gülich/Raible 1977, vgl. Nord 1991, 40.

87 Vgl. hierzu vor allem Nord 1997a, 15ff. In diesem Kapitel wird Translation als Sonderform von „Translational Interaction" (ebd., 16ff.) positioniert.

88 Vgl. hierzu die Originalformel „Who says what in which channel to whom with what effect" (Laswell- Formel, zitiert nach Hansen 1995, 86) sowie für das Übersetzen formulierte Varianten dieser Formel in u.a. ebd. sowie in Nord 1991, 41.

89 Vgl. hierzu diese Werkzeugfunktion der Laswell-Formel für das Übersetzungsverfahren u.a. in Hansen 1995, 83ff. sowie auch Hönig 1986, 234ff.

90 Vgl. hierzu Watzlawick, zitiert in Nord 1997a, 19.

werden Kategorien aus der Textlinguistik für eine Analyse von Übersetzungsproblemen verwendet, aber eben nur instrumentell und unvollständig: Es geht also keineswegs um eine vollständige, linguistisch begründete Textanalyse des Ausgangstextes oder auch des Zieltextes, sondern um die Verwendung von textlinguistisch definierten Kategorien als Instrument zur Beschreibung von Übersetzungsproblemen in Texten im Rahmen einer übergeordneten Handlungstheorie.[91] Nords Analyseperspektive ist somit ,top-down' mit der übergeordneten pragmatischen Ebene in der Form eines konkreten Übersetzungsauftrages als Dreh- und Angelpunkt. Erst nach der über den Übersetzungsauftrag ausgearbeiteten Wahl einer bestimmten (dokumentarischen oder instrumentellen) Klasse von Übersetzungen werden sprachliche Probleme aufgegriffen. Dabei wird betont, dass die Wahl zwischen mehreren sprachlichen Alternativen funktional, also letzten Endes über die intendierte Funktion für den Zieltext sowie über die Bewertung von Textelementen im Rahmen des Textganzen getroffen wird: Jede Textproduktion folgt bestimmten strategischen Zielen: „If there is still more than one solution ... the translator's own personal preferences, always with due respect to the function of the translation, will determine the ultimate decision" (Nord 1997b, 63f.).

Die funktionale Analyseperspektive bei Nord ist jedoch im Vergleich mit Reiß/Vermeer 1991 wesentlich präziser und auch mit einer davon abgeleiteten Translationstypologie verbunden. Sie wäre außerdem ohne weiteres mit den Grundsätzen einer pragmatischen Textlinguistik vereinbar, da ja hier das Textualitätsmerkmal Intentionalität im Sinne der intendierten Wirkung eines Textes als übergeordnete Beschreibungskategorie betrachtet werden kann.[92]

Die Rolle der Linguistik als theoretisch und daher auch methodisch interessanter Rahmen für die Übersetzungswissenschaft wird noch deutlich in *Engberg 2004* demonstriert. Er geht im Rahmen einer Fallanalyse einer juristisch-fachsprachlichen Übersetzung von der Funktionalität und der damit zusammenhängenden Situationalität von Übersetzungen aus und plädiert für die methodische Relevanz einer funktional orientierten Linguistik für die Übersetzungswissenschaft. Gegenstand seiner der Arbeit ist „die Erörterung der Frage nach der Verwendbarkeit linguistischer Beschreibungsverfahren bei der Angemessenheitsprüfung von Zieltexten in Verbindung mit der Übersetzung" (Engberg 2004, 81). Wie bei jeder Übersetzung, sei auch für die Übersetzung von Juristentexten das Translatskopos ausschlaggebend und daher eine funktionale Analyse des Übersetzungsfalls unumgänglich. Daraus wird gefolgert, dass gerade die funktional

---

91 Diese Analyseperspektive wird mit aller Deutlichkeit von Hönig formuliert: „Gerade weil es Aufgabe der ürTA ist, die übersetzungsrelevanten von den -irrelevanten Textdaten zu trennen, muß der Textanalyse eine Definition der Funktion des ZS-Textes vorausgehen" (Hönig 1986, 232).
92 Vgl. hierzu die Ausführungen zum Funktionsbegriff im Rahmen eines pragmatischen Textbegriffs in 4.2.

orientierte Linguistik eine bedeutende Rolle zu spielen habe, „weil nur eine solche Linguistik Kriterien für diese Beurteilung liefern kann" (ebd., 71). Dabei sei von einem auf Situation und Empfänger ausgerichteten Fachsprachenbegriff sowie von einem flexiblen Regelbegriff auszugehen. Linguistische Regeln seien daher nach der Reichweite linguistischer Regeln organisiert[93] und daher je nach Situation und Intention unterschiedlich verteilt. Untersucht werden dabei Texte als Exemplare spezifischer Textsorten (ebd., 73). Denn gerade ein solcher Regelbegriff erfordere einen Beschreibungsansatz, „der seinen Ausgangspunkt in den konkreten Kommunikationssituationen nimmt und aus ihr heraus ihre funktionalen Beschreibungskategorien entwickelt und sie situational absichert" (ebd., 73f.). Am Beispiel des Züricher Analyserasters für die Bewertung von Schüleraufsätzen untersucht Engberg zwei Übersetzungen von Studierenden von einem juristischen Fachtext. Dabei beschränkt sich der Autor auf die Aspekte Registerwahl und die Erfüllung von Textsortennormen (ebd., 75).

Die Analyse verwendet im Großen und Ganzen normative Kriterien ohne Bezug zu einem textlinguistischen Modell. Weiterhin wird hier nur ein Übersetzungsfall mit funktionaler und inhaltlicher Invarianz analysiert: Ziel der Übersetzung ist nämlich, „inwiefern der Zieltext dieselben Inhalte und Funktionen wie der Ausgangstext mit sprachlichen Darstellungsmitteln vermittelt" (ebd., 76).

Trotz der Beschränkung dieser Fallstudie ist sie ein sehr gutes Demonstrationsbeispiel für die unmittelbare Relevanz einer funktional orientierten Textlinguistik als eine theoretische Grundlage der Übersetzungswissenschaft. Dass in dieser Arbeit weder eine Diskussion textlinguistischer Modelle noch die Problematik eines differenzierten Übersetzungsbegriffs aufgegriffen werden, ändert nichts an der unmittelbaren Relevanz der Aussage, „dass Linguistik und Übersetzungswissenschaft (auch in ihrer funktional orientierten Ausstattung) schlecht ohne einander auskommen" (ebd., 81f.).

3.6.2.2.2 Äquivalenzorientierte Ansätze

Obwohl Äquivalenz in vielen übersetzungswissenschaftlichen Arbeiten als grundsätzlich statisches Phänomen sowie auch als pure Illusion bezeichnet und daher für die Übersetzungswissenschaft als unbrauchbar beschimpft worden ist,[94] finden sich unter äquivalenzorientierten Arbeiten überraschenderweise viele funktional orientierte Analysen. Zwar wird hier das Reizwort Skopos wie die Pest gemieden, aber *Funktion* verstanden als die intendierte Wirkung für den Zieltext ist in der Übersetzungswissenschaft auch im Rahmen von Äquivalenz – sowohl eher indirekt als auch ganz explizit – seit Jahren ein Thema. Schon 1964

---

93 Vgl. hierzu die Ausführungen zur Reichweite von linguistischen Regeln in Kvam 2002, 143 sowie dortige Literaturhinweise.

94 Als eines von vielen Beispielen wäre Snell-Hornby 1986, 13ff. zu erwähnen.

hat Eugene Nida den Begriff der dynamischen Äquivalenz vorgeschlagen[95] und in Nida/Taber 1969 die funktional zentrale Antwort auf die Frage „Ist dies eine gute Übersetzung?" (Nida/Taber 1969,1) mit der Rückfrage „Gut für wen?" (ebd.) beantwortet. Zwischen Nidas Unterscheidung zwischen formaler und dynamischer Äquivalenz und Nords Unterteilung in dokumentarisches und instrumentelles Übersetzen gibt es sogar deutliche Berührungspunkte: Während eine formale Äquivalenz wie auch das dokumentarische Übersetzen an strukturellen Charakteristika des Ausgangstextes orientiert ist, ist der Orientierungspunkt der dynamischen Äquivalenz und auch des instrumentellen Übersetzens soziale Charakteristika der Zielgruppe für den Zieltext. Trotz der grundsätzlichen Unterschiede zwischen dem Skopos-Ansatz und dem Äquivalenz-Ansatz in Bezug auf die Handlungsrolle des Initiators bzw. des Auftraggebers[96] haben sie auch die Kategorie *Funktion* gemeinsam. Diese ist nun kein Sonderbesitz des Skopos-Ansatzes, was der Durchgang der nachfolgenden äquivalenzorientierten Arbeiten zeigen dürfte.

Bei *Katharina Reiß*[97] gehen die Begriffe Funktion und Äquivalenz Hand in Hand. Das betrifft sowohl die Funktion des Ausgangstextes als auch diejenige des Zieltextes. Funktion sei eine notwendige Voraussetzung für die Beschreibung von Äquivalenz (Reiß 1985, 44) und zwischen der Funktion der beiden an einer Übersetzung beteiligten Texte, also der intendierten Wirkung für den Ausgangstext einerseits und der intendierten Wirkung für den Zieltext, bestehe laut Reiß im Übersetzungsfall je nach Situation mehr oder weniger Äquivalenz. Äquivalenz wird dabei als „Gleichwertigkeit" (ebd., 43) bezeichnet und bestehe „in der je gleichwertigen Relationierung von Inhalt(en) und Form(en) eines Textes in ihren Funktionen zur Erreichung des Textsinns" (ebd., 46). Diese Äquivalenz auf der Textebene ist für funktionskonstante Übersetzungen konstitutiv und bildet bei Reiß sozusagen das Zentrum des Übersetzungsbegriffs: Funktionskonstanz „kann als Imitation des Kommunikationsangebots in einem Ausgangstext mit den Mitteln der Zielsprache und unter Berücksichtigung des situationellen und soziokulturellen Kontextes der Zielsprachengemeinschaft beschrieben werden" (ebd., 36). Von diesem Zentrum aus stellt Reiß eine Übersetzungstypologie auf, die sich weitgehend mit der Typologie von Nord 1989

---

95 Vgl. hierzu ausführlicher in Nida 1964, 166ff. sowie seine Positionierung von dynamischer Äquivalenz als „the closets natural equivalent to the scource-language message" (ebd., 166).

96 Der grundsätzliche und auch vereinfachte Unterschied besteht darin, dass funktionale Modelle wie Nord 1989 etc. den Translationsauftrag als Ausgangspunkt der Analyse betrachten, während bei den äquivalenzorientierten Ansätzen der Ausgangstext den Ausgangspunkt der Analyse darstellt, vgl. hierzu etwa Koller 2004, 214ff.; House 2001, 134ff.

97 Andere zentrale Arbeiten zur textbezogenen Übersetzungswissenschaft von Katharina Reiß sind beispielsweise Reiß 1983 und Reiß 1988.

deckt.[98] Dies bedeutet, dass Äquivalenz ein dynamisches Phänomen ist, das bei den jeweiligen Übersetzungstypen in unterschiedlichem Grad und auf unterschiedlichen Textebenen zur Geltung kommt. Wie weit man den Übersetzungsbegriff dabei dehnen kann, wird jedoch vom Ausgangstext determiniert: Der Ausgangstext bilde bei jeder Übersetzung den Ausgangspunkt für die zielsprachliche Textproduktion und sei für Reiß somit „die unverrückbare Bezugsgröße" (Reiß 1988, 73) und sogar „das Maß aller Dinge beim Übersetzen" (ebd.). Im Klartext heißt das, dass die Funktion des Ausgangstextes und der Grad der Textäquivalenz den Spielraum der Übersetzungsmöglichkeiten angeben. Reißens Ansatz ist somit einerseits ausgangstextorientiert, andererseits aber auch über einen dynamischen und funktionsorientierten Äquivalenzbegriff modelliert.

Auch *Juliane House* betont die Notwendigkeit einer pragmatischen Herangehensweise bei der Bestimmung von Äquivalenz in der Übersetzungswissenschaft. Rein formale Definitionen von Äquivalenz „have … been revealed as deficient in that they cannot explain appropriate use in communication" (House 1997, 26). Dagegen seien gerade diejenigen Ansätze zentral, die die soziokulturelle Verortung von Texten als Ausgangspunkt der Analyse haben: „Linguistic-textual approaches cover many different schools, the most promising for the development of models of translation assessment being those that encompass pragmatic, socio-cultural and discoursal meanings" (ebd., 16). Aus dem Grund sei es für die Entwicklung eines empirisch korrekten Äquivalenzbegriffes unumgänglich, auch die Kommunikationsbedingungen des Rezipienten des Zieltextes in ein Analysemodell voll zu integrieren: „It is an important aim of linguistic-textual approaches to specify, refine, modify, and thus to try to operationalize the equivalence relation by differentiating between a number of frameworks of equivalence, e.g., extralinguistic circumstances, connotative and aesthetic values, audience design and last but not least textual and language norms of usage that have emerged from empirical investigations of parallel texts, contrastive rhetoric and contrastive pragmatic and discourse analysis" (ebd., 24)[99].

Werner Koller ist von funktionalistischer Seite wegen eines methodisch unzureichenden und starren Äquivalenzbegriffes oft Zielscheibe der Kritik ge-

---

98 Reiß 1985 unterscheidet dabei zwischen Interlinear-Version (Wort-für-Wort-Übersetzung), wörtlicher Übersetzung (grammar translation), philologischer Übersetzung, kommunikativer Übersetzung und bearbeitender Übersetzung, vgl. hierzu Reiß 1985, 34-36.
99 Da House ihr Beschreibungsmodell für das Übersetzen auf der Grundlage der systemisch-funktionalen Grammatik aufbaut, wird sie hier nur wegen ihrer ‚Funktionalisierung' des Äquivalenzbegriffes erwähnt, allerdings in 3.6.2.5.2 in Verbindung mit der Besprechung von textsortenorientierten Arbeiten im Rahmen der systemisch-funktionalen Grammatik ausführlicher besprochen.

wesen.[100] Aber auch bei ihm sind Funktion und Äquivalenz verbunden. Zentral ist dabei, dass Koller Äquivalenz als eine Übersetzungsbeziehung zwischen zwei Texten positioniert. Diese Beziehung sei jedoch im konkreten Fall genauer anzugeben und sei von Textqualitäten des Ausgangstextes abhängig. Konkret bedeute das, dass bestimmte Qualitäten des Ausgangstextes „in der Übersetzung gewahrt werden" (Koller 2004, 215). Diese Qualitäten sind bei Koller von der besonderen Funktion des Ausgangstextes dahingehend abhängig, dass in jedem konkreten Übersetzungsfall zwischen Textqualitäten Prioritäten zu setzen sind. Jeder Text hat denotative, konnotative, textnormative, pragmatische und formal-ästhetische Dimensionen. Diese Dimensionen sind bei Koller die Bezugs-rahmen, „die bei der Festlegung der Art der Übersetzungsäquivalenz eine Rolle spielen" (ebd., 216). Dabei sind in einem gegebenen Text grundsätzlich alle Dimensionen vorhanden, diese sind aber bei einer genaueren Textanalyse nicht gleich wichtig. Bei der Übersetzung eines Textes kommt es deshalb darauf an, der dominanten Textdimension den Vorrang zu geben, also diese beim Über-setzen äquivalent zu halten. Ein Beispiel wären formal-ästhetische Textquali-täten, die ja bekanntlich nicht nur in literarischen Texten auftreten können. Aber diese Textqualitäten „sind *konstitutiv* für literarische Texte, d.h., ein literarischer Text, der dieser Qualitäten verlustig geht, verliert seine Literarität" (ebd., 253). Aus diesem Grunde ist die Erhaltung einer formal-ästhetischen Äquivalenz bei der Übersetzung von literarischen Texten vorrangig. Kollers Modell ist in dem Sinne funktional, dass Textqualitäten des Ausgangstextes, die dem über-geordneten Handlungsinteresse des Ausgangstextes entspringen, beim Über-setzen zu wahren sind, wie etwa formal-ästhetische Textqualitäten als Mittel zur Gestaltung eines literarischen Textes. Dabei ist Kollers Modell eindeutig am Ausgangstext orientiert, bei ihm könnte man mit Recht vom Ausgangstext als dem heiligen Original sprechen. Die spezifische Übersetzungssituation bzw. der Übersetzungsauftrag werden dabei überhaupt nicht beachtet. Nichtsdestotrotz ist das Modell funktional orientiert, da im konkreten Übersetzungsfall ja Funktion auf der Basis einer Analyse des Ausgangstextes als Handlungsinteresse im Sinne der intendierten Wirkung bei einer gegebenen Zielgruppe für die Gewichtung der Äquivalenzdimensionen maßgebend ist.

In den vielen Arbeiten von *Albrecht Neubert* wird Äquivalenz zwar als defini-torisches Merkmal von Übersetzen betont, aber mit aller Deutlichkeit prag-matisch verstanden: Durch Übersetzungen werden Texte produziert, die „function as a complex equivalent of an original in a new **communicative space**" (Neubert 2001, 9). Dieser Raum sei laut Neubert nicht formal-linguistisch definierbar, sondern bestimmt „by the particular discourse world in which the translation is meant to function" (ebd.). Eine Übersetzung sei somit

---

100 Vgl. hierzu die Kritik am Äquivalenzbegriff sowie auch an Kollers Äquivalenzmodell in Reiß/Vermeer 1991, 130ff.

mit dem Ausgangstext nicht identisch, sondern äquivalent im Sinne einer „**variety** of the original" (ebd.). Diese ‚variety' sei aber nicht struktureller, sondern pragmatischer Art und wird von einem pragmatischen Äquivalenzbegriff der kommunikativen Äquivalenz abgeleitet. Darunter versteht Neubert „the property of an L2 text to achieve the effect of the L1 text under the conditions of the intended L2 communicative community" (Neubert 1984, 68). Dadurch werden sowohl die Grenzen als auch der Spielraum der Neubertschen Äquivalenz deutlich. Einerseits wird hier Funktion im Sinne der intendierten Wirkung bei einer spezifischen Zielgruppe auf den Ausgangstext festgelegt: Die Funktion des *Ausgangstextes* ist unter den sprachlich-kulturellen Bedingungen in der Zielsprache und Zielsprachenkultur wiederzugeben. Andererseits vollzieht sich diese Wiedergabe auf der Textebene und nicht auf der Satzebene, sondern unter neuen soziokulturellen Rahmenbedingungen, also ‚variiert' und dabei „pragmatically true to their originals" (Neubert 2003, 195) und somit auf dieser Grundlage äquivalent.

Neubert betrachtet Übersetzen als pragmatisch definiertes Textphänomen. Seine auf dieser Grundlage entwickelte kommunikative Äquivalenz hat eben die Beibehaltung der Funktion des Ausgangstextes in einem neuen kulturellen Kontext als sowohl den definitorischen und auch methodischen Kernpunkt. Ausgehend von der Beibehaltung der Funktion des Ausgangstextes als definitorischer Basis von Übersetzen schlägt Neubert eine Reihe übersetzungsstrategischer Modelle vor, wie seine *Text-bound translation* (Neubert 1984) und seine „Topography of translation" (Neubert 2003, 198ff.). Durch diese operationellen Modelle werden dem Übersetzer Instrumentarien geboten, die auch Übersetzungsstrategien für Übersetzungsfälle mit großen Textsortenkontrasten zwischen Ausgangs- und Zielsprache ermöglichen. Aber Neubert entwickelt auf dieser Grundlage keine textlinguistische Übersetzungstheorie sowie auch keine textlinguistisch fundierten Beschreibungsmodelle für das Übersetzen. Für die vorliegende Arbeit sind Neuberts Analysen deshalb sehr gut fundierte Nachweise einer pragmatisch fundierten Äquivalenz: Denn wie in allen Äquivalenz-Ansätzen wird auch bei ihm der Zieltextinitiator oder Auftraggeber nicht thematisiert und Äquivalenz ausschließlich von den Eigenschaften des Ausgangstextes abgeleitet. Aber diese Eigenschaften sind bei Neubert erstens pragmatischer Art und zweitens auf den Text als geschlossene strukturelle und kommunikative Einheit bezogen. Somit bilden die vielen Arbeiten von Albrecht Neubert den vielleicht deutlichsten Nachweis der Schlüsselrolle des Textualitätsmerkmals *Intentionalität* und eines davon abgeleiteten Funktionsbegriffs in der äquivalenzbezogenen Übersetzungswissenschaft.

3.6.2.2.3 Schlussbemerkung zur Intentionalität: Die Schlüsselrolle von Funktion in der neueren Übersetzungstheorie

Wie in der Linguistik generell, vollzieht sich auch in der Übersetzungswissenschaft eine pragmatische Wende. Sprachliche Kommunikation und darunter auch Übersetzen wird in zunehmendem Maße nicht mehr als eigenes, von der Kommunikation getrenntes statisches System betrachtet, sondern als Verständigungsmittel in sozialen Kontexten. Dies ist nun keineswegs ein ‚Monopol‘ des ‚neuen‘ Skopos-Ansatzes Anfang der 80er Jahre, sondern entwickelt sich auch parallel in den im Vergleich mit dem Skopos-Ansatz traditionellen äquivalenzorientierten Ansätzen. Bei den letztgenannten wird dabei auf Äquivalenz als rein formal-mechanistische Entsprechungskategorie weitgehend verzichtet und Äquivalenz eher verstanden als die Beibehaltung der Funktion des Ausgangstextes in einem neuen sprachlich-kulturellen Kontext.[101] Dieser pragmatisch orientierte, wenn auch ausschließlich auf den Ausgangstext bezogene Funktionsbegriff, ist alles andere als formal und statisch, sondern ein dynamischer, kultur- und situationssensitiver Begriff.

Ein solcher pragmatisch fundierter Äquivalenzbegriff deckt sich daher weitgehend mit der Kategorie der *equi-functional translation* bei Nord 1997a, 50. Der wichtige Unterschied besteht jedoch darin, dass Äquivalenz-Modelle immer noch an Funktionskonstanz als definitorischem Kriterium fürs Übersetzen festhalten. Dies ist eine normativ fundierte Definition, die der kommunikativen Praxis für den Diskurstyp Übersetzen in gegebenen Kulturgemeinschaften widersprechen könnte. Eine solche Definition deutet jedoch aller Wahrscheinlichkeit nach auf einen sehr zentralen und häufigen Praxisbereich beim Übersetzen. Es wäre daher nicht auszuschließen, dass hier ein prototypischer Kern vom Phänomen Übersetzen anzusetzen wäre, von dem aus weniger typische Übersetzungsfälle beschrieben werden könnten. So gesehen wäre zwischen Skopos und Äquivalenz der pragmatische Funktionsbegriff ein gemeinsamer methodischer Ausgangspunkt. Das zentrale Textualitätsmerkmal *Funktion*, verstanden als intendierte Wirkung eines Textes bei einer spezifischen Diskursgemeinschaft, bildet schon seit Ende der 80er Jahre einerseits eine gemeinsame Grundlage der beiden Ansätze. Andererseits wird vor allem durch die neueren äquivalenzorientierten Analysen die theoretische Relevanz einer pragmatisch-textlinguistischen Modellierung von Übersetzen noch deutlicher zum Vorschein gebracht, indem hier ein pragmatisch definierter Äquivalenzbegriff mit textlinguistischen Beschreibungsmodellen verbunden wird. Auf diese Arbeiten wird in Kapitel 3.6.2.5.2 genauer eingegangen.

---

101 Vgl. hier u.a. Reiß 1985, Koller 2004, House 2002 und Neumann 2003.

3.6.2.3 Kohärenz

3.6.2.3.1 Äquivalenzbezogene Ansätze

Kohärenz, vor allem die thematische Struktur eines Textes, wird nicht nur in Bezug auf Textanalyse[102] in Arbeiten zur kontrastiven Textlinguistik mit Übersetzungsrelevanz einer Schlüsselrolle zugeschrieben, sondern auch in Arbeiten, in denen Übersetzungen speziell und nicht Sprachkontraste generell, den Forschungsgegenstand bilden, aufgegriffen. Der Unterschied zwischen kontrastiver Textlinguistik und textlinguistisch basierter Übersetzungsanalyse wird u.a. in *Holzer 1998a* deutlich. Holzer analysiert wie Tiehl 1996 Kohärenz auf der Basis des Isotopie-Konzepts. Dabei bilden jedoch bei Holzer Übersetzungen den Forschungsgegenstand und nicht Kontraste zwischen Originaltexten in den zu untersuchenden Sprachen. Text wird bei ihm als strukturelles Gefüge betrachtet, das in einen Handlungszusammenhang eingebettet ist. Zwischen pragmatischen, syntaktischen und semantischen Textdimensionen liegen hierarchische Beziehungen vor und diese bilden den theoretischen Bezugspunkt für das Isotopie-Konzept. Das Isotopie-Konzept wird dabei konkret auf Übersetzungen bezogen (Holzer 1998a, 40f.). Isotopie sei laut Holzer jedoch nicht unabhängig von anderen Textdimensionen, er beschränke aber seine Analyse auf diese Textdimension (ebd., 41). *Isotopie* wird definiert als „kohärenzbildender und textkonstitutiver Bedeutungszusammenhang von aufeinander folgenden Lexemen aufgrund gemeinsamer semantischer Merkmale" (ebd.). Dabei konstituieren „Lexeme, die in einem Text über ein gemeinsames rekurrent-dominantes semantisches Merkmal verknüpft sind" (ebd.), eine Isotopieebene. Übersetzen wird bei Holzer über den Begriff Äquivalenz definiert und auch direkt mit der Isotopie verbunden: Die Isotopie als Nominationsketten oder „Stränge semantisch äquivalenter Textelemente" (ebd., 42) wird als semantische Textkonstante für die Übersetzung festgelegt. Dadurch bildet die Isotopie des Ausgangstextes eine Vorbereitung für übersetzerische Entscheidungen einerseits, andererseits ist sie der Maßstab für die Evaluation von Zieltexten. Auf der Basis der zentralen Rolle von Isotopie-Ketten für die Analyse und Evaluation von Übersetzungen können laut Holzer auch objektive Bewertungskriterien für Übersetzungen entwickelt werden (ebd., 42ff.).

In *Holzer 1998b* wird das Isotopie-Konzept etwas modifiziert, indem behauptet wird, Isotopie sei starr, wortgebunden und vor allem ohne situativen Kontextbezug. Hier sei eine Erweiterung um eine dynamische, situativ orientierte Komponente erforderlich, was durch die Analyse von über Assoziationen aufgebauten Bedeutungskomplexen im Rahmen des Scenes-and-frames-Konzepts gewährleistet werde (Holzer 1998b, 168f.). Holzers Kritik am Isotopie-Konzept

---

102 Vgl. hierzu die Besprechung von Thiel 1996 in 3.5.3.

als statisch-starr ist grundsätzlich zuzustimmen, dieselbe Kritik trifft jedoch auch das Scenes-and-Frames-Konzept. Denn dies ist ein auf individuelle Reize bzw. Signale basiertes assoziatives System, das Signale an einen Empfänger schickt, die dann spezifische Assoziationen auslösen. Hier wird strikt zwischen Sprecher und Hörer unterschieden und „Der Übersetzer muss die hinter den frames stehenden scenes in der Ausgangssprache erfassen und verstehen und die dazu passenden frames in der Zielsprache suchen" (ebd., 165). Bedeutung wird also hier auf eine mechanische Signalübertragung, die bei jedem Teilnehmer assoziative Bedeutungsfelder auslösen bzw. aktivieren, reduziert. Das ist nun einerseits als Kommunikationskonzept sehr fragwürdig,[103] andererseits vor allem auch problematisch, diese Assoziationen empirisch nachzuweisen, so dass der methodische Wert dieses Ansatzes recht begrenzt sein dürfte. Interessanter scheint dagegen das Isotopie-Konzept zu sein: Hier wird – wie etwa bei Thiel 1996 – eine für Ausgangs- und Zieltext gemeinsame, nachprüfbare denotative semantische Struktur gesucht, die in vielen funktionskonstanten bzw. äquivalenten Übersetzungsfällen eine wichtige gemeinsame Basis der beiden Texte darstellt. Zwar ist dieses Konzept auf die Denotation von Texten begrenzt, es stellt nichtsdestotrotz eine wichtige Analysekomponente in einer textlinguistisch basierten Übersetzungsanalyse dar.

Bei *Gerzymisch-Arbogast/Koller 1999* wird auch die Textsemantik bzw. die inhaltliche Kohärenz als Tertium Comparationis bei der Analyse von Übersetzungen hervorgehoben (Gerzymisch-Arbogast/Koller 1999, 174). Dabei wird Äquivalenz als Intertextrelation zwischen Ausgangstext und Zieltext über Funktionskonstanz definiert, indem vorausgesetzt wird, dass „die Übersetzung eine dem Ausgangstext ähnliche Zwecksetzung verfolgen soll" (ebd., 175). Über die intendierte Funktion als Konstante hinaus bildet die gemeinsame Textsemantik das Tertium Comparationis bei der Übersetzungsanalyse. Diese wird über den Begriff der Kohärenz, verstanden als „die zur Bedeutungsbeschreibung eingeführten semantischen Netze" (ebd., 176) definiert. Bei diesen gemeinsamen semantischen Netzen „ist die getrennte Kenntlichmachung von der im Text verbalisierten Information und dem zur Sinnkonstitution notwendigen Hintergrundwissen (Hypothesen, Inferenzen, Implikationen) möglich" (ebd.). Die Kohärenz des Textes wird hier als inhaltliche Kohärenz, die also wiederum als inferierbare thematische Struktur des Textes mit sowohl expliziter als auch impliziter Angabe von der Textsemantik, verstanden.

Kohärenz wird bei Gerzymisch-Arbogast/Koller 1999 als eine Art sinnstiftende Eigenschaft zur Gestaltung von Inhalten in Texten verwendet, die je nach den Wissensvoraussetzungen in der Zielkultur präsupponiert, also implizit, oder

---

103 Vgl. hierzu Argumente für die Falsifizierung solcher Signalübertragungsmodelle in der Kommunikationstheorie in u.a. Krallmann/Ziemann 2001, 32f. sowie weitere Überlegungen in 4.2.1.

explizitiert, also durch die Verwendung von kommunikativen Zeichen, explizit realisiert werden können. Dabei wird Übersetzen festgelegt als eine pragmatisch äquivalente Reproduktion vom Ausgangstext. Allerdings kann eine Übersetzung je nach kultureller Distanz und Wissensvoraussetzungen bezüglich der impliziten oder durch kommunikative Zeichen expliziten Realisierung von Inhalten zwischen den beiden Diskursgemeinschaften unterschiedlich aussehen. Dieser Beschreibungsansatz beschränkt sich ausschließlich auf thematische Aspekte beim Übersetzen, zeigt aber dabei, dass beim Übersetzen Inhalte je nach Vorwissen der intendierten Zielgruppe mit unterschiedlichem Grad an sprachlicher Explizitheit realisiert werden können. So gesehen geht es hier mit Hilfe eines inhaltlich festgelegten Kohärenzbegriffs um einen übersetzungsgesteuerten Umgang mit der sprachlich-kommunikativen Realisierung von Sinnstrukturen.

Das Konzept des gemeinsamen semantischen Netzes für Ausgangstext und Zieltext als Grundlage der Analyse von Übersetzungen wird in *Gerzymisch-Arbogast/Mudersbach 1998* weiter expliziert und vertieft. Thema dieser Arbeit ist wissenschaftliches Übersetzen mit dem Ziel, „eine vom individuellen Text ausgehende regelhafte Schrittfolge für das Übersetzen zu erarbeiten" (Gerzymisch-Arbogast/Mudersbach 1998, 15). Wissenschaftliches Übersetzen werde dabei zunächst „als methodengebundenes, regelgeleitetes Vorgehen betrachtet" (ebd.) charakterisiert. Übersetzen wird auch hier über Äquivalenz positioniert. Das vorgeschlagene Analysemodell ist rein deskriptiv und eben nicht wertend im Sinne von etwa gut oder schlecht.

Die Beschreibungseinheit dieses deskriptiven Analysemodells ist der Text und nicht der Satz bzw. die Abfolge von Sätzen. Schwerpunkt des Modells ist die thematische Kohärenz von Texten, verstanden als die explizite, implizite und nach Relevanz für den jeweiligen Übersetzungsfall realisierte Gestaltung von Textinhalten. Dabei entwickeln die Autoren drei Analyseparameter, zwischen denen eine Arbeitsteilung etwa wie folgt besteht (ebd. 41ff.). Beim Analyseparameter *Aspektra* geht es um Gesichtspunkte, „die der Übersetzer individuell als relevant für sein Verstehen des Textes und seine Übersetzung ansieht" (ebd., 41), also um eine Art Verstehensmatrix des Übersetzers und dabei um eine Bewertung derjenigen inhaltlichen Aspekte nach Relevanz für den jeweiligen Übersetzungsfall. Das Analyseparameter *Relatra* hat zum Ziel, „die informative Struktur des Ausgangstextes mit der des Zieltextes zu vergleichen" (ebd., 42). Alle Relationen zu einem Argument im Text werden aufgeführt und graphisch als Netz ausgedrückt. Dies dient einerseits der Analyse der beiden Texte, andererseits bildet dies eine Grundlage der Evaluation vom Zieltext, indem eine „Übersetzung ... sich dann nach der Vorgabe eines so gewichteten *Netzes* beurteilen" lasse (ebd., 43). Das dritte Analyseparameter *Holuntra* dient der Erstellung von Hintergrundwissen, „das der Leser/Übersetzer zum Verständnis der jeweiligen Textteile des Ausgangstextes mitbringen muß oder mitbringen sollte" (ebd., 44), wie zum Beispiel Textsortenwissen und spezifischem kulturellem Wissen. Dieses systematisierte Hintergrundwissen bildet vor allem eine wichtige Entscheidungsgrundlage für den Grad an Explizierung von Inhalten im Zieltext.

Durch Gerzymisch-Arbogast/Mudersbach 1998 und Gerzymisch-Arbogast/ Koller 1999 wird ein Verfahren vorgeschlagen, das bei einer wichtigen Teil-klasse von Übersetzungen, den funktionskonstanten oder pragmatisch äqui-valenten, Analyseinstrumente zum übersetzungsgerechten Umgang mit dem Phänomen Präsupposition in Texten, bietet: denn bei jeder Übersetzung werden ja die sozio-kulturellen Rahmenbedingungen und dadurch auch die Wissens- und Verstehensvoraussetzungen bei den Rezipienten geändert. Vor allem in Gerzymisch-Arbogast/Mudersbach 1998 wird ein Analysemodell ausgearbeitet, das systematisch zwischen der übersetzungsbezogenen Relevanz von Inhalten, der Realisierung von Inhalten unter Berücksichtigung der Wissensvoraus-setzungen des intendierten Lesers sowie der konkreten Verknüpfung von In-halten im Text trennt und auch diese in einem einheitlichen Modell präsentiert. Diese besprochenen Arbeiten bieten trotz ihrer Orientierung am Text als Über-setzungseinheit jedoch kein geschlossenes textlinguistisches Modell zur Be-schreibung von Übersetzungen. Aber hier wird ein relevantes und für die Über-setzungswissenschaft sehr interessantes Beschreibungsinstrument zur Analyse der zentralen Textdimension Kohärenz vorgeschlagen. Aus diesem Grunde leistet das hier vorgelegte Analysemodell für eine textlinguistisch basierte Über-setzungsanalyse einen wichtigen Beitrag.

3.6.2.3.2 Funktionale Ansätze

Funktional orientierte Arbeiten zum Thema Kohärenz beim Übersetzen sind u.E. sehr selten, wenn überhaupt vorzufinden. Zwar wird Kohärenz in einigen funk-tionalen Arbeiten erwähnt, bzw. kurz aufgegriffen, aber der Forschungsgegen-stand dieser Arbeiten ist nicht auf das Textphänomen Kohärenz bezogen, son-dern wesentlich breiter angesiedelt. Ein Beispiel wären Stolze 1992 und Stolze 2008. In Stolze 1992 wird Kohärenz zwar als „ein konstitutives Prinzip von Texten" (Stolze 1992, 109) betrachtet, das dadurch entstehe, „daß die syntakti-schen Textkonstituenten Anweisungen über ihre Konnexion in der syntagmati-schen Relation des Kotextes enthalten" (ebd.). Aber das Ziel dieser Arbeit ist nicht die Textanalyse, sondern ein übergreifendes Konzept für eine allgemeine, hermeneutische Analyse von Texten, denn dabei gehe es „um Kategorien der Exegese im Umgang mit Texten" (ebd., 59) Aus diesem Grunde werden Text-analysemodelle, wie etwa in Nord 1991, 40ff., abgelehnt: „Diese entstehen näm-lich meist aus einem unzulässigen Starren auf die Strukturen des Ausgangs-textes" (ebd.), bei Stolze werden dagegen „einige Kategorien dargestellt, die dann konkret ganz unterschiedlich, vielleicht auch gar nicht wiedergespiegelt werden" (ebd.). Kohärenz wird also hier erwähnt und kurz charakterisiert, aber nicht weiter analysiert. In Stolze 2008[104] wird der Textlinguistik ein ganzes Kapitel zugeteilt, ohne dass Ansätze eines textlinguistischen Beschreibungsmodells entwickelt werden. Auch in Stolze 2008 wird Textlinguistik mit struktureller Linguistik gleichgesetzt. Mit Rekurs auf Reiß 1983, Koller 2004 und Gerzymisch-Arbogast/Mudersbach 1998 wird festgestellt, dass „diese textlinguistischen Studien vornehmlich an den Sprachstrukturen orientiert [sind], aus denen die Übersetzung herzuleiten ist" (Stolze 2008, 122). Pragmatische Aspekte würden dabei kaum berücksichtigt.

In Christiane Nords Übersetzungsmodellen – vor allem in Nord 1991, 25ff. – wird im Rahmen der übersetzerischen Textanalyse auf das Phänomen Kohärenz in Texten zwar eingegangen, aber dann als Teil einer größeren Textanalyse und nicht als eigener Analysegegenstand. Nord 1991 bietet aber hier ein ganzheitliches, funktional orientiertes Modell zur Analyse vom Übersetzen, in dem im Rahmen des Teilaspekts Faktorenanalyse auch kohärenzbezogene Fragen aufgegriffen werden. Nord 1991 ist somit eine der wenigen funktionalen Arbeiten, die ein ganzheitliches Modell zur übersetzungsbezogenen Textanalyse bietet. Darin finden sich Teilanalysen u.a. zur Kohärenz in Texten. Kohärenz ist also auch hier nicht das Forschungsobjekt, das Modell ist auch nicht – wie bereits in 3.6.2.2.1 erwähnt – textlinguistisch fundiert, sondern von der *theory of action* abgeleitet.

3.6.2.3.3 Schlussbemerkung zur Kohärenz

Übersetzungswissenschaftliche Analysen zum Thema Kohärenz sind mit einer Definition von Übersetzen im Rahmen einer pragmatischen Äquivalenz eng verbunden. Bei allen hier besprochenen Arbeiten ist die Orientierung am zielsprachlichen Leser zentral. Dies kommt besonders deutlich in Gerzymisch-Arbogast/Mudersbach 1998 zum Ausdruck, indem hier über die Analysekategorie Holuntra gerade die Verstehensvoraussetzungen des Lesers bei der Produktion sowie auch bei einer Evaluation des Zieltextes systematisch mitberücksichtigt werden. Diese Leserorientierung im Sinne einer pragmatischen Äquivalenz ist wie im letzten Abschnitt erwähnt grundsätzlich funktional und ist noch ein Argument gegen die Betrachtung von Äquivalenz als grundsätzlich statischer, ausschließlich ausgangstextstrukturell orientierter Kategorie. Die Domäne dieser äquivalenzbasierten Arbeiten, eine textlinguistisch definierte Kohärenz, wird dann als Grundlage für die übersetzerische Äquivalenz betrachtet: Hier ist der gemeinsame Nenner von Ausgangstext und Zieltext verortet, textlinguistisch modelliert über semantische Grundstrukturen, sei es in der Form

---

104 Dabei handelt sich um die 5. überarbeitete und erweiterte Auflage ihrer 1994 zuerst erschienenen Einführung in die Übersetzungstheorien.

von Isotopie-Strukturen oder semantischen Netzen. Darüber hinaus werden also besondere pragmatische Bedingungen beim Zieltextrezipienten analysiert[105] und der Zieltext erst auf der Grundlage der gemeinsamen semantischen Strukturen und der besonderen Rezeptionsbedingungen analysiert.

3.6.2.4 Interaktionalität

3.6.2.4.1 Handlungstheoretisch orientierte Arbeiten

In der funktionalen Übersetzungstheorie spielt wie mehrfach erwähnt der Übersetzungsauftrag eine entscheidende Rolle: Der Zieltext sei eben keine Kopie vom Ausgangstext, sondern eine eigenständige Textproduktion auf der Basis des Ausgangstextes nach einem bestimmten, von einem Auftraggeber oder Initiator angegebenen Skopos für den Zieltext (Reiß/Vermeer 1991, 101ff.; Nord 1997a, 27ff.). Trotz der Betonung der Relevanz des Übersetzungsauftrages liegen zu der Analyse dieser für die Entstehung des Übersetzungsauftrages entscheidenden Interaktionssituation kaum Analysen vor: Zwar wird die Rolle des Übersetzers als „crucial in the translation process" (Nord 1997a, 21) angesehen und der Auftraggeber könnte auch „influence the very production of the target text" (ebd., 20). Aber genauere Analysen über die besondere Interaktion zwischen Initiator und Translator für die Festlegung der besonderen Intertextualität zwischen Ausgangstext und Zieltext lassen sich schwer finden – es bleibt bei der Betonung der Relevanz vom Zieltextskopos.

Im Rahmen des skoposnahen und handlungstheoretisch fundierten Konzepts des translatorischen Handelns[106] liegen allerdings etliche Arbeiten zur Expertenrolle des Übersetzers vor. Diese sind aber über die handlungstheoretische Einbettung vor allem kognitionswissenschaftlich begründet und haben mit linguistischen Ansätzen nichts zu tun. *Kaindl 1997* betrachtet diese Ansätze sogar als eine Alternative zur Linguistik, da hier der Untersuchungsgegenstand nicht als Text und Textvergleich, sondern als Handlungsgefüge gesehen wird. Das eröffne neue Perspektiven und mache die Argumentation für eine eigenständige Translationstheorie leichter (Kaindl 1997, 62). *Justa Holz-Mänttäri* geht zwar auf die Interaktion zwischen Initiator (bei ihr: Bedarfsdecker) und Auftraggeber (bei ihr: Bedarfsträger) ein, indem sie „die Vereinbarung zwischen dem *informierten Bedarfsträger* und dem *Experten als Bedarfsdecker* zur Richtschnur des Handelns beider" (Holz-Mänttäri 1993, 283) macht. Aber diese Analysen be-

---

105 Gerade die systematische Einbeziehung der besonderen Rezeptionsbedingungen für den Zieltext im Rahmen eines pragmatischen Äquivalenzbegriffs macht den Unterschied zu den in 3.5.2-3.5.3 besprochenen Arbeiten zur Kohärenz bei Übersetzungen aus: Hier bilden zwar auch oft Übersetzungen den Forschungsgegenstand, Übersetzen wird aber nicht definiert, höchstens über einen undifferenzierten Äquivalenzbegriff charakterisiert.
106 Vgl. hierzu vor allem Holz-Mänttäri 1984 sowie auch Holz-Mänttäri 1993.

schäftigen sich eher mit der praktischen Handlungsrolle von Übersetzern und den Konsequenzen dieser Rolle für die Ausbildung von sog. Textdesignern und überhaupt nicht mit der Analyse von der sprachlichen Seite von Texten. Auch *Hanna Risku* beschäftigt sich eingehend mit der Expertenrolle des Übersetzers. Auch bei ihr wird Interaktivität angesprochen (Risku 1998, 106f.) sowie auch die Rolle des Übersetzers bei der Bestellung, d.h. bei der Auftragsgestaltung (Risku 2004, 42). Aber die Interaktion zwischen Initiatior (bei ihr: Besteller) und Übersetzer (bei ihr: Translator) wird nicht als Analyseinstrument für die Konstitution eines Übersetzungsauftrages aus textwissenschaftlicher Perspektive untersucht, sondern eher aus sozial- und kognitionswissenschaftlicher Sicht. Im Rahmen dieser Betrachtungsweise bietet Risku 2004 eine umfassende empirische Analyse der Arbeitspraxis von Übersetzungsbüros. Dabei wird der Übersetzungsauftrag zumindest indirekt mitanalysiert, aber eben ohne (text-)linguistische Fragestellungen aufzugreifen.

3.6.2.4.2 Gesprächanalytisch orientierte Arbeiten

Eine gezielte Analyse vom Übersetzungsauftrag[107] findet sich dagegen in *Kvam 2001*. Hier wird im Rahmen gesprächsanalytischer Methoden und auf der Grundlage neuerer Forschungsergebnisse zum Kommunikationsmuster Beraten die Handlungskoordination zwischen Initiator und Übersetzer empirisch untersucht. Ziel und Zweck der analysierten Handlungskoordination ist die Ausarbeitung bestimmter Textmerkmale für den Zieltext, also über die Interaktion zwischen den an der Ausarbeitung des Übersetzungsauftrages Beteiligten, den sprachlich-kommunikativen Aufbau des Zieltextes im Sinne einer besonderen übersetzerischen Intertextualität festzulegen. Die empirische Grundlage dieser als Fallstudie konzipierten Analyse ist die Tonbandaufnahme eines authentischen Gespräches zwischen Initiator und Übersetzer zur Konstituierung des Übersetzungsauftrages. Die methodische Relevanz einer Analyse von solchen Gesprächen besteht eben darin, dass hier Vorgaben für die Produktion eines (Ziel-)Textes ausgehandelt werden, die die Beteiligten als eine Übersetzung interpretieren. Diese Interaktion lasse sich als Beratungshandlung interpretieren, in der der Übersetzer die Rolle des Beraters und der Initiator die Rolle des Ratsuchenden einnehmen. Dabei bedient sich der Verfasser des Analysemodells von Nothdurft 1994 für die Herstellung und (vorläufige) Typologisierung von Beratungsgesprächen. Die Herstellung der hier untersuchten Übersetzungs-Beratung wird als Offerte klassifiziert. Eine Offerte liegt vor, „wenn der Berater die Ratbedürftigkeit des Ratsuchenden konstatiert, d.h. wenn dieser die Ratbedürftigkeit entweder voraussetzt oder den Ratsuchenden davon überzeugen

---

107 Vgl. hierzu auch Schopp 2007, der zwar nicht auf eine deskriptive Analyse vom Übersetzungsauftrag eingeht, dafür aber eine Reihe Aspekte dieser Interaktion in einem übersetzungsdidaktischen Kontext analysiert.

muß" (Kvam 2001, 95). Dabei stellt sich heraus, dass die Vorgaben für die Produktion des Zieltextes weder durch eine Analyse des Ausgangstextes durch den Übersetzer, noch über einen vom Auftraggeber an den Übersetzer ausgehändigten Auftrag konstituiert werden. Vielmehr geht es hier um eine gemeinsame interaktive Arbeit von Übersetzer und Initiator: Wie auch der Beratungsgegenstand in jedem Beratungsgespräch nicht von außen gegeben ist oder vom Ratsuchenden als fertig formuliertes Problem an den Berater vermittelt wird, sondern als interaktive Leistung von Berater und Ratsuchendem konstituiert und von den Beteiligten auch akzeptiert wird (Nothdurft 1994, 20ff.), ist die Konstituierung des Übersetzungsauftrages auch eine gemeinsame kommunikative Arbeit von Übersetzer und Initiator. Die hier durchgeführte Fallanalyse macht auch deutlich, dass Übersetzungen sich nur schwer in feste Klassen oder Kategorien festlegen lassen. Denn zwischen Ausgangstext und Zieltext liegen nicht nur eine, sondern mehrere Intertextrelationen vor: Statt – wie etwa in Nord 1989, 102ff., – von monotypischen Klassen von Übersetzungen auszugehen, erscheinen als empirische Grundlage für die Aufdeckung des möglich komplexen Geflechts von Intertextbeziehungen zwischen Ausgangstext und Zieltext „Einzelfallanalysen und die Suche nach empiriegeleiteten Regeln methodisch angebracht" (Kvam 2001, 99).

3.6.2.4.3 Schlussbemerkung zur Interaktionalität

Trotz der dünnen empirischen Grundlage einer Fallstudie kommt bei Kvam 2001 zum Vorschein, dass der Auftrag einer Übersetzung als Drehscheibe für die Rekontextualisierung eines Ausgangstextes in einen als Übersetzung interpretierten Zieltext in seiner interaktionellen Komplexität untersucht werden sollte. Denn schon durch diese Fallanalyse wird deutlich, dass Skopos im Vermeerschen Sinne als Analysekategorie für den Auftrag einer Übersetzung viel zu vage ist. Stattdessen erscheint es angebracht, von einem komplexen, übersetzungsspezifischen Beratungsgegenstand zu reden, der – wie grundsätzlich jeder Beratungsgegenstand – erst über eine empirische Rekonstruktion von authentischen Auftragsgesprächen zu ermitteln ist. Eine gründliche empirische Analyse dieser zentralen Schaltstelle zwischen Ausgangstext und Zieltext ist für die Übersetzungswissenschaft unumgänglich. Denn gerade an dieser Stelle auf dem Weg von dem Ausgangstext zu dem Zieltext findet sich der definitorische Kern des Phänomens Übersetzen, indem hier die Produktions- und Rezeptionsbedingungen für den Gegenstand der Übersetzungswissenschaft, den als Übersetzung interpretierten Zieltext, festgelegt werden. Für die Analyse dieses zentralen Aspekts reichen auch herkömmliche textlinguistische Methoden nicht aus. Stattdessen erscheint hier die Verwendung gesprächsanalytischer Methoden sehr sinnvoll, da ja für diesen Teilaspekt die gesprochene Sprache im Sinne einer Interaktion über einen später zu verfassenden Text den Analysegegenstand darstellt. Vor diesem Hintergrund erscheint die Frage nach einer möglichen Integration auch gesprächsanalytischer Analysemethoden in ein textlinguistisch basiertes Analyseverfahren in der Übersetzungswissenschaft zentral. Auf diese Frage werden wir in 4.4.2 und 5.4 eingehen.

3.6.2.5 Textsorten

3.6.2.5.1 Allgemeiner Überblick

Wie in 3.5.5 gezeigt, ist die textsortenorientierte Textlinguistik für die Übersetzungswissenschaft von unmittelbarer Relevanz. Dies ist in der Fachliteratur auch mehrfach erwähnt worden, wie etwa bei *Trosborg 1997*, die auf der Grundlage der systemisch-funktionalen Grammatik die Relevanz von Genre und Register für die Übersetzungswissenschaft betont (Trosborg 1997,18). Aber die Textsortenlinguistik wird in der Übersetzungswissenschaft nicht direkt eingesetzt, das wichtigste Betätigungsfeld ist, wie in 3.5.5.4 gezeigt, zweifellos die kontrastive Textologie: In fast allen besprochenen Arbeiten zur kontrastiven Textsortenforschung wird zwar die Relevanz für die Übersetzungswissenschaft betont und begründet, aber ein Modell für die Übersetzungsanalyse auf der Grundlage der Textsortenlinguistik findet sich wie gesagt selten. Ein Beispiel wäre *Engberg 2003*. Hier wird ein Modell für eine wissensorientierte kontrastive Analyse von Textsorten im Bereich des Rechts[108] vorgelegt. Dieses Modell wird dann nicht auf Übersetzungen und verschiedene Typen von Übersetzungen verwendet, sondern als Beschreibungsmodell für die kontrastive Textanalyse erläutert, allerdings auch als interessant und relevant für die Übersetzungswissenschaft positioniert.

Textsorten und Übersetzungen als Forschungsobjekt unter einer textlinguistischen Analyseperspektive sind in funktionalen Arbeiten sehr selten. Das dürfte vor allem darauf zurückzuführen sein, dass linguistische Beschreibungsansätze in der funktionalen Übersetzungstheorie fast nicht zu finden sind. Charakteristisch für diese an der Skopos-Theorie orientierten Arbeiten ist wohl eher eine Abkehr von linguistischen Analysemodellen generell. Nur in sehr wenigen Arbeiten, wie vor allem in den Arbeiten von Christiane Nord, werden textlinguistische Beschreibungskategorien in das Analysemodell integriert. Aber wie bereits bei der Besprechung von Nord Arbeiten in 3.6.2.2.1 erwähnt, handelt es sich dabei um eine reine Instrumentfunktion der Textlinguistik im Rahmen handlungstheoretischer Ansätze und nicht um eine über die Textlinguistik

---

108 Zentral ist eine Analyse von Textsorten als Wissenskomplexen. Dabei handelt es sich „um das Wissen, aus dessen Grundlage der Kommunikationsteilnehmer Kommunikationsbeiträge aufbaut und interpretiert und das sich mit seinen Erfahrungen in der Kommunikation verändert" (Engberg 2003, 77).

entwickelte Theoriegrundlage. Wenn in funktional orientierten Arbeiten Textsorten das Forschungsobjekt darstellen, handelt es sich – wie oben erwähnt – hauptsächlich um Paralleltextanalysen, also um Problemstellungen im Rahmen der kontrastiven Textologie.

Mit der Entwicklung der computerbasierten Korpus-Linguistik sind auch Übersetzungen als eigenes Textphänomen im Vergleich mit Originaltexten Gegenstand der Analyse geworden. Ein Beispiel für solche Arbeiten wäre *Baumgarten 2003*. Sie vergleicht Übersetzungen im Bereich der Computer-Technologie im Rahmen der systemisch-funktionalen Grammatik mit einem Paralleltextkorpus. Mit Hilfe der in der systemisch-funktionalen Grammatik ausgearbeiteten textlinguistischen Beschreibungskategorien *field*, definiert als „topic of the text and the setting of the social action" (Baumgarten 2003, 19), *mode*, definiert als „the manner of text production" (ebd.) und *tenor*, verstanden als „the relationship between the participants in the text" (ebd.), wird ein Textprofil als Tertium Comparationis für den Vergleich zwischen Paralleltexten und Übersetzungen ausgearbeitet. Trotz der Tatsache, dass die Autorin authentische Übersetzungen im Vergleich mit ebenso authentischen Paralleltexten analysiert, wird der Übersetzungsbegriff nicht weiter erläutert und die analysierten Texte deswegen nur als undifferenzierte Menge von Übersetzungen betrachtet. Nichtsdestotrotz bilden bei Baumgarten Übersetzungen das Forschungsobjekt und diese werden eben nach einem konsistenten textlinguistischen Modell analysiert. Gerade dieses textlinguistische Modell bildet dann auch die Grundlage von Analysen von Übersetzungen, in denen die untersuchten Übersetzungen nicht nur als undefinierte Textgruppe mit dem Merkmal ‚Übersetzungen' analysiert werden, sondern im Rahmen übersetzungswissenschaftlicher Modelle auch theoretisch positioniert werden.

3.6.2.5.2 Systemisch-funktionale Grammatik, Textsorten und Übersetzen

Erst mit der Entwicklung eines Textbegriffs in der britischen *systemic functional grammar,* der über Thema-Rhema-Strukturen und die Transphrastik hinausreicht[109] und jetzt von einem ganzheitlichen Textbegriff[110] ausgeht, entstanden auch im Rahmen der systemisch-funktionalen Grammatik Arbeiten, die sich konkret mit Textsortenanalysen in Übersetzungssituationen beschäftigen.

---

109 Vgl. hierzu Halliday 1985. Dreh und Angelpunkt der damaligen funktionalen Grammatik bleiben der Satz und alle möglichen Verbindungen zwischen Sätzen. Die Analyse der Textstruktur umfasst eine knappe Seite und die Struktur über den Satz hinaus sei im Gegensatz zur Satzanalyse nicht grammatisch, sondern semantisch (Halliday 1985, 318).
110 Vgl. hierzu Steiner 1999; 2002 sowie vor allem die auf empirische Analysen von Übersetzungen ausgerichteten Arbeiten von House 2002 und Neumann 2003.

Juliane House hat auf der Grundlage der systemisch-funktionalen Grammatik mehrere Arbeiten zur Analyse von Übersetzungen verfasst. In der vorliegenden Arbeit werden wir uns exemplarisch mit House 2001 und vor allem House 2002 beschäftigen. In *House 2002* werden Übersetzungsanalysen mit Textsorten-analysen verknüpft. Im Rahmen des Sonderforschungsbereichs *Mehrsprachig-keit* werden u.a. deutsche Übersetzungen englischer Originaltexte mit Original-texten im Englischen und Deutschen aus einem gemeinsamen Textsortenbereich untersucht. Das Ziel der Arbeit „is the reconstruction of the types of motivated choices the text producer made in order to create this and only this particular text for a particular effect in the ‚context of situation' enveloping and con-ditioning the text formation" (House 2002, 202). Dabei geht sie von einem funktional orientierten Äquivalenzbegriff[111] aus, indem auf der Grundlage von Eigenschaften der Ausgangstexte klassifiziert werden als entweder offen (‚overt') oder verdeckt (‚covert'). Zentraler Forschungsgegenstand ist in House 2002 verdecktes Übersetzen bzw. covert translation. Dieser zentrale Begriff wird u.a. in House 2001 ausführlicher erläutert. House unterscheidet zwischen zwei Klassen von Übersetzungen: overt translation bzw. offenes Übersetzen einerseits und covert translation bzw. verdecktes Übersetzen andererseits. Overt translations[112] sind bei House Übersetzungen, bei denen „the receptors of the translation are quite ‚overtly' not being addressed, an overt translation is thus one which must overtly be a translation, not a ‚second original'" (House 2001, 139f.). Bei diesen offenen Übersetzungen handelt es sich um Ausgangstexte mit einem „established worth in the source text community" (ebd., 140). Dies hat zur Folge, dass der Übersetzer eine Übersetzungsstrategie wählen muss, die darin besteht, „to give target culture members access to the original text and its cultural impact on source culture members" (ebd., 141). Verdecktes Übersetzen oder covert translation bedeutet dagegen, dass die Übersetzung „enjoys the status of an original source text in the target culture" (ebd., 140). Im Gegensatz zu der Klasse der offenen Übersetzungen bzw. overt translations sei diese Über-setzungsklasse nicht notwendigerweise als Übersetzung gekennzeichnet, „but may, conceivably, have been created in its own right" (ebd.). Covert translation ist daher sozusagen per Definition funktional im Sinne einer Orientierung an sprachlich-kommunikativen Konventionen der Zielsprachenkultur. Denn hier bestehe das Ziel für die Übersetzung darin, „to reproduce in the target text the function the original has in its frame and discourse world" (ebd., 141).

---

111 Vgl. hierzu die Besprechung von House 1997 in 3.6.2.2.2 sowie die Rolle funktions-orientierter Perspektiven in äquivalenzorientierten Arbeiten in 3.6.2.2.3. Siehe auch die Erörterung von Äquivalenz im Rahmen der Darlegung von Grundbegriffen eines funk-tional-pragmatischen Modells für die Evaluation von Übersetzungen in House 2001, 134ff.

112 Vgl. hierzu auch ihre Definition von offener Übersetzung (= overt translation) in House 2005, 81 sowie auch ihre Definition von verdeckter Übersetzung (= covert translation) in ebd., 84.

Ein weiterer zentraler Begriff bei House ist das Kulturfilter. Dieses vor allem in House 1997 vorgestellte Konzept dient der Analyse von „socio-cultural differences in expectation norms and stylistic conventions between source and target linguistic-cultural communities" (House 2001, 142). Die Ausarbeitung von Hypothesen zu solchen linguistisch-kulturellen Kontrasten über eine Reihe von empirisch orientierten Kulturvergleichen zwischen deutschen und anglophonen Sprach- und Kulturgemeinschaften deute schon auf relevante Analyseparameter, von denen „directness, content-focus, explicitness and routine-reliance" (ebd., 143) aufgelistet werden. House beruft sich hier auf Forschungen von u.a. Clyne, Agar und Hall sowie auch auf eigene Beispielanalysen für kulturelle Filterung. Sinn und Zweck einer solchen kulturellen Filterung[113] ist im Rahmen einer pragmatischen Äquivalenz als normativer Definition von verdecktem Übersetzen bzw. covert translation, dafür zu sorgen, „dass das Original den sprachlich-kulturellen Normen der Zielkultur und Zielsprachengemeinschaft angepasst wird, damit die Übersetzung sich dann unauffällig in die Reihe existenter Texte des entsprechenden Genres in der Zielkultur einfügen kann" (House 2005, 86).

Das Analysemodell in House 2002 ist traditionell systemisch-funktional: Hier wird *Textfunktion* als Realisierung von bestimmten lexiko-grammatischen Mustern in bestimmten situativen Kontexten im Rahmen einer bestimmten Textsorte modelliert (House 2002, 202f.). Der situative Kontext wird weiter eingeteilt in die in der systemisch-funktionalen Grammatik bekannten Kategorien *field, tenor, mode* (ebd., 202). Textsorte bzw. Genre wird als sozio-kulturelle Kategorie erläutert: „*Genre* reflects language users' shared (intuitive) knowledge about the nature of texts of ‚the same kind'" (ebd.). In ihrem Beschreibungsmodell wird Genre auch als „Generic Purpose" (ebd., 203) positioniert. Auf der Grundlage von vier Arbeitshypothesen (ebd., 200), die alle behaupten, Deutsch sei nicht nur lexikalisch, sondern auch strukturell vom Englischen beeinflusst worden bzw. auch in struktureller Hinsicht anglifiziert worden,[114] werden die Übersetzungen und Paralleltexte im Korpus analysiert. Diese Arbeitshypothesen wurden im großen und ganzen recht eindeutig nicht bestätigt: „widespread borrowing of English lexical items and routines is not (yet) accompanied by changes in the make-up of German texts: Cultural filtering is still operative, i.e. German text norms are maintained, Anglophone and German norms have not converged" (ebd., 204). Obwohl diese Ergebnisse als „preliminary findings" (ebd., 209) beschrieben werden und daher größere empirische Analysen notwendig seien, scheinen sie auf recht deutliche Kontraste zwischen Deutsch und Englisch zu deuten – nicht nur zwischen Paralleltexten, sondern

---

113 Zum Problem der kulturellen Filterung und einer Operationalisierung dieses Begriffes über den Verweis auf Paradebeispiele hinaus wird auf 4.2.2 verwiesen.

114 Als Beispiel dieser Arbeitshypothesen wäre die Annahme, im Deutschen würde man eine Änderung von einer ideationalen Funktion in Richtung der für englische Texte typischen interpersonalen Funktion mit deutlicher Adressatenorientiertheit nachweisen können, vgl. ebd., 200.

auch zwischen englischen Ausgangstexten und deren deutschen Übersetzungen. Aber die Textsortedefinition und die Integration des Textsortenkonzepts in das benutzte systemisch-funktionale Beschreibungsmodell ist nun sehr vage und methodisch problematisch, was vor allem in der Klassifizierung des benutzten empirischen Materials zum Vorschein kommt. Hier werden die drei als Textsorten (genres) bezeichneten Textgruppen „computer instructions, popular science texts and (external) business communication" (ebd., 201) analysiert. Nur die erste Gruppe könnte als Textsorte bezeichnet werden, die beiden anderen sind größere Textgruppen, die mehrere Textsorten enthalten: Was beispielsweise alles unter ‚business communication' an Textsorten zu finden ist (Werbeanzeigen, Bestätigungsbriefe, Rechnungen, Mahnungen, Gebrauchsanleitungen, ...) zeigt, dass diese Kategorie weit über der Textsortenebene anzusiedeln ist. Aber trotz des recht problematischen Textsortenbegriffs zeigt die Arbeit von House, wie Textsortenanalysen von Übersetzungen im Rahmen der systemisch-funktionalen Grammatik durchgeführt werden können sowie auch wie zentrale Charakteristika von deutschen Übersetzungen nach einem konsistenten Beschreibungsmodell empirisch analysiert werden können.

Eine textsortenbezogene Übersetzungsanalyse mit einer präziseren Analyse von Textsorten findet sich in *Neumann 2003*. In dieser Saarbrückener Dissertation sind Übersetzungen ein wichtiger Teil vom Forschungsobjekt sowie von der Problemstellung. Die Übersetzungsanalyse ist Teil einer breit angelegten kontrastiv-textologischen Untersuchung der Textsorte ‚Reiseführer' im Deutschen und Englischen. In methodischer Hinsicht findet diese Analyse im Rahmen einer kontrastiven Textsortenanalyse auf der Grundlage der systemisch-funktionalen Grammatik statt. Die Zielsetzung dieser Arbeit wird als zweigeteilt charakterisiert: „einerseits Aussagen über die Textsorte ‚Reiseführer' sowohl im Deutschen als auch im Englischen zu machen, und andererseits aus dem Vergleich dieser Textsortenbeschreibung mit übersetzten Texten Konsequenzen für das Übersetzen abzuleiten" (Neumann 2003, 90). Zu diesem Zweck stellt die Autorin ein Korpus von Texten zusammen, die interlingual, intralingual und speziell in Bezug auf übersetzte Texte analysiert wird. Dabei geht sie von drei Teilkorpora aus:

> Erstens, Referenzkorpora fürs Englische und fürs Deutsche. Dieses Teilkorpus besteht aus gleich großen Textausschnitten aus 15 verschiedenen Registern (ebd., 91.ff.).
> Zweitens, Textsortenkorpora fürs Englische und Deutsche mit insgesamt 15 Textexemplaren der zu untersuchenden Textsorte ‚Reiseführer'.
> Drittens, einem Übersetzungskorpus, bestehend aus deutschen Übersetzungen des englischen Textsortenkorpus (ebd., 94ff.).

Diese werden nun sowohl intra- als auch interlingual verglichen – die Texte im deutschen Übersetzungskorpus werden sowohl mit deren englischen Ausgangstexten als auch mit dem deutschen Textsortenkorpus, also mit zielsprachlichen Originaltexten derselben Textsorte, verglichen.

Im Einklang mit den Grundsätzen der systemisch-funktionalen Grammatik wird bei Neumann *Text* als eine funktionale Größe betrachtet, indem Texte als Konfigurationen von den hallidayschen Metafunktionen interpersonal, ideational und textbildend betrachtet werden (ebd., 47f.).

Übersetzen wird bei Neumann 2003 auf funktionskonstante bzw. pragmatisch äquivalente Übersetzungssituation beschränkt. Sie untersucht also die Übersctzung einer spezifischen Textsorte, hier: Reiseführer, mit einem zumindest implizit festgelegten Übersetzungsauftrag. Hier geht es um eine Produktion von Zieltexten, die im Sinne einer intendierten Wirkungsidentität in einem neuen sprachlich-kulturellen Kontext als eindeutig pragmatisch äquivalent einzustufen wäre. Dies wird bei Neumann nicht explizit problematisiert, aber durch ihre Analyse der zu untersuchenden Textsorte und der damit zusammenhängenden Übersetzungssituation wird zumindest implizit eine Definition von Übersetzen im Rahmen einer pragmatischen Äquivalenz wie etwa bei Neubert[115] festgelegt. Zentral ist also dabei, dass die zu untersuchenden Texte von der Diskursgemeinschaft als Übersetzungen gekennzeichnet sind und etwa nicht, dass diese ‚von außen' normativ als Übersetzungen festgelegt werden.

Das Analysemodell bildet wie bereits erwähnt bei Neumann 2003 die systemisch-funktionale Grammatik. In diesem Beschreibungsmodell wird der Text nicht als abstraktes Regelsystem, sonders als Bezugsquelle für die Konstitution von Bedeutung und somit „language as social semiotic" (Halliday, in: ebd., 46) betrachtet. Sprache wird somit als instrumentell betrachtet, also als „Mittel zur Realisierung von Bedeutung" (ebd.) verstanden. Zu diesem Zweck werden spezifische Konfigurationen von sprachlichen Mitteln regelhaft eingesetzt und Sprache ist in diesem Sinne als *systemisch* zu betrachten.

Funktional ist dieses Beschreibungsmodell dahingehend, dass sprachliche Elemente in bestimmten Kombinationen von Funktionen auftreten. Dabei wird von den drei grundlegenden Metafunktionen interpersonal, ideational und textbildend,[116] die alle gleichzeitig vorhanden sind, ausgegangen.

Sprache wird weiter als komplexes System, das aus mehreren Schichten (Strata) besteht, gesehen, wie *Kontext, Semantik* und *Lexiko-Grammatik.* Die

---

115 Vgl. hierzu die Besprechung von Neubert in 3.6.2.2.2.

116 Unter interpersonaler Funktion wird das Verhältnis zwischen den an einer kommunikativen Handlung Beteiligten, in der Praxis Sender und Empfänger verstanden. Die ideationale Funktion sei „die erfaßbare Wirklichkeit und die durch Sprache realisierten logischen Beziehungen" (Neumann 2003, 47), die textbildende Funktion „erfaßt die Organisation sprachlichen Materials in einem Text" (ebd.).

Lexiko-Grammatik wird dabei als die „zentrale Schicht" (ebd., 47) betrachtet. Hier befinden sich die in einem Text verwendeten Worte und Strukturen. Die Lexiko-Grammatik realisere aber auch Bedeutung, und diese Schicht oberhalb der Lexiko-Grammatik werde dann als die Semantik identifiziert (ebd.). Diese könne dann in einem weiteren Schritt in den Kontext, also in die sozio-kulturellen Rahmenbedingungen eines Textes eingebettet werden und hier bestimmte Situationstypen bilden (ebd.). Für unsere Zwecke ist in diesem Modellkomplex die Kategorie des *Registers* zentral. Darunter versteht Neumann in Anlehnung an Teich Konfigurationen, die für den jeweiligen Situationstyp charakteristisch sind, oder genauer: Texte, „that happen to exhibit a significant frequency of co-occurrence of the same features" (Teich, in: ebd., 49).

Textsorte wird bei Neumann in Anlehnung an die systemisch-funktionale Kategorie *register* definiert, allerdings auch von dieser abgegrenzt: Während Register als bestimmte formale, lexiko-grammatische Konfigurationen in bestimmten Situationstypen betrachtet und somit als quantitativ konstituierte Kategorie definiert wird (ebd., 49f.), wird bei Neumann 2003 die Kategorie Textsorte als alltagssprachliche, sprich: soziale Kategorie betrachtet. Auf dieser Grundlage werden Textsorten als „die alltagssprachlich erkannten, historisch gewachsenen und mit einer allgemein bekannten Bezeichnung versehenen Gruppen von Texten verstanden" (ebd., 59). Ihr Textsortenbegriff wird somit eher induktiv auf der Basis der sozialen Praxis ausgearbeitet und in direkter Abgrenzung zu deduktiven Textsortenmodellen, wie etwa bei Göpferich 1995 sowie auch zu groben, deduktiv herausgearbeiteten Texttypen wie etwa expositiven, argumentierenden, instruktiven Texttypen bei Hatim/Mason[117]: „die groben Texttypen reichen anscheinend nicht für eine konkrete Darstellung aus, die jedoch für zu treffende übersetzerische Entscheidungen geboten scheint" (ebd., 32)[118].

Neumann unternimmt eine sehr gründliche kontrastive Analyse von ihren jeweiligen Teilkorpora. Für unsere Zwecke erscheint ihre Analyse der deutschen Übersetzungen der englischen Reiseführer von besonderem Interesse: Denn gerade hier wird nicht nur eine kontrastive Textsortenanalyse durchgeführt wie etwa bei Göpferich 1995, Trump 1998, Engberg 1997 oder Kvam 2002, sondern

---

117 Vgl. hierzu Hatim/Mason 1990, 158.
118 Vgl. u.a. auch hierzu die Kritik an solchen Typologisierungsversuchen in Adamizik 2004, 74: „eine adäquate Berücksichtigung des Faktors Kommunikationsbereich wird sich vielmehr dem Faktum stellen müssen, dass Bereiche miteinander verschränkt sind und allgemeine Klassifikationsversuche daher auch weiterhin ‚vorläufig und unsystematisch' bleiben werden". Dies ist ein deutlicher Hinweis auf die Tatsache, dass Texte in einer und aus einer Interaktionsituation heraus entstehen. Weil die Verschränktheit und Vielschichtigkeit dieser Situation somit auch die Entstehungsbedingungen von Texten darstellen, ist es auch ontologisch angemessener, im Sinne von sowohl Neumann 2003 als auch Adamzik 2004 Texte als soziale Kategorie von der Situation heraus, und nicht abgeleitet von einem deduktiven System heraus zu beschreiben.

im Rahmen eines konsistenten textlinguistischen Modells eine solche Paralleltextanalyse auch dazu benutzt, um Besonderheiten von übersetzten Texten
methodisch konsistent zu analysieren.

Bei der Analyse wird die Frequenz von unterschiedlichen Registervariablen
in den Übersetzungen im Vergleich mit sowohl den englischen Ausgangstexten
als auch mit den deutschen Paralleltexten untersucht. Die Autorin geht von
Variabeln innerhalb der ideationalen Metafunktion[119] aus, anschließend erfolgt
eine Analyse von Registervariablen innerhalb der interpersonalen Metafunktion[120]. Zum Schluss wird im Rahmen der textbildenden Metafunktion die
Thematisierung von räumlichen Umstandsangaben untersucht. Dabei ergibt sich
ein recht uneinheitliches Bild – bei der Analyse der Frequenz der genannten
Registervariablen orientieren sich die übersetzten Texte mal am Ausgangstext,
mal an der Frequenz der jeweiligen Registervariable im Paralleltextkorpus, mal
ganz gegenläufig zu den beiden genannten Korpora[121] (ebd., 224ff.). Die Kontraste lassen sich sehr deutlich der interpersonalen Funktion zuordnen. Variabeln
in diesem Funktionsbereich, wie beispielsweise die Frequenz von Imperativsätzen sowie vor allem die Häufigkeit der Angabe des Lesers, deuten auf eine
Übersetzungspraxis, die teils auf grundlegende grammatische Kontraste
zwischen dem Deutschen und dem Englischen, teils auf Interferenzen aus dem
Ausgangstext zurückzuführen wären. Die in den englischen Ausgangstexten
häufige Verwendung von Imperativsätzen zur Angabe einer Anweisung im
weitesten Sinne wird im deutschen Übersetzungskorpus weitgehend gemieden,
da ja Imperativsätze im Deutschen im Gegensatz zum Englischen mit einer fast
unhöflichen Direktheit verbunden sind (ebd., 172f.). Nichtsdestotrotz „übernehmen die Übersetzerinnen den einen oder anderen Imperativ" (ebd., 198). Es
scheint also hier ein Fall von translatorischer Interferenz (Kvam 1998, 284) bzw.
shining-through (Neumann 2003, 67; 200f.) vorzuliegen. Diese Tendenz wird
noch deutlicher bei der Variable *interactant* beim Subtypus *adressee*: Hier sind
die deutschen Zieltexte direkt an den englischen Ausgangstexten orientiert und
weichen von den deutschen Paralleltexten deutlich ab: „Die in englischen Reise-
führern festgestellte Verteilung mit dem Schwerpunkt auf *adressee* findet sich
fast gleich in den Übersetzungen wieder" (ebd., 210). Die übersetzungsspezifischen Kontraste finden sich also meist bei der interpersonalen Metafunktion –

---

119 Dabei geht es konkret um die Subkategorie experentielle Funktion, eine Eigenschaft, „die
die Menschen in die Lage versetzt, sich ein mentales Bild der Wirklichkeit zu bauen"
(ebd., 53). Hier werden materielle Prozesse, relationale Prozesse und Umstandsabgaben
analysiert.

120 Hier werden interpersonale Variabeln, die sich auf „kommunikative Rolle, soziale Rolle
und soziale Distanz" (ebd., 122) beziehen, näher untersucht. Dabei wird die Frequenz von
Imperativsätzen, Erwähnung von an der kommunikativen Handlung beteiligten Personen,
insbesondere dem Leser, analysiert, weiterhin die Frequenz von Modalität und Aktiv-Pas-
siv-Konstruktionen.

121 Vgl. hierzu die Analyse der ‚abweichenden' Variablen im Übersetzungskorpus in ebd.,
192ff.

die hier untersuchten übersetzten Reiseführer tendieren somit „insbesondere im Vergleich zu den zielsprachlichen Originalen stärker zur interpersonalen Metafunktion" (ebd., 228). Dies könnte jedoch auch als ein klassischer Fall von translatorischer Interferenz interpretiert werden, auf jeden Fall weise die in Bezug auf die hier untersuchten Registervariablen uneinheitliche und inkonsistente Übersetzungspraxis „charakteristische Abweichungen auf, die sich auf das Fehlen von systematischem Textsortenwissen zurückführen lassen" (ebd., 224).

Die systemisch-funktionale Grammatik hat sich von einem Modell der ‚Kohäsions-Linguistik‘[122] in ein Modell entwickelt, das den Text auch als ganzes, einheitliches Gebilde zu beschreiben zum Ziel hat. Auf dieser Grundlage bzw. mit diesem Analyseinstrument wird bei Neumann 2003 ein Tertium Comparationis für die konstrastive Analyse von Ausgangstexten, Zieltexten und Paralleltexten ausgearbeitet.[123] Außerdem wird bei Neumann nicht Text generell, sondern Text in der Form einer gegeben Textsorte (konkret: Reiseführer) analysiert. Die untersuchten Paralleltexte werden von den beteiligten Diskursgemeinschaften als Reiseführer festgelegt, die Übersetzungen derselben auch als Übersetzungen. Diese Authentizität von sowohl der zu untersuchenden Textsorte als auch dem zu untersuchenden Intertexttypus Übersetzen gibt dieser Arbeit eine solide und methodisch sehr saubere empirische Basis. Zusammen mit einem konsistenten, textlinguistischen Modell als Tertium Comparationis und Analysewerkzeug ergibt dies eine sehr solide Arbeit mit empirisch und theoretisch gesicherten Ergebnissen.

Für diese Arbeit ist die systemisch-funktionale Grammatik als Ausgangspunkt bzw. Komponente einer textlinguistisch basierten Übersetzungstheorie unmittelbar interessant. Aber das Modell ist immer noch ausschließlich quantitativ – Registervariablen werden eben über unterschiedliche Frequenzen von lexikogrammatischen Konfigurationen definiert. Da hier korpuslinguistisch verfahren wird, beschränkt man sich aus methodischen Gründen auf große Datenmengen und eine quantitative Analyse von diesen. In diesem Zusammenhang darf auch erwähnt werden, dass bei Neumann 2003 Übersetzen nicht definiert, sondern über den für die untersuchte Textsorte mitgegebenen Übersetzungsauftrag als pragmatisch-äquivalent festgelegt wird. Das ist aus der Untersuchungsperspektive der Autorin völlig legitim; für die Ausarbeitung einer textlinguistisch basierten Übersetzungstheorie müsste allerdings Übersetzen genauer definiert

---

122 Vgl. hierzu u.a. Halliday 1985, in dem das Phänomen Text vorwiegend über sententielle bzw. transphrastische Analysekategorien beschrieben wird.

123 Eine Erörterung von Problemen in Verbindung mit verschiedenen Tertia Comparationis findet sich in Chesterman 1998 und Chesterman 2004. Hier werden zwar wichtige grundsätzliche Aspekte besprochen, aber kein textlinguistisches Modell als Grundlage besprochen und auch nicht wie bei Neumann 2003 mit Paralleltexten, Übersetzungen, Ausgangstexten und einem generellen, nicht textsortenspezifischen Kontrollkorpus im Rahmen eines gegebenen textlinguistischen Modells gearbeitet.

bzw. vor allem als Phänomen im Rahmen verschiedener Genera proxima positioniert werden. Auf diese Probleme werden wir in 4.2 und 4.5 genauer eingehen.

3.6.2.5.3 Schlussbemerkung Textsorten

Wie bereits erwähnt, ist die Textsorte als die zentrale Kategorie einer funktionalpragmatischen Textlinguistik zu betrachten. Denn erst durch den Text als Exemplar einer gegebenen Textsorte wird die Funktion von Texten als Mittel zur Konstituierung und Durchführung von sozialen Handlungen deutlich. Diese durch die Interaktionssituation hergestellte Interpretation eines Textes als Vertreter einer Textsorte geschieht durch eine Interpretation von spezifischen situativen, intentionalen und sprachlichen Konfigurationen durch die an der Textproduktion und -rezeption Beteiligten, indem auf dieser Grundlage ein Text als Mittel zur Erzielung einer mehr oder weniger bestimmten kommunikativen Wirkung eingesetzt wird. Für die Analyse von Übersetzungen kommt die theoretisch-deskriptive und operativ-strategische Relevanz der Textsorte noch deutlicher als bei Texten generell zum Ausdruck. Denn beim Übersetzen wird ja ein Text in einer sprachlich-kulturellen Gemeinschaft in einer anderen sprachlich-kulturellen Gemeinschaft in einer bestimmten Weise wiedergegeben und in diesem Sinne rekontextualisiert. Dabei wird also nicht nur der Text als ‚reines‘ sprachliches Gebilde, sondern der Text als Textsortenexemplar, also mitsamt seinen soziokulturellen Merkmalen auf irgendeine Weise rekontextualisiert.

Die Schlüsselrolle der Textsorte für eine textlinguistisch basierte Übersetzungswissenschaft hat jedoch auch zur Folge, dass für die Analyse von Übersetzungen ein einheitliches Modell zur Analyse von Texten erforderlich ist.

Die systemisch-funktionale Grammatik bietet heute eine gute Grundlage für die Analyse von Texten generell und deswegen auch für den Textfall Übersetzen. Vor allem die Arbeit von Neumann 2003 zeigt, wie man mit Hilfe eines einheitlichen, funktional ausgerichteten Analysemodells eine konsistente, empirisch basierte Analyse von Übersetzungen durchführen kann. Problematisch ist jedoch dieser Ansatz in Bezug auf die zentralen Kategorien *Textsorte* und *Übersetzen* einerseits sowie auf die methodische Festlegung auf rein quantitative Analyseverfahren andererseits. Weil der Forschungsgegenstand auf quantitativ erkennbare Phänomene festgelegt wird, bedeutet diese methodengeleitete Reduktion des Forschungsobjekts, dass sowohl *Übersetzen* als auch *Textsorte* entweder quantitativ definiert werden müssen oder dass man dem Problem einer Abgrenzung dieser zentralen Begriffe irgendwie aus dem Weg geht. Neumann 2003 vermeidet dieses Problem dadurch, dass sie ihre Untersuchung auf Fälle beschränkt, die von den an der Kommunikation Beteiligten erstens als Übersetzungen mit gleicher Übersetzungssituation und dadurch gleichem Übersetzungsauftrag interpretiert werden. Zweitens besteht die Materialgrundlage aus Textexemplaren, die alle als Textexemplare einer gegebenen Textsorte, dem Reiseführer, interpretiert werden. Dies hat zur Folge, dass Neumanns Analyse auf einheitliche und somit vergleichbare Daten basiert. Durch die konsistente Verwendung eines einheitlichen Analysemodells anhand vergleichbarer Daten sind die Ergebnisse bei Neumann 2003 methodisch sehr gut gesichert. Aber die von ihr gewählte und auch völlig legitime methodische Reduktion hat nun auch zur Folge, dass ihre Ergebnisse nur auf diese spezifische Übersetzungssituation bezogen sind und dass auf für eine textlinguistisch basierte Übersetzungstheorie wichtige Fragen – wie etwa eine Definition und Typologisierung des Phänomens Übersetzen – nicht eingegangen wird.

Bei House 2001; 2002 kommen diese grundlegenden Probleme noch deutlicher zum Vorschein. Hier wird Übersetzen normativ festgelegt im Rahmen einer pragmatischen Äquivalenz und dadurch eine Definition und typologische Zuordnung von Übersetzungsfällen gemieden. Textsorte wird hier einerseits als „generic Purpose" irgendwie im Zusammenhang mit Register bezeichnet (House 2002, 203) und die für die Analyse gewählten Texte werden in Bezug auf Textsortenklassen so breit definiert, dass in ein und derselben Klasse sehr verschiedene Textsorten vorhanden sein könnten. Für die bisherigen Arbeiten zum Übersetzen im Bereich der systemisch-funktionalen Grammatik[124] scheinen – wie hier exemplarisch an House 2002 und Neumann 2003 gezeigt – die computergesteuerte Festlegung auf quantitative Analyseverfahren sowie auch die damit zusammenhängenden Fragen der Positionierung der text- und übersetzungswissenschaftlich zentralen Kategorien Textsorte und Übersetzen ein Problem zu sein. Denn diese sind in ontologischer Hinsicht soziale Kategorien, die interpretiert werden müssen und deswegen schlecht gezählt werden können.

Die systemisch-funktionale Grammatik bietet wie bereits erwähnt im Ausgangspunkt eine sehr gute Grundlage für die Analyse von Texten, da ja hier sowohl strukturelle als auch funktionale Aspekte berücksichtigt werden. In diesem Zusammenhang sind selbstverständlich auch quantitative Analysen relevant. Denn durch solche können große Mengen sprachlicher Daten analysiert werden und dadurch wichtige Erkenntnisse am Forschungsobjekt Übersetzen empirisch untermauert werden. Aber bei der Analyse von sozialen Kategorien wie Textsorte und Übersetzen sind zusätzlich andere, qualitative Methoden einzusetzen, die die genannten Phänomene ontologisch angemessen zu analysieren imstande wären. Gerade eine sinnvolle Kombination von quantitativ-empirischen und qualitativ-interpretativen Analyseverfahren bildet u.E. ein sehr großes methodisches Problem einer textlinguistisch basierten Übersetzungswissenschaft. Wir werden in 5. versuchen, im Sinne der Problemstellung dieser Arbeit, mögliche Kriterien und Vorschläge für Analysekategorien einer textlinguistisch basierten Übersetzungswissenschaft auszuarbeiten.

---

124 Vgl. hierzu u.a. auch die Arbeiten in Steiner/Yallop 2001, Teich 1999.

3.6.2.6 Intertextualität

Auf Textbezüge in irgendeiner Form wird bei den meisten übersetzungswissenschaftlichen Arbeiten eingegangen, was u.a. in der fast endlosen Diskussion über Wesen und Inhalte von Äquivalenz sehr deutlich zum Ausdruck kommt. Im vorliegenden Teilkapitel möchten wir jedoch exemplarisch auf zwei Werke eingehen, die Intertextualität in der Übersetzung als ihr konkretes Thema haben.

In Laiko 2004 wird Intertextualität beim Übersetzen als Thema aufgegriffen. Hier geht es allerdings nicht um eine übersetzerische Intertextualität im Sinne eines textlinguistischen Vergleichs zwischen Ausgangstext und Zieltext, sondern cher um die Verantwortung des Übersetzers, in literarischen Werken intertextuelle Bezüge zwischen dem Ausgangstext und anderen Texten auszudrücken, denn: „Der Übersetzer, dessen Aufgabe in der Vermittlung zwischen Autor und Leser in einer Fremdsprache besteht, trägt die volle Verantwortung für ,das Gelingen eines Kommunikationsprozesses'" (Laiko 2004, 18).

In seiner Studie beschränkt sich Laiko auf die intertextuellen Bezüge Zitat, Allusion und Parodie. Seine Analyse ist literaturwissenschaftlich ausgerichtet und zeigt exemplarisch auf Probleme bei der Übersetzung von spezifischen Intertextphänomenen.

Wie bei Laiko 2004 werden bei Schreiber 1993 intertextuelle Phänomene wie etwa Allusion und Parodie aufgegriffen, aber hier nicht als Probleme in konkreten Übersetzungen, sondern deutlich übersetzungswissenschaftlich im Rahmen von sog. Texttransformationen, von denen Übersetzungen einen Teilbereich darstellen. Dabei geht Schreiber von einer recht generellen Definition von Intertextualität aus: „Unter *Intertextualität* fasse ich grundsätzlich alle Beziehungen zusammen, die zwischen individuellen Texten (d.h. zwischen einem oder mehreren *Prätexten* und einem oder mehreren *Folgetexten)* bestehen" (Schreiber 1993, 9). Auf dieser Grundlage wird im Einklang mit Gerhard Genette zwischen drei Typen von Intertextualität unterschieden, von denen die Klasse Texttransformationen[125] zu den Klassen Reproduktion und Metatextualität negativ definiert wird als „alle intertextuellen Teilverfahren ..., die weder rein reproduzierend noch rein kommentierend/ergänzend sind"[126] (ebd., 13). Übersetzungen werden in diesem Kontext als eine Texttransformation definiert, die „auf einer einzigen Varianzforderung (der Forderung nach Änderung der Sprache ...) und ansonsten ausschließlich auf Invarianzforderungen ... beruhen" (ebd., 125), während Bearbeitung „auf einer Invarianzforderung (der Forderung

---

125 Das entspricht etwa dem Terminus *hypertextualité* bei Genette, vgl. hierzu Schreiber 1993, 13.

126 Bei Reproduktion „liegt ein maximaler Reproduktionsgrad vor, d.h. ein Teil des Prätextes (evtl. auch der ganze Prätext) wird im Folgetext einfach Wort für Wort reproduziert" (Schreiber 1993, 12.); Metatextualität wird verstanden als „ein intertextuelles Verfahren mit minimalem Reproduktionsgrad, d.h. im Idealfall wird kein einziges Element des Prätextes in irgendeiner Form reproduziert" (ebd.).

nach Beibehaltung mindestens eines individuellen Textmerkmals ... und ansonsten ausschließlich auf Varianzforderungen" (ebd.) beruht. Auf der Grundlage dieser Einteilung wird bei Schreiber zwischen Übersetzung im engeren Sinne (= Textübersetzung) einerseits und Übersetzung im weitesten Sinn (= Umfeldübersetzung) unterschieden (ebd., 133ff). Der zentrale intertextulle Begriff Invarianz wird im Einklang mit Albrecht als „das, was bei der Übersetzung zu bewahren ist, was gleich bleiben soll" (Jörn Albrecht, in ebd., 30) definiert. Schreibers Analyse beruht auf einer normativen Definition von Übersetzen auf der Basis von einer spezifischen Distribution von Invarianzforderungen. Was als invariant gilt, wird ohne Rücksicht auf besondere Produktionsvorgaben für den Zieltext auf der Basis von Texteigenschaften des Ausgangstexts alleine bestimmt. Seine Arbeit ist eindeutig der äquivalenzorientierten Übersetzungswissenschaft zuzuordnen. Interessant ist dabei die intertextuelle Kategorie Invarianz, die weit komplexer ist als in der oben zitierten Definition von Jörn Albrecht. Auf Fragestellungen in Verbindung mit dem Begriff Invarianz – vor allem im Verhältnis zu pragmatischen Grundkategorien wie der Funktionalität von Texten – werden wir vor allem in 4.3.1 ausführlicher eingehen.

3.7 Textlinguistik und Übersetzungswissenschaft: Getrennte Gesellschaften?

3.7.1 Vorbemerkung

Übersetzungswissenschaft und Textlinguistik finden trotz ihres gemeinsamen Analyseobjekts *Text* selten zusammen. Dies betrifft nicht nur die Ausarbeitung einer ganzheitlichen textlinguistisch basierten Übersetzungstheorie, sondern auch empirische Analysen zu textlinguistisch positionierten Fragestellungen bei Übersetzungen. Im Folgenden werden Forschungsobjekte, Methodenansätze sowie auch die textlinguistischen Grundlagen von in diesem Kapitel erwähnten Arbeiten, die textlinguistische Charakteristika von Übersetzungen empirisch analysieren, untersucht (3.7.2). Anschließend erfolgt eine Zusammenfassung vom heutigen problematischen theoretischen Status einer textlinguistisch basierten Übersetzungswissenschaft mit einer Diskussion der Möglichkeiten einer noch sinnvolleren Kooperation dieser Nachbardisziplinen (3.7.3).

3.7.2 Zum Stand der empirischen Analyse von Übersetzungen auf textlinguistischer Grundlage

Es gibt nun recht viele Arbeiten, bei denen authentische Übersetzungen aus irgendeiner Perspektive analysiert werden. Die meisten von diesen haben jedoch ein eher theoretisches Forschungsinteresse: Die Analyse von authentischen

Übersetzungen haben dann den Charakter von Demonstrationsbeispielen oder dienen der Plausibilisierung einer Hypothese. Beispiele wären Kvam 2001, bei dem die Relevanz gesprächsanalytischer Methoden am Beispiel der Analyse einer authentischen Übersetzungssituation analysiert wird sowie auch Nord 2005, bei der eine bestimmte Übersetzungsstrategie am Beispiel einer Übersetzung vom Neuen Testament empirisch plausibilisiert und im Rahmen der Übersetzungstypologie von Nord 1997a auch theoretisch eingeordnet wird. Deskriptive Analysen von textlinguistisch definierten Charakteristika von Übersetzungen bzw. einer Teilklasse von Übersetzungen sind relativ selten und fast alle als eine Art Weiterführung von Arbeiten der kontrastiven Linguistik zur Analyse von transphastischen Phänomenen. Diesen Gegenstandsbereich könnte man irgendwie zwischen Satz und Text ansiedeln – er hat seinen Ausgangspunkt in der Syntax und versucht – zunächst über für die Satzlinguistik ausgearbeitete Analysekategorien wie beispielsweise von Harweg 1979[127] – zu beschreiben, wie die Sätze in einem Text miteinander verknüpft sind. Dabei erstrecken sich die Analysen von der Untersuchung von satzinternen Kategorien im Text[128] über explizite Kohärenzmittel bzw. Kohäsion bis hin zu Analysen von thematischer Kohärenz in der Form von Isotopieketten[129] und thematischer Progression[130]. Die zu untersuchenden Übersetzungen werden entweder direkt mit deren Ausgangstexten verglichen[131] oder in komplexeren Vergleichskonstellationen wie Ausgangstext, Zieltext, Paralleltext in der Zielsprache sowie auch oft mit einem in Bezug auf Textsorten nicht differenzierten, großen Kontrollkorpus[132]. Die textlinguistische Grundlage der Analysen sind entweder Modelle für die Beschreibung von Einzelaspekten der Textlinguistik wie etwa das Konzept von Daneš zur thematischen Progression[133] oder auch ein geschlossenes textlinguistisches Modell wie die systemisch-funktionale Grammatik[134]. Gerade die systemisch-funktionale Grammatik hat sich in den letzten 10 Jahren als theoretisches Gerüst für groß angelegte empirische Studien von sprachlichen Charakteristika von Übersetzungen anhand eigener Übersetzungskorpora sowie auch Mehrsprachenkorpora[135] etabliert, so dass hier sowohl textlinguistisch-theoretisch als auch empirisch fundierte Analysen von Übersetzungen ermöglicht worden sind. Das hat nun zu sehr interessanten Ergebnissen geführt, die einerseits Hypothesen zu generellen Charakteristika von Übersetzungen wie bei Øverås 1998, aber auch zu Kontrasten in Bezug auf Einzelphänomene in bestimmten Text-

---

127 Vgl. hierzu Harweg 1979, 312ff., sowie die Besprechung von Harweg 1979 in 3.4.2.
128 Vgl. hierzu u.a. die Besprechung von Doherty 1992 in 2.3 , von Fabricius Hansen 1996 sowie von Hasselgård 1997 und 2004 in 3.4.3.3.
129 Vgl. hierzu u.a. Thiel 1996 und Holzer 1998a; 1998b.
130 Vgl. hierzu u.a. Ghadessy-Gao 2000 und Rørvik 2004.
131 Vgl. hierzu etwa Thiel 1996.
132 Vgl. hierzu u.a. Neumann 2003, Hasselgård 2004, Rørvik 2004 und Johansson 2005.
133 Vgl. hierzu Rørvik 2004 und Papegaaji/Schubert 1988.
134 Vgl. hierzu u.a. Ghadessy-Gao 2000, House 2001; 2002, Teich 1999 und Neumann 2003.
135 Vgl. hierzu vor allem Neumann 2003, 90ff.

sortenzusammenhängen wie bei Neumann 2003 oder auch genereller wie etwa in Hasselgård 2004. Eine sehr interessante und plausible These zu möglichen generellen Charakteristika von Übersetzungen von zumindest Sachprosatexten auf der transphrastischen Textebene bildet die translatorische Interferenz oder ‚shining-through': Bei u.a. Øverås 1998, Hasselgård 1997, Hasselgård 2004, Teich 1999 und Neumann 2003 deuten empirisch gesicherte Ergebnisse darauf hin, dass Übersetzungen in irgendeiner Form zumindest einige transphrastische Merkmale vom Ausgangstext übernehmen: Dabei handelt es sich grundsätzlich nicht um sprachliche Fehler in klassischen Sinne, sondern um die mehr oder weniger direkte Übernahme von zielsprachlich möglichen, aber stilistisch nicht konformen Konfiguration in die Zieltexten. Diese transphrastisch orientierten empirischen Arbeiten sind allerdings übersetzungstheoretisch recht vage. Übersetzen wird hier sehr generell beschrieben und meist normativ festgelegt in der Form von irgendeiner Äquivalenz und auch nicht weiter differenziert. Diese Vagheit betrifft auch die Auswahl der zu analysierenden Textsorten. Hier wird meist generell Sachprosa untersucht, ohne dass zwischen Textsorten in diesem riesigen Kommunikationsbereich unterschieden wird. Das bedeutet, dass unterschiedliche Typen von Übersetzungen sowie auch recht unterschiedliche Textsorten analysiert werden, als wären sie eine einheitliche Kategorie. Das ist in Bezug auf zumindest einige textlinguistische Phänomene einerseits nicht von der Hand zu weisen, andererseits ist auf Grund großer Unterschiede zwischen Textsorten bzw. Textsortengruppen in der Auswahl sprachlicher Mittel mehr als wahrscheinlich, dass ja Textsorten gerade durch eine spezifische Verwendung sprachlich-kommunikativer Mittel gekennzeichnet sind, die auch für die an einer sprachlich-kommunikativen Handlung Beteiligten als Grundlage für die Interpretation eines Textes als Exemplar einer gegebenen Textsorte dienen. Der in Neumann 2003 vorgelegte Beschreibungsansatz zur Vermeidung dieses Problems, in der eine Textsorte und eine daraus abzuleitende Übersetzungssituation für die Analyse isoliert werden, ist ein methodisch sehr gelungener Griff, löst aber nicht das grundsätzliche Problem der korpusorientierten Übersetzungsanalysen der systemisch-funktionalen Grammatik: Durch die Festlegung auf quantitative Analysen auf der Basis großer Textkorpora findet hier eine methodengeleitete Reduktion des Analysegegenstandes statt. Hier werden die Ergebnisse auf über bestimmte Computerprogramme zählbare Phänomene in einem mehr oder weniger in Bezug auf Textsorten und Übersetzungssituationen variablen Korpus beschränkt. Diese Reduktion bedeutet, dass die Analyse der grundsätzlich variierenden Phänomene Textsorten und Übersetzung problematisch ist. Das bedeutet aber auch, dass gerade dieser empirische Ansatz auf der theoretisch konsistenten Grundlage der systemisch-funktionalen Grammatik für die Analyse von generelleren Charakteristika von Übersetzungen im Vergleich mit Originaltexten sehr gut geeignet ist und diesbezüglich schon jetzt sehr interessante und vor allem empirisch gesicherte Ergebnisse hat vorlegen können. Zu

diesem grundsätzlichen Methodenproblem werden wir auch in 5.5.2 zurück-
kehren.

3.7.3 Zum Stand einer textlinguistisch basierten Übersetzungswissenschaft

Da alle Übersetzungen Texte sind und das Phänomen *Text* somit ein Genus
proximum für Übersetzen darstellt, wäre zu erwarten, dass diejenige Disziplin
der Sprachwissenschaft, die das Phänomen *Text* als ihren Forschungsgegenstand
hat, – also die Textlinguistik – auch eine wichtige Grundlage für die Ausarbeitung einer Übersetzungstheorie bilden würde. Das ist aber trotz aller möglichen Lücken in dem hier vorgelegten Forschungsüberblick relativ deutlich
nicht der Fall – sowohl mit der Übersetzungswissenschaft als auch mit der Textlinguistik als Ausgangspunkt der Betrachtung.

Aus der Perspektive der Übersetzungswissenschaft werden zwar nicht selten
textlinguistische Kategorien aufgegriffen, aber ganzheitliche, von der Textlinguistik abgeleitete Modelle und Ansätze dienen selten oder sogar kaum als
Grundlage einer Übersetzungstheorie. Bei Werner Koller – stellvertretend für
die äquivalenzbasierte Übersetzungstheorie – werden zwar Übersetzungen als
„Resultate der *textverarbeitenden*, oder eingeschränkter: *textreproduzierenden*
Tätigkeit Übersetzen" (Koller 2004, 81) betrachtet. Was Übersetzungen von
anderen Text(re)produktionsfällen unterscheidet, sei die für Übersetzungen
spezifische Relation zwischen Ausgangstext und Zieltext, also die Übersetzungsbeziehung oder die Äquivalenzbeziehung. Gerade diese bildet bei
Koller die Grundlage seiner Übersetzungstheorie. Die Linguistik, darunter auch
die Textlinguistik, hat bei Koller nur eine instrumentelle Funktion für die Beschreibung von spezifischen sprachlichen Problemen beim Übersetzen, wie etwa
in der Beschreibung der verschiedenen Äquivalenzdimensionen (ebd., 228ff.).
Die theoretische Grundlage bildet der in verschiedene Dimensionen differenzierte Äquivalenzbegriff und erst die Klärung von dem Verhältnis zwischen den
jeweiligen Äquivalenzdimensionen in jedem Übersetzungsfall entscheide,
„welche Bedingungen ein Text erfüllen muß, damit er als Übersetzung gelten
kann" (ebd., 81).

Bei Hans J. Vermeer – stellvertretend für die Skopos-Theorie – wird, wie bereits in 3.3 dargelegt, nicht nur die Textlinguistik, sondern die Linguistik
generell aus der Translationstheorie verbannt, da ja die Linguistik bei Vermeer
auf formale Grammatik, sprich: Morphologie, Syntax und transphrastische
Textlinguistik beschränkt wird und dabei die Geschichte der Linguistik nach der
pragmatischen Wende unberücksichtigt bleibt.[136]

---

136 Vgl. hierzu insbesondere Vermeer 1998 und die Besprechung von anti-linguistischen
Arbeiten der Skopos-Theorie in 3.3.

Aber auch in der Textlinguistik wird das Textphänomen Übersetzen kaum thematisiert, wie etwa in Heinemann/Heinemann 2002. In dieser sehr soliden Monographie werden umfassende und konsistente Grundlagen der Textlinguistik auf der Basis eines pragmatischen Textbegriffs ausgearbeitet, ohne dass das Phänomen Übersetzen – abgesehen von der Erwähnung als einer der Aufgaben, „denen sich textlinguistische Forschung vordringlich zuwenden sollte" (Heinemann/Heinemann 2002, 245), beispielsweise als besonderes Phänomen in Rahmen des Textualitätmerkmals Intertextualität, – analysiert bzw. im Rahmen eines textlinguistischen Beschreibungsmodells positioniert wird.

Nun sind jedoch textlinguistisch orientierte Fragestellungen in der Übersetzungswissenschaft auch keine Seltenheit. In Arbeiten wie etwa Papegaaij/Schubert 1998, Holzer 1998a und Solfjeld 2000 bilden Übersetzungen das Forschungsobjekt und bei diesen werden eine oder mehrere über textlinguistische Kategorien definierte Problemstellungen aufgegriffen. Aber in diesen Arbeiten bildet die Textlinguistik nicht den Ausgangspunkt der zugrundeliegenden Übersetzungstheorie bzw. des benutzten Analysemodells – Übersetzen wird oft nicht weiter problematisiert oder gerade über eine recht normative Festlegung von Äquivalenz charakterisiert.

Nur in relativ wenigen Werken wird auf der Grundlage einer ganzheitlichen textlinguistischen Theorie ein Beschreibungsmodell für das Übersetzen abgeleitet, wie etwa die Analyse von Übersetzungen auf der Basis der systemisch-funktionalen Grammatik bei Neumann 2003. Aber auch bei diesen relativ wenigen Werken lässt sich keine textlinguistisch basierte spezifische Übersetzungstheorie nachweisen: Einerseits werden textlinguistisch definierte Einzelphänomene, wie etwa Isotopiestrukturen in Übersetzungen analysiert (Thiel 1996), ohne dass auf eine textlinguistisch basierte Übersetzungstheorie eingegangen wird. Andererseits wird Übersetzen ohne theoretische Einbettung normativ festgelegt, aber dafür auf der Grundlage eines konsistenten, theoretisch fundierten textlinguistischen Modells beschrieben. Beispiele hierfür sind u.a. die erwähnten Werke von Juliane House, aber vor allem die Studie von Neumann 2003, in der ja über die Textsortenkonstanz des Untersuchungsgegenstandes die Vergleichbarkeit der Übersetzungskorpora gewährleistet wird, ohne dass der Übersetzungsbegriff über eine Positionierung als pragmatische Äquivalenz hinaus problematisiert zu werden braucht.

Trotz der Tatsache, dass Übersetzungen eine Teilmenge vom Phänomen Text sind, erscheint in der Forschungsliteratur die nahe Verwandtschaft zwischen Textlinguistik und Übersetzungswissenschaft eher ein Problem als ein methodischer Vorteil zu sein. Sind diese Disziplinen in der Forschung weitgehend getrennte Gesellschaften, die eigentlich zusammen gehören? Denn gerade weil ja Übersetzungen dem Phänomen Text zugeordnet werden können, sollten Übersetzer und Linguisten „be the best of friends; their areas of interest, however one wants to look at them, and however they may differ, have language and linguistic activity at the centre" (Malmkjær 1998, 535). Aber vielleicht gerade weil sie sehr eng verwandte Nachbardisziplinen sind, ist die Gegenstandsbestimmung problematisch und eine Frage nach der Positionierung einer Eigenständigkeit der jeweiligen Disziplinen. Die diesbezüglichen Definitions- und Positionskämpfe haben nicht selten zu einer „hostility among some translation scholars with regard to linguistics; there is also a degree of indifference to translation among some linguists" (ebd.) geführt.

Dies ist nun vor dem Hintergrund der Entwicklung der Linguistik nach 1945 auch nicht verwunderlich. Wie in der Einleitung bereits erwähnt, hat sich nach dem Zweiten Weltkrieg die Linguistik als weitgehend akommunikativ definiert: zum einen durch die Reduktion der Analyseperspektive auf strukturelle Phänomene ohne jeden Bezug zur sozialen Einbettung und bedeutungskonstituierenden Funktion von Sprache, zum anderen durch die Fixierung auf den Satz als Analyseeinheit. Eine Reduktion der Linguistik auf satzstrukturelle Phänomene macht ja eine solche Linguistik als theoretische Grundlage für die Übersetzungswissenschaft völlig ungeeignet. Denn der Gegenstand der Übersetzungswissenschaft ist ja die wie auch immer geartete Reproduktion von einem sozio-kulturell eingebetteten Text in einen sprachlich *und* sozio-kulturell anders eingebetteten neuen Text. Bei so einem Forschungsobjekt ist das Situative in und um den Text herum gar nicht wegzudenken – gerade die Berücksichtigung situativer Variablen ist ja für die sprachliche Gestaltung eines als Übersetzung interpretierten Zieltextes konstitutiv. Eine Übersetzungswissenschaft auf der Grundlage der klassischen, systemlinguistischen kontrastiven Grammatik greift deshalb zu kurz: Selbst neuere Werke zum Verhältnis zwischen Linguistik und Übersetzungswissenschaft wie Albrecht 2005 wagen nicht so richtig den Schritt in die für eine linguistisch fundierte Übersetzungswissenschaft notwendige Pragmatik. Hier wird die Transphrastik als die Textlinguistik im engeren Sinn (Albrecht 2005, 121ff.) positioniert, die pragmatische Textlinguistik und vor allem die Textsortenlinguistik und der Textsortenbegriff als unklar und methodisch wenig brauchbar abgewertet (ebd., 258ff.).

Die Abneigung der Übersetzungswissenschaft gegenüber der Linguistik ist bereits in 3.3. beschrieben worden. Diese beruht jedoch in erster Linie auf der soeben beschriebenen Auffassung von Linguistik als purer Systemlinguistik. Die damit zusammenhängende Kritik am Äquivalenzbegriff als statisch und mechanistisch macht irgendwie deutlich, dass die Übersetzungswissenschaft – und die Linguistik – sich als eigene Fächer mit eigenen Theorien zu etablieren versucht haben; die Übersetzungswissenschaft als eine Art eigenständiger Kulturtransfer, die Nachkriegslinguistik als eine Art naturwissenschaftlich konzipierte Disziplin ohne Bezug zur Sprache als Kommunikationsmittel.

Dies könnte vielleicht daran liegen, dass sich sowohl die Linguistik als auch die Übersetzungswissenschaft mit demselben Gegenstand beschäftigen: Sprache. Erich Steiner hat in einem Aufsatz (Steiner 1999) exemplarisch gezeigt, was diese beiden Disziplinen verbindet sowie wie sie mit sich selbst und einer Reihe anderer Fächer verwoben seien. Dies habe nun oft dazu geführt, dass sich Linguistik und Übersetzungswissenschaft nicht ohne die Hinzuziehung von Nachbardisziplinen haben entwickeln können: Dies habe dann einen Methodenpluralismus ergeben, der sowohl den Gegenstandsbereich als auch die Methoden der beiden Disziplinen unklar und strittig gemacht haben (Steiner 1999, 482ff.). Es ist deshalb nicht verwunderlich, dass es zwischen Linguistik und Übersetzungswissenschaft Berührungsängste gibt, so dass in der Forschungsliteratur der Eindruck der getrennten und sich meidenden Gesellschaften entstehen könnte.

Statt einer Trennung zwischen Übersetzungswissenschaft und (Text-)Linguistik sollte eine Verbindung zwischen den beiden gesucht werden. Im Einklang mit Steiner sei dabei der Anspruch auf Eigenständigkeit seitens sowohl der Übersetzungswissenschaft als auch der Linguistik zu relativieren (ebd., 477). Denn beiden ist der Text-in-Funktion bzw. Text als Exemplar einer Textsorte gemeinsam. Die empirische Grundlage einer textlinguistisch fundierten Übersetzungswissenschaft bildet die kontrastive Textologie, nicht die kontrastive Systemlinguistik. Denn die kontrastive Textologie berücksichtigt eben den Text samt seiner pragmatischen Einbettung, die Systemlinguistik, auch in der Form einer textlinguistischen Transphrastik, ist auf strukturelle Phänomene beschränkt und sieht eben von diesen für die Analyse von Übersetzungen notwendigen pragmatischen Aspekten ab. Eine pragmatisch-textlinguistisch basierte Übersetzungswissenschaft braucht zweierlei: zum einen ein konsistentes textlinguistisches Modell, das sowohl die Transphrastik als auch die Pragmatik von Texten modelliert, zum anderen ein Modell, das Übersetzen definiert, typologisiert sowie im Rahmen von anderen Texttransfertypen positioniert. Wenn eine Begegnung zwischen Übersetzungswissenschaft und Sprachwissenschaft in Zeiten der systemlinguistischen Dominanz aus den oben genannten Gründen äußerst problematisch gewesen ist, dürfte nach der sog. pragmatischen Wende in der Linguistik eine Konvergenz der beiden Disziplinen möglich sein, da ja die Linguistik „Theorien und Konzepte entwickelt [hat], die der Realität der Translation und dem Interessengebiet der Translationswissenschaft stärker entsprechen" (Vaerenbergh 2002, 18).

In der Forschungsliteratur zum hier abgesteckten Thema Textlinguistik und Übersetzen findet sich kaum eine Arbeit, die die oben angedeuteten Forderungen an einem textlinguistisch fundierten Beschreibungsansatz in der Übersetzungswissenschaft erfüllt. Es finden sich u. E. drei Arbeiten, die den oben beschriebenen Desiderata nahe kommen: die Arbeiten von Christiane Nord, vor allem Nord 1989 und Nord 1997a, Tirkkonen-Condit 2002 und Neumann 2003[137].

---

137 Erwähnen könnte man hier auch die soeben besprochenen Arbeiten von Juliane House; Neumann 2003 wird exemplarisch erwähnt als Vertreterin der systemisch-funktionalen Grammatik, da ihre Analyse sowohl theoretisch, vor allem im Verhältnis zur Textsorten-

Bei Nord ist Übersetzen als eigene sprachlich-kommunikative Handlung im Rahmen des Genus proximum *interkultureller Texttransfer* definiert sowie den besonderen Texttransfertypen Dokument und Instrument in der Form einer besonderen Typologie der dokumentarischen und instrumentellen Übersetzung zugeordnet (Nord 1989, 104). Dabei wird Übersetzen im Rahmen der Transferfunktion Dokument gegenüber dem Transfertyp *Transkript*, bei der Transferfunktion Instrument gegenüber dem Transfertyp *Version* abgegrenzt (ebd.).

Bei Tirkkonen-Condit 2002 und Neumann 2003 ist die theoretische Zuordnung des Übersetzungsbegriffs weitaus unklarer. Bei beiden fehlt eine Zuordnung des definierten Übersetzungsbegriffs zu einem Genus proximum und einer spezifischen Übersetzungstypologie. Tirkkonen-Condit geht implizit von Übersetzen im Sinne von funktionaler Äquivalenz aus und beschränkt sich außerdem auf „the description and evaluation of factual prose translation" (Tirkkonen-Condit 2002, 32).

Neumann basiert ihre Analyse auf der Auffassung von Übersetzen als funktionaler Äquivalenz. Ihre Materialgrundlage besteht aus authentischen Übersetzungsfällen, bei denen sowohl die zu untersuchende Textsorte als auch die damit verbundene Übersetzungssituation konstant sind. Wie bei Tirkkonen-Condit, wird der Übersetzungsbegriff im Rahmen der theoretischen Grundlagen für die Analysen nicht diskutiert. Bei beiden wird Übersetzen normativ festgelegt auf funktionale Äquivalenz; eine theoretische Diskussion über den Übersetzungsbegriff im Rahmen eines übersetzungswissenschaftlichen Modells erfolgt im Gegensatz zu Nord 1989; 1997 bei beiden nicht.

In Bezug auf eine textlinguistische Grundlage der Analysen sind die drei besprochenen Arbeiten diametral unterschiedlich. Neumann 2003 verwendet ein ganzheitliches, funktional ausgerichtetes Analysemodell mit einer sehr gründlichen theoretischen und forschungsmethodischen Diskussion des Textsortenbegriffs als besonderer Komponente im Rahmen des theoretischen Gerüsts der systemisch-funktionalen Grammatik. Dieses Modell bietet eine interessante und relevante textlinguistische Grundlage für die Ausarbeitung einer textlinguistisch basierten Übersetzungstheorie, da ja die systemisch-funktionale Grammatik in ihrer modernen Ausprägung auf die soziale Funktion von Sprache ausgerichtet ist: Mit Verweis auf Elke Teich betrachtet Neumann Sprache als soziale Ressource, „mit der Sprecher und Hörer bedeutungsvoll handeln können" (Neumann 2003, 46). Tirkkonen-Condit verwendet das textlinguistische Modell von Egon Werlich und Kategorien aus der Sprechakttheorie (Tirkkonen-Condit 2002, 32f.) und ergänzt diesen Ansatz um ein Analysemodell auf der Grundlage der Rhetorical Structure Theory (ebd., 33.ff.). Dabei handelt es sich wie bei

linguistik, als auch empirisch durch ihre soliden Korpusanalysen umfassender angelegt ist als die Arbeiten von House. Siehe hierzu auch 3.6.2.5.3.

Neumann 2003 um ein textlinguistisch fundiertes Beschreibungsmodell, das im Rahmen einer auf die Mitteilungsabsicht von Texten ausgerichteten Perspektive auch als funktional zu betrachten ist. Dieses Modell ist nun aber sehr einfach und basiert auf einer Einteilung in Texttypen, die zu Recht methodisch umstritten ist.[138] Aber wie Neumann 2003 entwickelt Tirkkonen-Condit 2002 ein Analysemodell für funktional äquivalente Übersetzungsfälle, die auf einem textlinguistischen Modell basiert, bei dem die pragmatischen Aspekte von Texten als Analysegrundlage dienen.

Zwar beruhen Nords Arbeiten auf einer handlungstheoretischen und nicht explizit auf einer textlinguistischen Grundlage, aber innerhalb dieser theoretischen Rahmenbedingungen werden für die übersetzerische Textanalyse textlinguistische Kategorien in der Form eines Analysemodells für textexterne und textinterne Faktoren verwendet. Wie in 3.6.2.2.1 bereits erwähnt, hat die Textlinguistik bei Nord nur Instrumentfunktion; textlinguistische Analysekategorien werden nur so weit wie nötig verwendet. Die theoretische Grundlage bildet wie erwähnt die Handlungstheorie.

Trotz der Tatsache, dass in allen drei Arbeiten Übersetzungen den Forschungsgegenstand bilden und Übersetzungen auch als Textphänomen analysiert werden, wird eine konsistente theoretische Verbindung zwischen Textlinguistik und Übersetzen nicht modelliert. Bei Neumann und Tirkkonen-Condit werden Übersetzungen normativ positioniert und auf dieser Grundlage als mehr oder weniger einheitliche Textgruppe mit Paralleltexten kontrastiert. Hier findet eine kontrastive Analyse von Textgruppen auf der Grundlage eines gegebenen textlinguistischen Modells statt, ohne dass Übersetzungen als eigenes, differenziertes, pragmatisches Textphänomen erläutert werden. Bei Nord ist wie gesagt letzteres durchaus der Fall, aber dann eben mit Bezug auf eine Handlungstheorie und mit einem textlinguistischen Modell in der Form einer Hilfsfunktion bei der Textanalyse. Auch in diesen drei Arbeiten lassen sich die getrennten Gesellschaften Textlinguistik und Übersetzungswissenschaft irgendwie nachweisen: Entweder bildet *Text* den Schwerpunkt mit Übersetzungen als normativem Anhang. Oder *Übersetzen* steht in der Form eines differenzierten und von einer Theorie abgeleiteten Übersetzungsbegriffs im Mittelpunkt mit einem textlinguistischen Modell als Hilfsmittel für die Beschreibung von auf unterschiedlichen Textebenen zu analysierenden Problemen.

---

138 Vgl. hierzu die Kritik an der Funktionalstilistik sowie an der Einteilung von Texten in Kommunikationsstile in Adamzik 2004, 68ff.: Der Versuch, Texte im Sinne einer hierarchischen Ordnung ‚von außen' zu definieren sei mit der sprachlich-kommunikativen Wirklichkeit nicht vereinbar, da die Aufstellung einer endlichen Menge von (meist über bestimmte Sachgebiete und Institutionen) Kommunikationsstilen nicht möglich und zudem sich solche Klassen nicht empirisch rechtfertigen lassen. Stattdessen werde in der kommunikativen Praxis deutlich, dass Kommunikationsbereiche „in mannigfacher Weise ineinander greifen und der Versuch, ihnen zumindest einen bedeutenden Teil der Textsorten klassifikatorisch zuzuordnen, völlig aussichtslos ist" (ebd., 73).

Vor diesem Hintergrund erscheint es plausibel, nach den Grundsätzen einer textlinguistisch begründeten Übersetzungswissenschaft zu fragen. Im Folgenden sind Kriterien für eine solche Zwangsehe von Textlinguistik und Übersetzungswissenschaft zu diskutieren, denn mit der Entstehung der pragmatischen Textlinguistik dürften die grundsätzlichen Mängel der Systemlinguistik für die Ausarbeitung einer (text-)linguistisch fundierten Übersetzungstheorie beseitigt sein. Das bedeutet nicht nur, dass „die moderne Übersetzungsforschung ihren linguistic turn nachholen möge" (Albrecht 2001, 9), sondern dass mit der pragmatischen Linguistik eine Rückkehr zur Quelle des Übersetzens, zu dessen Genus proximum Text, also eine ‚linguistic *re*turn' für die Übersetzungswissenschaft ermöglicht worden ist.

4. Grundthesen eines textlinguistischen Übersetzungsbegriffs

4.1 Vorbemerkung

Ziel dieses Kapitels ist die Ausarbeitung und Begründung eines textlinguistischen Übersetzungsbegriffs. Dabei wird, wie schon in 2. erläutert, von einem funktionalen Textbegriff als Genus proximum für Übersetzungen ausgegangen (4.2) und in diesem Zusammenhang das Textmerkmal Funktion als grundlegendes Merkmal für Texte generell, einschließlich Übersetzungen erläutert und begründet (4.2.1). Anschließend erfolgt auf der Grundlage des in Adamzik 2004, 47f. vorgelegten prototypischen Textmodells eine Analyse von definitorisch relevanten Textmerkmalen für einen textlinguistisch fundierten Übersetzungsbegriff (4.2.2). Auf dieser Grundlage sind die Textmerkmale Intertextualität und Interaktionalität als Differentiae specificae für einen textlinguistisch fundierten Übersetzungsbegriff zu begründen (4.3). Zum Schluss werden auf der Grundlage der in 4.3 ausgearbeiteten Differentiae specificae Thesen für einen prototypischen Übersetzungsbegriff ausgearbeitet und dabei die besondere Relevanz von Invarianz als funktional ableitbarer Kategorie für die Ausarbeitung eines prototypischen Übersetzungsbegriffs begründet (4.4). Eine Annahme zum prototypischen Kern von Übersetzen rundet das Kapitel ab (4.5).

4.2 Das Genus proximum: Text als funktionale Kategorie

4.2.1 Grundsätzliches zur Kategorie Funktion

Für die Ausarbeitung einer über die Kategorie *Text* abgeleiteten Übersetzungstheorie wird hier, wie bereits in der Analyse der für den hier verwendeten Textbegriff gewählte Reduktion in 2.2 beschrieben, von einem Textbegriff ausgegangen, der sich erstens auf geschriebene Kommunikation beschränkt und dabei gesprochene Kommunikationsformen einschließlich des Dolmetschens ausklammert, zweitens den Text als sprachlich-kommunikatives Produkt betrachtet und somit von Aspekten des Textproduktionsprozesses absieht sowie drittens den Text pragmatisch-instrumentell, also als Mittel bzw. kommunikative Einheit für die Durchführung und/oder Konstitution von sprachlich-kommunikativen Handlungen definiert. Vor dem Hintergrund dieser instrumentellen Auffassung von Sprache und Text werden jedoch auch formale, vor allem transphrastische Aspekte von Texten berücksichtigt, allerdings wird eine Textdefinition auf diese formalen Eigenschaften nicht eingeengt.[139] In diesem grundlegenden pragmatischen Kontext erhält daher die Kategorie *Funktion*, eine zentrale Rolle: denn Texte werden, wie vor allem in 3.5.5.1 dargelegt, als Vertreter bestimmter Textsorten zu bestimmten kommunikativen Zwecken in mehr oder weniger spezifischen sozio-kulturellen Situationen für die Rezeption in solchen Situationen produziert.

Bei dem hier zugrunde gelegten Funktionsbegriff handelt es sich um eine handlungsbezogene und intentionale Größe. Dabei wird Funktion verstanden als die intendierte Wirkung einer sprachlich-kommunikativen Handlung bei einer spezifischen Rezipientengruppe in einer spezifischen Rezeptionssituation. Es handelt sich nicht um eine schon gegebene Bedeutung, die von einem Sender an einen Empfänger transportiert wird und vom letzteren nach mehr oder weniger umfangreichem Einsatz von mentalen Mitteln verstanden wird. Das bedeutet, dass hier nicht nur ein mechanistisches Kommunikationskonzept und eine damit zusammenhängende Auffassung von Bedeutung als eine vom Sender vorgefertigte Größe abgelehnt wird, sondern auch, dass von moderneren und in der Übersetzungstheorie aufgegriffenen Ansätzen wie der Relevanztheorie ebenfalls abgesehen wird. Denn auch in neueren relevanztheoretisch orientierten Werken wie etwa Unger 2006 wird für einen Bedeutungsbegriff plädiert, bei dem die Bedeutung in der Form von Stimuli vom Sender an den Empfänger übertragen wird und von diesem in der Form einer Umkodierung verstanden wird: „a verbal utterance is a stimulus which the adressee can use as evidence in inferring the speaker's meaning. The information encoded in the stimulus is treated as part of the evidence which, together with appropriate contextual information, warrants the inference of what the speaker wanted to convey" (Unger 2006, 10). Laut Unger werde dadurch die Frage „how communicators succeed in understanding each other" (ebd., 11) beantwortet und theoretisch erklärt: Die Bedeutung einer Äußerung ist also schon im Stimulus enthalten und wird im Sinne von etwa Gutt 2000 vom Empfänger dieser Botschaft mit unterschiedlichem, aber möglichst minimalem mentalem Dekodierungseinsatz oder mentalen Prozessierungskosten entschlüsselt.

Ein solches Konzept für die Beschreibung von Kommunikation und Bedeutungskonstitution ist daher eigentlich senderorientiert und betrachtet Bedeutung als ein Phänomen, das außerhalb der sprachlich-kommunikativen Situation verortet ist: Der Sender sendet die von ihm geholte und festgelegte Bedeutung in der Form von Stimuli; der Empfänger rezipiert diese und kodiert sie mittels seines Wissens bzw. seiner Inferentialität in der Form von kontextuellen Annahmen (,contextual assumptions') in Bedeutung um. Dass dabei dem Empfänger durch seine über das Relevanzprinzip erklärbare inferentielle Aktivität eine ganz zentrale Rolle zugeschrieben wird, ändert nichts an der Tatsache, dass in der relevanztheoretisch orientierten Übersetzungswissenschaft Bedeu-

---

139 Vgl. hierzu die Plausibilisierung der hier gewählten Reduktion in 2.3.

tung als ein außerhalb der Interaktionssituation konstituiertes Phänomen betrachtet wird.

Die Relevanztheorie bleibt somit bei der Auffassung von Kommunikation als
(über das Relevanzprinzip inferierte) Informationsübertragung.

Dadurch entsteht eine Trennung zwischen Sprecher und Hörer, die empirisch
nicht haltbar ist. In sowohl anthropologischer, gesprächsanalytischer und kom-
munikationswissenschaftlicher Literatur wird ein solcher Bedeutungsbegriff abgelehnt und auch falsifiziert. Marianne Gullestad stellt mit Verweis auf mehrere
Werke in diskursanalytischer und anthropologischer Forschung fest, dass
sprachliche (und nicht-sprachliche) Kommunikation eine soziale Praxis sei,
durch welche die Beteiligten unterschiedliche Positionen und Interpretationen
vornehmen. Die Wirklichkeit sei nicht da, sie sei Gegenstand der Interpretation
im Rahmen spezifischer materieller und organisatorischer Kontexte (Gullestad
2008, 46f.).

Die grundsätzlich gleichen Betrachtungen finden sich auch in der gesprächsanalytischen Literatur. Auch hier wird Bedeutung als soziale Kategorie positioniert und auch empirisch nachgewiesen,[140] die erst im Rahmen spezifischer
situativer Konstellationen durch eine gemeinsame interpretative Leistung der
Beteiligten entstehen[141] und in keiner Weise in vordefinierter Form in die
Kommunikationssituation hineingebracht wird. Die Bedeutung einer Äußerung
wird also nicht in der Form eines ‚außersprachlichen‘ Kontexts als etwas
Gegebenes verstanden, „sondern als etwas in der Interaktion selbst Hervor-
gebrachtes angesehen“ (Schmitt 1993, 333). In der pragmatischen Textlinguistik
wird auch betont, dass es wenig sinnvoll wäre, zwischen Produktion und
Rezeption eines Textes zu unterscheiden, da die an einer kommunikativen
Handlung Beteiligten nicht entweder Produzent oder Rezipient sind, sondern
„sowohl als Rezipienten wie als Reproduzenten und Produzenten agieren“
(Adamzik 2004, 94) und dass somit „Textverstehen nicht einer einfachen Re-
aktualisierung oder gar Dekodierung entspricht“ (ebd., 95).

In dieser Arbeit wird daher im Einklang mit der oben erwähnten anthropologischen, gesprächsanalytischen und textlinguistischen Forschung Bedeutung

---

140 Vgl. hierzu u.a. die Analyse der Konstitution des Beratungsgegenstandes in Nothdurft
1994, 25ff. Hier wird mit aller Deutlichkeit empirisch nachgewiesen, dass die Bedeutung
des Beratungsgegenstandes nicht einfach im voraus vorliegt und vom Ratsuchenden präsentiert, sondern erst im Beratungsgespräch in der Form einer gemeinsamen, interaktiven
Leistung von Berater und Ratsuchendem hergestellt wird. Der Beratungsgegenstand wird
somit für die jeweilige soziale Welt einer Beratungssituation von den Beteiligten gemeinsam, auf Grund von spezifischen, in der Situation ausgehandelten Wissensbedingungen
ausgearbeitet.
141 Vgl. hier u.a. die Diskussion des Phänomens *soziale Welten* in Schütze 2002: „Soziale
Welten richten sich an zentralen Problembeständen des jeweils thematischen Interaktions-
feldes aus und entwickeln für ihre Bearbeitung definierbare Kernaktivitäten“ (Schütze
2002, 60).

als soziale, situationsvariable und in der jeweiligen Situation interaktiv konstituierte Kategorie betrachtet.

Beim Übersetzen haben wir es nun nicht mit einer Interaktionssituation bei Gesprächen zu tun. Übersetzen als geschriebene Kommunikation ist ja wie im Fall der gesprochenen Kommunikation nicht durch eine Gleichzeitigkeit von Produktion und Rezeption eines Textes charakterisiert, sondern als Sonderfall von geschriebener Kommunikation von einer Trennung zwischen Produktion und vielen möglichen Rezeptionssituationen gekennzeichnet. Darüber hinaus wird beim Übersetzen ein Text in einer neuen sprachlich-kulturellen Umgebung rekontextualisiert: Da Kontext im Einklang mit den obigen Ausführungen als „Rahmungshinweis für die semantische Interpretation von Mitteilungen" (ebd.) beschrieben werden kann,[142] bedeutet eine Kontextualisierung eines bereits produzierten Textes in einer neuen sprachlich-kulturellen Umgebung grundsätzlich eine Änderung der oben erwähnten Rahmungshinweise für die semantische Interpretation von Inhalten.

Für den hier verwendeten Funktionsbegriff hat dies zur Folge, dass dieser prospektiv und auf bestimmte Rezeptionssituationen bezogen ist: Im Gegensatz zu gesprochenen sprachlich-kommunikativen Handlungen, die durch eine Gleichzeitigkeit von Produktion und Rezeption der kommunikativen Handlung gekennzeichnet sind, ist die Funktion für eine übersetzerische Kommunikationshandlung prospektiv. Der Zieltext wird ja auf der Basis eines bereits verfassten Ausgangstextes und auf eine bzw. einige künftige Kommunikationssituation(en) hin konzipiert. Eine Übersetzung hat nie den Ausgangstext als Zielpunkt – auch in denjenigen Übersetzungsaufträgen, wo der Ausgangstext oder Teile von diesem zu dokumentieren sind,[143] geht es um den Zieltext und die intendierte Wirkung von diesem in einer später herzustellenden Interaktionssituation. Eine Übersetzung ist dabei rezeptionssituationsbezogen in dem Sinne, dass sie für eine bestimmte Rezeptionssituation – oder zumindest für eine begrenzte Anzahl von Rezeptionssituationen – geschrieben wird. Funktion ist daher nicht mit tatsächlicher Wirkung gleichzusetzen, sondern als intendierte Wirkung in einer bestimmten Situation bei einer bestimmten Rezipientengruppe zu verstehen. Aus diesem Grunde könnte für einen übersetzungsbezogenen Funktionsbegriff die Bezeichnung *antizipierte, intendierte Wirkung* mit Bezug auf bestimmte Rezeptionssituationen zutreffender sein, da ja der Zieltextproduzent, also der Übersetzer, trotz der potentiell unendlichen Rezeptionssituationen eines Textes, die

---

142 Vgl. hierzu auch das Konzept der Ressource in der Gesprächsanalyse. Am Beispiel der Interaktionsituation Beraten versteht man unter Ressource „besondere Handlungsbedingungen, unter denen sich die Beratungsinteraktion ereignet und die von den Interaktionsteilnehmern bei der Herstellung der Beratungssituation ausgenutzt werden können" (Nothdurft 1994, 34).

143 Vgl. hierzu die Binnendifferenzierung von dokumentarischer Übersetzung und Beispiele verschiedener Klassen von dokumentarischer Übersetzung in Nord 1997a, 47ff.

wahrscheinliche Rezeption des Zieltexts auf bestimmte Rezeptionssituationen einzuengen versucht. Dies bedeutet auch, dass die Funktion für den Ausgangstext mit Bezug auf die intendierte Zieltextsituation und deren neue sozio-kulturelle Rahmungsbedingungen re-interpretiert werden muss und dass eine über die sprachliche Realisierung hinaus postulierte Identität zwischen dem Ausgangstext und dem Zieltext daher äußerst problematisch erscheint.[144]

Eine grundsätzlich funktionale Auffassung von Text hat in textlinguistisch orientierten Übersetzungsmodellen schon längt Eingang gefunden. Wie vor allem in 3.6.2.2.2 gezeigt, ist es nicht nur die funktionalistische Übersetzungswissenschaft, die unter dem Namen Skopos-Theorie die Funktion des Translats als den Dreh- und Angelpunkt jeder Betrachtung vom Übersetzen hervorgehoben hat, sondern auch die neueren Werke der äquivalenzbezogenen Übersetzungswissenschaft betrachten Übersetzungen (und Texte generell) als primär funktionale Entitäten. Allerdings findet sich in den hier untersuchten Werken über die Diskussion von der Funktion eines Textes bzw. eines Übersetzungsauftrages fast keine Diskussion über mögliche Differenzierungen des Funktionsbegriffs. Besonders in der funktionalen Übersetzungswissenschaft, wo bei Reiß/Vermeer 1991 „Translation ... eine Funktion ihres Skopos" (Reiß/Vermeer 1991, 105) sogar mit Hilfe einer eigenen Formel definiert wird (ebd.), wird diese zentrale Kategorie weder differenziert noch eigene Analyseeinheiten für die Funktionsanalyse entwickelt. Eine wichtige Ausnahme bietet Nord 1997a, die ja eine konsistente funktionale Übersetzungstypologie vorlegt. Aber auch bei Nord gilt die Monotypie als Klassifizierungsprinzip – ein Übersetzungsfall ist einer Klasse zuzuordnen. Gerade das könnte problematisch sein: Wie in 4.4.3 zu zeigen sein wird, spricht einiges dafür, dass in ein und demselben Übersetzungsfall unterschiedliche Funktionen nachgewiesen werden können. Für die Analyse von diesen bilden Nords Kategorien zwar einen guten Ausgangspunkt, aber über diese hinaus sind andere Analysekategorien nötig, die der grundsätzlichen Polyfunktionalität von Übersetzungen Rechnung tragen. In ein und demselben Übersetzungsfall können zwischen Ausgangstext und Zieltext für unterschiedliche Textebenen unterschiedliche Intertextrelationen vorgeschrieben werden, so dass die Funktion eines Übersetzungsfalls grundsätzlich als eine variable Größe zu betrachten ist, wie u.a. im Fall der Übersetzung einer Gebrauchsanleitung in 4.3.2.3.2 zu zeigen sein wird und in Verbindung mit der Diskussion von Invarianz als übersetzerischer Intertextkategorie auch in 5.3 kurz aufgegriffen wird.

---

144 Vgl. hierzu die Diskussion von Analysekategorien einer Übersetzungstypologie wie Invarianz, Äquivalenz und Varianz in 4.4.3.

4.2.2 Übersetzungstheoretisch relevante Textmerkmale

Die grundlegende Rolle des Textmerkmals Funktion für eine pragmatisch orientierte Textlinguistik ist selbstverständlich auch für eine textlinguistisch basierte Übersetzungswissenschaft grundlegend. Aber dieses Textmerkmal reicht nun mal nicht aus, um eine Übersetzungswissenschaft als eigene Disziplin auf der Basis der Textlinguistik zu beschreiben. Funktionalität gilt für alle Texte, auch für Übersetzungen. Eine Übersetzungswissenschaft, die ausschließlich auf dieser Basis eine Theorie aufzubauen versucht, kommt deswegen aus der generellen Textwissenschaft nicht hinaus, indem auf eine Analyse von definitorischen Kriterien für das Analyseobjekt Übersetzen als Teilmenge des Phänomens Text nicht eingegangen wird. Wenn in einem Übersetzungsfall die Intertextrelation zwischen Zieltext und Ausgangstext uninteressant ist und alles möglich ist, das „Übersetzende aus dem Translationsauftrag herauslesen und für ‚sinnvoll‘ halten bzw. begründen können" (Nord 2004, 235) ist eine Definition von Übersetzen als eigenem Textphänomen nicht mehr möglich.

Wenn wir von der These ausgehen, dass eine Übersetzung auf der Basis eines Ausgangstextes entsteht, sind definitorische Kriterien für das Übersetzen gerade in der besonderen Übersetzungssituation und der darin enthaltenen besonderen übersetzerischen Intertextualität zu suchen. Denn eine Übersetzung bedeutet notwendigerweise eine neue Rezeptionssituation für den Zieltext, die allein wegen der kulturellen und zeitlichen Distanz mit der Rezeption für den Ausgangstext nie identisch sein kann. Außerdem bestehen mehr oder weniger zwischen Ausgangstext und Zieltext spezifische Ähnlichkeitsbeziehungen, die die Interpretation eines Textes als Übersetzung eines anderen Textes erlauben.[145] Zentrale Textmerkmale für eine textlinguistisch fundierte Beschreibung von Übersetzen sind über das grundlegende Texmerkmal Funktion hinaus daher einerseits die besondere *Interaktionssituation* mit deren verschiedenen Rollen sowie die am Übersetzen beteiligten Diskursgemeinschaften, andererseits die besonderen *intertextuellen Charakteristika* von Übersetzungen. Denn nicht jeder Text, der auf der Grundlage eines Ausgangstextes verfasst worden ist, wird notwendigerweise als Übersetzung weder markiert noch akzeptiert.[146]

Unter *übersetzerischer Interaktionssituation* verstehen wir die sozialen Rollen der tatsächlichen und intendierten Beteiligten an der Produktion und Rezeption von Ausgangstext und Zieltext. Diese besondere Interaktionssituation enthält

---

145 In der vorliegenden Arbeit wird von dem Modell der prototypischen Textmerkmale bei Adamzik 2004, 47f. ausgegangen. Auf eine Diskussion über Anzahl und Wesen von Textualitätsmerkmalen, wie beispielsweise eine Analyse der klassischen sieben Textualitätsmerkmale in Beaugrande/Dressler 1981, 3-13, würde aber hier nicht nur zu weit führen, sondern auch von Thema Übersetzen ablenken.

146 Vgl. hierzu die Typologie von Nord 1997a, 45ff. sowie vor allem die Analyse von Übersetzungen im Rahmen von Texttransformationen in Schreiber 1993, 137ff.

also mehrere Diskursgemeinschaften mit potentiell variierenden Restriktionen für das Phänomen Übersetzen. Diese entspringen unterschiedlichen generellen Textnormen und spezifischen Textsortennormen einerseits oder auch mehr oder weniger spezifischen Übersetzungsnormen andererseits in den beteiligten Diskursgemeinschaften. Es handelt sich hier um das am Übersetzen beteiligte Kulturfilter im Sinne von u.a. House 2005 oder um eine genaust mögliche Analyse der jeweiligen Kontextualisierungsbedingungen der beteiligten Texte. Eine Analyse dieses wichtigen Umfeldes einer Übersetzung fordert nicht nur eine textsortenlinguistische Analyse im engeren Sinne, sondern auch eine sozialwissenschaftlich fundierte Analyse der genannten Kontextualisierungsbedingungen. Dabei wird hier Kontextualisierung generell verstanden als die kulturspezifischen Normen, die im jeweiligen Kommunikationsfall wichtige Rahmenbedingungen für Textnormen – und dadurch auch Übersetzungsnormen – darstellen. Im Fall von Übersetzungen werden diese kulturellen Rahmenbedingungen geändert, so dass der Textproduzent – also der Übersetzer im Auftrag des Initiators bzw. des Auftraggebers für die Übersetzung – gezwungen wird, einen bereits sozio-kulturell verankerten Text für einen neuen sozio-kulturellen Kontext zu verfassen. Kontextualisierung und Rekontextualisierung im hier verwendeten Sinne sind daher grundsätzlich anthropologische Analysekategorien und nicht etwa auf gesprächsanalytische Analysemodelle bezogen.[147]

In der Übersetzungswissenschaft werden diese grundlegenden anthropologischen Aspekte zwar oft diskutiert, aber selten methodisch operationalisiert. Eine Modellierung dieser in der übersetzungswissenschaftlichen Forschung als Kulturfilter bezeichneten Kontextualisierungsbedingungen (House 2001; 2002; 2005) steht noch aus und stellt eines der zentralen Problemgebiete und eine schwer operationalisierbare Analysekategorie an der Schnittstelle zwischen Sprach- und Sozialwissenschaften im Rahmen einer textlinguistisch basierten Übersetzungswissenschaft dar.[148]

Eine *übersetzerische Intertextualität*[149] liegt vor, wenn ein Text von mindestens einem der an der Textproduktion beteiligten Diskursgemeinschaften als Übersetzung auf der Basis eines Textes oder ggf. auch mehrerer Texte[150] gekennzeichnet ist. Dieser Intertextualisierungsbegriff ist nicht allgemein auf alle

---

147 Vgl. hierzu u.a. Schmitt 1993 für Kontextualisierung im Rahmen der Gesprächsanalyse sowie die sehr weitgefasste Auffassung von Kontextualisierung und Rekontextualisierung als allgemeiner, von Sprache mitkonstituierter kultureller Konventionen und sozialer Strukturen im Rahmen der Diskussion paradigmatisch-syntagmatischer Analyseverfahren in der Sozialanthropologie in Günther 2003.
148 Vgl. hierzu auch 6.3.
149 Zur generellen Definition von Intertextualität als referentiellem Muster, vgl. 4.3.1.
150 Vgl. hierzu u.a. Schubert 2003.

möglichen Relationen zwischen Texten im Sinne von Kristeva[151] bezogen, sondern konkret auf die explizite Kennzeichnung eines Textes als Übersetzung und daraus ableitbare Textrelationen beschränkt. Erst auf der Grundlage der sozialen Praxis des Übersetzens lassen sich im Rahmen textlinguistischer Modelle Textrelationen zwischen Ausgangstexten und Zieltexten von Übersetzungen empirisch analysieren, die wiederum eine Grundlage für eine textlinguistisch basierte Übersetzungstypologie sein könnte.

Es wäre daher methodisch bedenklich, einen Text etwa auf der Basis formaler Eigenschaften als Übersetzung zu positionieren. Ein Text ist ja an sich keine Übersetzung, sondern wird erst zu einer solchen dadurch, dass die an der sprachlich-kommunikativen Handlung Beteiligten einen Text als Übersetzung interpretieren bzw. festlegen. Als analytische Perspektive für die empirische Grundlage einer pragmatisch-textlinguistischen Übersetzungswissenschaft kommen daher nur solche vom Textsender der Übersetzung ggf. auch von anderen am Übersetzen beteiligten Diskursgemeinschaften als Übersetzung gekennzeichneten Texte in Frage. Dies bildet dann auch den Ausgangspunkt für Detailanalysen zu weiteren Charakteristika von übersetzerischer Intertextualität.

In dem Modell von Text als prototypischem Konzept in Adamzik 2004, 47f. bilden über die Textfunktion als Basismerkmal die Merkmale Kohäsion, Kohärenz, Thema und Situationalität den prototypischen Kernbereich des Phänomens Text. In unserem Vorschlag zu übersetzungswissenschaftlich zentralen Textmerkmalen sind die ausgewählten Merkmale Funktion, Intertextualität und Situationalität in übersetzungswissenschaftlicher Hinsicht gerade deswegen zentral, weil ja beim Übersetzen ein spezifischer Text mit eigenen funktionalen Angaben in einer neuen situationellen Umgebung zu rekontextualisieren ist. Die obligatorische Änderung der situationellen Umgebung unter besonderen, für den Textproduktionsfall Übersetzen geltenden Intertextualitätsbedingungen hat zur Folge, dass andere Basismerkmale von Texten wie *Kohärenz* und *Referentialität (Thema)* generelle, jedoch nicht übersetzungsspezifische Textmerkmale in dem Sinne sind, dass sie von sich aus den Rekontextualisierungsprozess beim Übersetzen nicht steuern: Eine in der sozialen Praxis als Übersetzung festgelegte Rekontextualisierung eines Textes könnte natürlich zu einer Änderung im Bereich der thematischen Progression sowie auch in der Verwendung expliziter Kohärenzmittel führen bzw. auch inhaltliche Änderungen etwa in der Form der Streichung von irrelevanter Information bzw. Explizitierung von impliziter Information für die intendierten Zieltextleser ergeben. Solche Änderungen entspringen aber nicht der Kohärenz bzw. dem Thema des Ausgangstextes an sich, sondern sind als Folge der Funktion sowie der besonderen Situativität des Zieltextes zu betrachten, also in übersetzungswissenschaftlicher Hinsicht dem Merkmal der übersetzungsspezifischen Situativität untergeordnet.

---

151 Vgl. hierzu die Kritik von Kristeva und der Verwendung des Intertextualitätsbegriffs in der Linguistik in Adamzik 2004, 96.

Hierzu einige Beispiele: Beim Übersetzen von Juristentexten[152] wird oft durch den Übersetzungsauftrag festgelegt, dass eine inhaltlich exakte Wiedergabe stattzufinden hat. Im Fall der Übersetzung des Internationalen Kaffeeabkommens handelt es sich um ein Abkommen „in the English, French, Portuguese and Spanish languages" (Den internasjonale kaffeavtale 1995, 668), bei dem nur diese Fassungen als „equally authentic" (ebd.) zu betrachten sind. Übersetzungen beispielsweise ins Norwegische sind daher juristisch nicht gültig, sondern funktionieren als dokumentarische Information über den Inhalt in den juristisch gültigen Textfassungen. Die Übersetzung ins Norwegische hat in diesem Kontext die intendierte Funktion, im Rahmen des Handlungsziels ‚Information über den Ausgangstext', mit diesem inhaltlich identisch zu sein. Bei dieser dokumentarischen Übersetzung werden die expliziten Kohärenzelemente so weit es die zielsprachliche Grammatik erlaubt, übernommen, um inhaltliche Divergenzen zu vermeiden. Aber hier liegt die Relevanz einer inhaltlich exakten Wiedergabe nicht am Inhalt oder an Besonderheiten von Kohärenzelementen an sich, sondern die Textsorte und der besondere intentionale Zusammenhang – also Funktion und Situation für den Zieltext – determinieren den hohen ‚Stellenwert' von einer sehr eindeutig markierten Kohärenzbeziehung und einer anzustrebenden referentiellen Identität zwischen Ausgangstext und Zieltext, vgl.

> „The seat of the Organization shall be in London unless the Council by a distributed two-thirds majority vote decides otherwise" (Den internasjonale kaffeavtale 1995, 622).

> „Organisasjonen skal ha sitt sete i London, med mindre Rådet med fordelt to tredjedels flertall bestemmer noe annet" (ebd., 623).

In anderen Übersetzungsfällen werden die thematische Struktur und die Verwendung von Kohärenzmitteln im Zieltext nach zielsprachlichen Textkonventionen realisiert und nicht etwa von der besonderen thematischen Entfaltung im Ausgangstext determiniert, wie im Falle der Übersetzung eines deutschen Fachtextes ins Englische

> Wenn die unter jener anderen Landungsbrücke beheimateten Fische mein Kommen bemerkten, kam erschreckend aus dem Dunkel unter dem Steg hervor ein mehrere Meter breites und viele Male längeres, auf dem besonnten Grund Schatten werfendes Ungeheuer auf mich zugeschossen (vgl. Fabricius-Hansen 1999, 185).

> When the fish under the other landing-stage noticed my coming, a startling thing happened: from the darkness of the stage emerged a monster several yards

---

152 Zur Definition von Juristentexten vgl. Engberg 1997, 32 sowie auch eine Darlegung des Handlungskontexts von solchen Texten in ebd., 30ff.

high and wide, and many times this length, throwing a deep black shadow on the sunlit sea bottom as it shot towards me (vgl. ebd.).

Denn für diesen Zieltext wird weder eine wörtliche noch eine nur grammatisch korrekte Übersetzung, sondern eine über die allgemeine grammatische Korrektheit hinaus stilistisch angemessene Wiedergabe des Inhalts verlangt. Dabei geht es also nicht um eine dokumentarische Wiedergabe des Inhalts, sondern im Sinne von Nord 1997a, 50 um eine funktionskonstante bzw. äquifunktionale instrumentelle Übersetzung. Das hat im Vergleich mit dem Ausgangstext große Änderungen in der Sententialität sowie im syntaktischen Stil des Zieltextes zur Folge. Diese Änderungen sind aber eine Folge der besonderen Übersetzungssituation und -funktion für diesen Zieltext: Man hätte ja diesen Ausgangstext auch dokumentarisch übersetzen können und dabei nur systemgrammatisch erforderliche Änderungen im Zieltext vornehmen müssen.

Diese Beispiele zeigen somit, dass über die grammatischen Basisregeln einer Sprache hinaus Situation und Funktion im Rahmen einer übersetzerischen Intertextualiät die Wahl spezifischer syntaktisch-lexikalischer Konfigurationen determinieren und etwa nicht die grammatisch-lexikalischen Formen an sich. Aus diesem Grunde lassen sich *Situation, Funktion* und *Intertextualität* als die übersetzungstheoretisch relevanten Textmerkmale, Kohärenzregeln und syntaktische Präferenzen als von jenen determinierten Merkmalen positionieren.

4.3 Die Differentiae specificae

4.3.1 Die übersetzerische Intertextualität

Die Bündelung der Textmerkmale Funktion-in-Situation bildet wie erwähnt in der funktional-pragmatischen Textlinguistik die Basis für die Produktion von Texten. Dabei wird wie erwähnt von dem in Anlehnung an Barbara Sandigs prototypisch organisierten Textbegriff in Adamizik 2004, 47f. ausgegangen. Dabei gelte als zentrales Textmerkmal die Textfunktion, ferner auch Kohärenz, Thema und Situation einschließlich Autor/Rezipienten (ebd.).

Inwieweit aber ein Text in einer gegebenen Situation als Übersetzung akzeptiert werden kann, ist nicht von der Funktion dieses Textes, sondern von Relationen zwischen diesem Text und anderen Texten, in der Regel aber nur einem einzigen Text, abhängig. Denn ein Text kann auf die verschiedensten Weisen reformuliert werden, aber nur eine Teilmenge solcher Reformulierungen wäre als Übersetzungen akzeptabel.[153] Die übersetzerische Intertextualität wird im Rahmen der Betrachtung von Übersetzen als spezifischem Textphänomen somit

---

153 Vgl. hierzu die unterschiedlichen Positionen zum Übersetzungsbegriff im Rahmen von zwei Übersetzungstypologien in Nord 1997a, 45ff. und Schreiber 1993, 133ff.

zu einer Differentia spezifica vom Übersetzen. Die Tatsache, dass ein und derselbe Text je nach Übersetzungssituation unterschiedlich übersetzt werden kann[154] sowie, dass bei verschiedenen Ausgangstexten der Spielraum der möglichen Übersetzungssituation unterschiedlich ist,[155] spricht dafür, dass eine übersetzerische Intertextualität ein äußerst komplex aufgebautes Phänomen ist. Im Folgenden werden wir deshalb nur auf einige zentrale methodische Aspekte von übersetzerischer Intertextualität eingehen und anschließend eine empirisch begründete Arbeitshypothese zu zentralen Analyseparametern zu diesem Phänomen ausarbeiten.

Intertextualität wird in dieser Arbeit im Sinne von Steyer 1997, 86ff. als ein spezifisches referentielles Muster verstanden. Allgemein lässt sich das grundlegende Referenzmuster (ebd., 86) für eine textlinguistisch basierte Intertextualität wie folgt beschreiben: *Ein Referenzsubjekt X bezieht sich auf ein Referenzobjekt Y in der Form von der Intertextrelation Z.* Bezogen auf Übersetzungen lässt sich ein solches grundlegendes Referenzmuster folgendermaßen spezifizieren: *Ein Text X, Zieltext genannt, bezieht sich auf einen Text Y oder einer Textgruppe Z, Ausgangstext bzw. Ausgangstextverband genannt in der Form einer vom Textsender explizit markierten Intertextrelation Übersetzung.* Ausgangspunkt der Analyse von übersetzerischer Intertextualität ist also die besondere kommunikative Praxis *Übersetzen* in der Form von Texten, die vom Textsender als Übersetzungen gekennzeichnet sind. Solche Texte bilden somit die empirische Basis und dabei auch die methodische Grundlage für die Analyse von übersetzerischer Intertextualität. Der hier verwendete Intertextualitätsbegriff ist also noch expliziter als bei Schreiber 1993, der sowohl markierte als auch rein inferierte Bezüge zwischen Texten und dabei zusätzlich zu der Markierung der Bezüge eines Textes zu einem anderen Text auch vom Analysanden interpretierte Bezüge zwischen den Texten berücksichtigt.[156]

Die hier gewählte induktive, empiriegeleitete Methode ist auch die einzige, die ontologisch angemessen ist. Übersetzungen gibt es nur in der kommunikativen Praxis, Texte sind nie Übersetzungen an sich, sondern werden von den an der Kommunikation Beteiligten als Übersetzungen markiert und dementsprechend auch interpretiert. Die empirische Grundlage ist also das tatsächliche soziale Verhalten und etwa nicht Auffassungen über ein gegebenes soziales Verhalten.

---

154 Vgl. hierzu verschiedene Übersetzungen des Neuen Testaments wie das in 4.4.3.4.2 besprochene „Münchener Neues Testament" (Hainz et al. 1998) im Vergleich mit der Luther-Bibel.

155 Vgl. hierzu die Übersetzung von beispielsweise Balladen von Goethe im Rahmen einer Ausgabe von Goethes Gedichten einerseits sowie eine Übersetzung im Rahmen einer Ausgabe von Schuberts Liedern andererseits.

156 Schreiber geht davon von Genettes Terminus *transtextualité* aus, „der sich auf ,tout se qui le [le texte] met en relation, manifeste ou secrète, avec d'autres textes' ... bezieht" (Gérard Genette, zitiert nach: Schreiber 1993, 9).

Normative Aussagen über Übersetzungen – und da gibt es nicht gerade wenige – bilden als Aussagen über ein spezifisches soziales Verhalten, hier: Übersetzen, eine empirische Basis für eine Analyse von *Haltungen* zum Phänomen Übersetzen. Wollen wir die tatsächliche Übersetzungspraxis untersuchen, gilt die sprachlich-kommunikative *Handlung* Übersetzen als empirische Grundlage. Der Unterschied zwischen ‚Handlung und Haltung' ist in den Sozialwissenschaften grundlegend und gilt nicht weniger für die Erforschung einer kommunikativen Praxis wie des Übersetzens. Wenn die übersetzerische Intertextualität Gegenstand der Analyse ist, muss also methodisch zwischen dem tatsächlichen sprachlich-kommunikativen Handeln und der Reflexion über dieses Handeln unterschieden werden. Dies betrifft auch modellgesteuerte Reduktionen von Übersetzen,[157] die letztlich auch auf einer normativen Auffassung von Übersetzen beruhen und dabei authentische Übersetzungsfälle im Rahmen vorgefasster Modellkonzepte analysieren, die also einer Reflexion über eine soziale Praxis und nicht der sozialen Praxis selbst entspringen.

Mit Texten, die von dem Textsender als Übersetzungen markiert sind, ist also eine ontologisch angemessene Grundlage für die kontrastive Analyse von Textrelationen zwischen Ausgangstext(en) und Zieltexten gegeben. Für eine solche Analyse sind aber zweierlei erforderlich: erstens eine genauere Analyse der kommunikativen Praxis der am Übersetzen beteiligten Diskursgemeinschaften und zweitens für die kontrastive Analyse von Textrelationen die Ausarbeitung von Analyseparametern im Rahmen eines textlinguistischen Modells.

4.3.2 Die übersetzerische Interaktionssituation

4.3.2.1 Vorbemerkung

Den Zugang zum Phänomen Übersetzen bildet wie erwähnt eine Analyse der kommunikativen Praxis der an dieser sprachlich-kommunikativen Handlung beteiligten Diskursgemeinschaften. Dies ist ein komplexer Gegenstand, weil ja am Übersetzen mehrere Diskursgemeinschaften mit potentiell divergierender Akzeptabilität in Bezug auf die Interpretation eines Textes als Übersetzung beteiligt sind. Zwar ist der Sender der Übersetzung in der Form des Auftraggebers für die Interpretation eines Textes als Übersetzung zentral, aber er hat nun keineswegs die Festlegungskompetenz für die Akzeptabilität eines Textes als Übersetzung. Über den Auftraggeber hinaus sind unterschiedliche Diskurs-

---

157 Vgl. etwa hier Koller 2004, 193f., wo interlinguale Textproduktionsfälle auf rein normativer Grundlage als äquivalent – also als Übersetzung – oder nicht – also als eigenständige Textproduktion – positioniert werden. Die Betrachtung von Übersetzungen als interlingualer paradigmatischer Substitution in Harweg 1979 in 3.4.2 ist ein weiteres und noch deutlicheres Beispiel einer konsequenten modellgesteuerten Betrachtung von Übersetzen.

gemeinschaften direkt oder indirekt an einer Übersetzung beteiligt, die einen gegebenen Text in unterschiedlichem Maße als Übersetzung akzeptieren können. Die Frage ist nun, wer diese Beteiligten sind und welche Rollen ihnen in Bezug auf das Produkt Übersetzen zugesprochen werden können.

4.3.2.2 Übersetzungsbeteiligte im Überblick

Grob gesehen, lassen sich die am Übersetzen Beteiligten in drei Diskursgemeinschaften einteilen: die Ausgangssprachengemeinschaft einschließlich Status von Ausgangstextautor und Ausgangstext, Intinator bzw. Auftraggeber für die Übersetzung und der Übersetzer sowie vor allem auch die für in der Zielsprachengemeinschaft intendierte Zielgruppe für die Übersetzung. Den Ausgangspunkt für die Analyse bildet der Zieltext bzw. die Frage, ob dieser als eine Übersetzung von einem gegebenen Text zu betrachten ist. Erst durch die meist vom Initiator vorgenommene Kennzeichnung eines Textes als Übersetzung von einem anderen Text ist der Texttyp Übersetzung empirisch belegbar. Durch diese vom Initiator oder besser: Textsender für den Zieltext vorgenommene Textklassenzuordnung wird ein Text erst als Übersetzung etabliert. Nun wären auch Fälle denkbar, in denen ein Text nicht als Übersetzung markiert wird und in einer gegebenen Rezeptionssituation trotzdem als solcher interpretiert werden könnte, wie etwa ein Text, der als eigenständiges Werk verkauft wird und eigentlich eine Übersetzung ist[158] oder auch umgekehrt ein absichtlich falsch als Übersetzung markierter Text.[159]

Trotz dieser wohl bekannten Randphänomene von ‚Texttypenbetrug im weitesten Sinne‘ lässt sich für die Positionierung eines Textes als Übersetzung die zentrale Rolle des Senders für den Zieltext nicht leugnen: Diese Person/ Institution etabliert als Textsender in den allermeisten Fällen die Texttypenbestimmung eines Textes als Übersetzung.

Nicht nur die Rezipientengruppen für den Zieltext, sondern auch die Rezipientengruppen für den Ausgangstext sowie auch der Ausgangstextautor sind an der übersetzerischen Textproduktion beteiligt und können dabei den Zieltext als Übersetzung oder als etwas anderes betrachten. Zwischen diesen beteiligten Diskursgemeinschaften kann in Bezug auf die Interpretation eines Textes als Übersetzung Einigkeit bestehen – oder eben Divergenzen in unterschiedlichem Maße: Es kann z.B. sein, dass nur der Auftraggeber und der Über-

---

158 Vgl. hierzu Schreiber 1993, 279ff.

159 Vgl. hierzu die 1889 in Leipzig herausgegebene und von Gideon Toury als *Pseudotranslation* bezeichnete ‚Übersetzung‘ des Romans *Papa Hamlet* von einem norwegischen Autor namens Bjarne P. Holmsen. Das Buch wurde als Übersetzung präsentiert und auch rezipiert, war aber keine Übersetzung, sondern ein originalsprachlicher deutscher Text: Die Autoren „had also thought up the names of the author ... and translator, fabricated the translator's preface, including the whole of the author's biography" (Toury 1995, 49).

setzer den produzierten Zieltext als Übersetzung akzeptieren; auch, dass nur Übersetzer/Auftraggeber und intendierte Rezipientengruppe den Übersetzungsstatus akzeptieren, so dass zwischen der ausgangssprachlichen und zielsprachlichen Kulturgemeinschaft eindeutig unterschiedliche Übersetzungskonventionen für einen bestimmten Übersetzungsfall dokumentiert werden können. Es kann ja auch sein, dass sich im Laufe einiger Jahre ein Text von der intendierten Rezipientengruppe nicht mehr als Übersetzung betrachtet wird. Wir wollen den möglichen Spielraum der Interpretation eines Textes als Übersetzung hier nicht analysieren – das wäre in der Tat eine kontrastive Studie von Rezeptionsanalysen von Übersetzungen bzw. ‚Übersetzungskandidaten', die mindestens eine eigene Arbeit erfordert. Wir wollen uns stattdessen durch einen kurzen Durchgang von authentischen Übersetzungsbeispielen versuchen, diesen Problemkreis kurz zu beleuchten.

4.3.2.3 Drei Beispiele

4.3.2.3.1 Der Reisebericht

In Nord 2004, 235f. wird von einem spanisch-deutschen Übersetzungsfall berichtet, in dem der Verlag, also der Initiator bzw. Auftraggeber für die Übersetzung, den sehr Castro-freundlichen, pro-sozialistischen und entsprechend anti-amerikanischen Text *En Cuba* von Ernesto Cardenals in einen eher nüchternen Reisebericht für das bundesdeutsche Publikum der 70er Jahre ändern ließ. Zur Erfüllung dieses Übersetzungszwecks wurden stilistische und auch inhaltliche Änderungen im Ausgangstext vorgenommen, die in der Ausgangssprachenkultur nicht im Rahmen einer Übersetzung akzeptabel seien und wahrscheinlich auch in der Zielkultur zumindest umstritten wären (ebd.). Trotz der Markierung des deutschen Textes als Übersetzung lässt sich nur in der durch Initiator und Übersetzer konstituierten Diskursgemeinschaft eine Interpretation des deutschen Textes als Übersetzung eines spanisch-kubanischen Textes nachweisen. In den beiden anderen Diskursgemeinschaften, der kubanischen Ausgangssprachenkultur sowie der damaligen deutschen Rezipientengemeinschaft, wäre die Interpretation des betreffenden Textes als Übersetzung nicht akzeptabel oder zumindest umstritten.

4.3.2.3.2 Die Gebrauchsanleitung

Die Firma Braun GmbH hat für die Kaffeemaschine Aroma Passion eine Gebrauchsanleitung in englischer Sprache angefertigt. Diese sei in 17 verschiedene Sprachen nach ganz bestimmten Vorgaben zu übersetzen, die sich kurz wie folgt zusammenfassen lassen. Die inhaltliche Struktur des Ausgangstextes sowie auch der Textaufbau des Ausgangstextes seien im Zieltext zu kopieren und die Terminologie bezüglich der Teile der zu beschreibenden Kaffeemaschine habe einheitlich zu sein. Die sprachliche Realisierung habe den Stilkonventionen in den jeweiligen Zielsprachen zu folgen (Kvam 2009, 1f.). Durch diese Vorgaben waren etwaige textstrukturelle Charakteristika für die Textsorte Gebrauchsanleitung in den Zielsprachen uninteressant. Dies könnte zur Folge haben, dass zumindest im textstrukturellen Bereich zielsprachliche Texte produziert werden könnten, die mit Textsortenkonventionen in der Zielsprachenkultur nicht übereinstimmen würden. Für zumindest den skandinavischen Raum wurden die Zieltexte als Übersetzungen akzeptiert, so dass an diesem Beispiel nachgewiesen werden kann, dass sowohl die Diskursgemeinschaft der Ausgangstextkultur (die Firma Braun), der Initiator/Auftraggeber (die Firma Braun in den jeweiligen Zielländern) als auch die Diskursgemeinschaft der zielsprachlichen Rezipientengruppe (die Käufer und Benutzer der Kaffeemaschine im jeweiligen Land) den Zieltext als Übersetzung akzeptieren.

4.3.2.3.3 Die Märchen

Die 1846 angefertigte Übersetzung der Märchen von Hans Christian Andersen ins Englische von Mary Howitt[160] ist ein typisches Beispiel vom sog. manipulierenden Übersetzen: Im Rahmen des Übersetzungsauftrages unternimmt die Übersetzerin größere inhaltliche Änderungen im Zieltext. Angeblich pornographische und ethische bedenkliche Passagen werden im Rahmen puritanischer kultureller Restriktionen geändert bzw. ersatzlos gestrichen wie in

> „De skjønneste Piger, svævende og slanke, klædte i bølgende Flor, saa man saae de deilige Lemmer, svævede i Dandse ...
> The most beautiful maidens floated in the dance"[161] (Malmkjær 2005, 67).

Durch den oben beschriebenen Übersetzungsfall vom sog. manipulierenden Übersetzen wird auf eine sehr deutliche Weise gezeigt, dass die Rekontextualisierung eines Inhalts über Sprach- und Kulturgrenzen hinaus immer neue Re-

---

160 Diese Übersetzerin verfolgt streng christliche Moralvorstellungen als ‚Kulturfilter' für ihre Übersetzung. Sie sei „among those mid-nineteenth century female translators who tried to ckeck what they saw as Andersen's masculine frivolity to underline and enlarge on the moral and religious qualities already present in many of the stories"(Viggo Hjørnager, in: Malmkjær 2005, 66).

161 Vgl hierzu die ‚gloss translation' von Kirsten Malmkjær: „The most beautiful girls, floating and slim, dressed in waving gauze, so one saw the lovely limbs floated in dances" (ebd., 67). Siehe auch die Besprechung von ‚gloss translation' als einer Variante vom Übersetzen in 4.4.3.4.2. Vgl. auch die Analyse von Textstellen des schwedischen Romans *Vägen till klockrike* von Harry Martinson in Koller 2004, in dem „erotische Partien und Anspeilungen entschärft werden mussten, um möglichen ‚Protesten' der Leserschaft vorzubeugen" (Koller 2004, 251).

striktionen bezüglich Textnormen und Übersetzungsnormen beinhaltet. Dabei handelt es sich nicht um Ausnahmen oder Sonderfälle irgendeiner Art, sondern immer um eine Anpassung an Normen. Das wird einem zwar im Fall von moralischer oder auch politischer Zensur besonders deutlich, ist aber ein all-gegenwärtiges Problem. Textnormen divergieren zwischen verschiedenen Dis-kursgemeinschaften – was in einer Zielkultur als Übersetzung akzeptiert wird, gilt wegen unterschiedlicher Übersetzungsnormen nicht notwendigerweise für die Ausgangstextkultur.

4.3.3 Schlussbetrachtung

Nach den in 4.2 und 4.3 dargelegten Überlegungen zu einer Abgrenzung von Übersetzen aus textlinguistischer Sicht lässt sich Übersetzen zunächst als ein besonderes Textphänomen im Rahmen eines funktional-pragmatischen Text-begriffs positionieren. Denn wie bereits in 2.2 besprochen, bildet gerade ein solcher pragmatischer Textbegriff, der also nicht nur zusätzlich zu den rein strukturellen Merkmalen von Texten auch handlungsbezogene, sprich: situa-tions- und intentionsbezogene Merkmale enthält, sondern auch Intentionalität als das primäre Textualitätsmerkmal hervorhebt und auf dieser Grundlage einen Funktionsbegriff entwickelt, der Funktion als intendierte Wirkung bei einer aus-gewählten Zielgruppe definiert, die Grundlage einer textlinguistisch fundierten Übersetzungstheorie. Mit einem solchen Textbegriff als Genus proximum wird der Tatsache Rechnung getragen, dass beim Übersetzen zwei Sprach- und Kulturräume berücksichtigt werden müssen und dass deswegen die Beschrei-bung von sprachlich-kommunikativen Kontrasten für den Texttypus Übersetzen eine wichtige Aufgabe einer textlinguistisch fundierten Übersetzungswissen-schaft darstellt. Die hier vorgeschlagenen Differentiae specificae sind deswegen an Textmerkmalen für diese übersetzungsspezifischen sprachlich-kommunika-tiven Regeln orientiert. Die besondere übersetzerische Intertextualität, auf die wir im Rahmen der Diskussion einer Hypothese in 4.4.3 auch näher eingehen werden, ist über die kommunikative Praxis des Übersetzens abzuleiten und den besonderen Textproduktionsnormen von Übersetzen anzupassen. Denn über die übersetzerische Interaktionssituation lassen sich die Text- und Übersetzungs-normen der am Übersetzen beteiligten Diskursgemeinschaften analysieren und dabei auf einander abstimmen. Über die Textmerkmale Intertextualität und Interaktionalität/Situativität, hier als übersetzerische Interaktionssituation be-zeichnet, lassen sich auch einige Annahmen zur Typologie von Übersetzungen aufstellen, auf die wir im Folgenden eingehen werden.

4.4 Hypothesen zu einer Typologisierung von Übersetzungen auf textlinguistischer Grundlage

4.4.1 Basishypothese: Übersetzen als prototypisch konstituiertes Phänomen

Übersetzen lässt sich nicht als binäres System mit monotypyischer Klassifizierung typologisieren, sondern als prototypisch organisierter Texttyp mit prototypischem Kern und Randbereichen beschreiben. Diese Prototypologie lässt sich über die Differentiae specificae übersetzerische Interaktionssituation einerseits und übersetzerische Intertextualität andererseits weiter begründen.

Für die Plausibilisierung dieser Basishypothese erscheint zunächst eine Analyse der Differentiae specificae in der Form von zwei weiteren Hypothesen notwendig. Anschließend erfolgt eine weitere Diskussion von wahrscheinlichen Merkmalen des prototypischen Kerns von Übersetzen.

4.4.2 Hypothese I: Zur übersetzerischen Interaktionssituation

Ein vom Textsender als Übersetzung markierter Text wird von den an der Produktion und Rezeption dieses Textes beteiligten Diskursgemeinschaften im Rahmen für die jeweilige Diskursgemeinschaft geltender Übersetzungsnormen interpretiert und dabei in unterschiedlichem Grad als Übersetzung akzeptiert.

Bei der Produktion eines vom Textsender als Übersetzung gekennzeichneten Textes sind mehrere und mindestens vier Diskursgemeinschaften mit grundsätzlich variierenden Restriktionen für die Interpretation eines Textes als Übersetzung beteiligt. Vereinfacht gesagt handelt es sich dabei um Rollen von an der Übersetzungshandlung Beteiligten – Produzent und intendierte Rezipientengruppe für den Ausgangstext einerseits sowie Produzent und intendierte Rezipientengruppe für den Zieltext andererseits.[162] Bei diesen auch als Instanzen (Nothdurft 1994, 26ff.) und also nicht als konkrete Personen zu verstehenden Größen ist die Rolle des Übersetzers als Textproduzent im Auftrag anderer zentral: Denn wenn der Ausgangstext wie im Fall von sog. ‚ghost writers‘ zwar auch von jemandem im Auftrag anderer verfasst werden könnte, ist dies für den Zieltext zwar auch nicht obligatorisch, aber das Normale: Ein Text wird in aller Regel einem Übersetzer mit expliziten oder mehr oder weniger vollständig ausgehandelten Vorgaben für die Textproduktion in Auftrag gegeben und weitaus

---

162 Vgl. hierzu die Diskussion von Rollen im Übersetzungsmodell von u.a. Nord 2004, 238f.

seltener vom Verfasser des Ausgangstextes in persona zweisprachig gestaltet.[163] Dies ändert jedoch nichts an der Tatsache, dass beim Übersetzen Rollen (Nord 2004, 238f.) oder Instanzen (Nothdurft 1994, 26ff.) nachweisbar sind, von denen der Auftraggeber oder Initiator einerseits und der Übersetzer bzw. Zieltextproduzent andererseits für die Gestaltung eines Textes als Übersetzung besonders zentral sind.

Den empirischen Ausgangspunkt für eine Analyse von Übersetzungen bilden wie bereits erwähnt Texte, die vom Textsender explizit als Übersetzung gekennzeichnet sind. In der vorliegenden Arbeit sehen wir also von Texten ab, die vom Textsender nicht als Übersetzung markiert sind, aber von anderen Diskursgemeinschaften vielleicht als eine solche interpretiert werden bzw. werden könnten. Dies ist zwar ein interessanter Randbereich beim Übersetzen sowie auch eine Konsequenz der Tatsache, dass an dieser besonderen Textproduktion mehrere Diskursgemeinschaften beteiligt sind. Es würde aber zu weit führen, diese Problematik weiter zu verfolgen, zumal für eine empirisch basierte Analyse von übersetzerischer Intertextualität gerade die Texte, die von dessen Produzenten als Übersetzungen präsentiert werden, das Untersuchungsobjekt unmittelbar konstituieren. Von einer Interpretation eines vom Textproduzenten nicht als Übersetzung markierten Textes als Übersetzung durch unterschiedliche Rezipientengruppen wird also hier abgesehen.

Die vom Textsender explizit angegebene Kennzeichnung eines Textes als Übersetzung belegt zwar, dass ein Text als Übersetzung von mindestens einer der an der Textproduktion und -rezeption beteiligten Diskursgemeinschaften interpretiert wird. Die durch die beteiligten Diskursgemeinschaften potentiell unterschiedliche Interpretation eines Textes als Übersetzung ermöglicht jedoch die Annahme, dass ein Text nicht nur als Übersetzung, sondern auch als mehr oder weniger Übersetzung interpretiert wird. Allein auf der Grundlage der in 4.3.2.3 vorgelegten authentischen Übersetzungsfälle erscheint die Annahme der Betrachtung von Übersetzung als einem graduellen Phänomen mit einem Kernbereich und etlichen Randbereichen angebracht. Schon eine im Einklang mit Adamzik 2004, 47f. postulierte Betrachtung von der generellen sprachlich-kommunikativen Kategorie Text als prototypischem Phänomen macht es plausibel, dass Textphänomene wie das Übersetzen auch entsprechend konstituiert werden könnten. Den Kernbereich für Übersetzen würden wir deshalb dort ansetzen, wo alle beteiligten Diskursgemeinschaften, wie im Fall der Gebrauchsanleitung in 4.3.2.3.2, einen Text als Übersetzung betrachten. Den absoluten Randbereich bilden Texte, die zwar vom Sender als Übersetzung markiert sind, aber als solche sonst abgelehnt werden, wie vor allem im Fall der

---

163 Als Beispiel sei das 1949 verfasste Drama *En attendant Godot* von Samuel Beckett erwähnt, das vom Verfasser selbst in englischer Fassung unter dem Namen *Waiting for Godot* herausgegeben wurde.

Märchen in 4.3.2.3.3, aber auch – zumindest aus heutiger Sicht – im Fall des Reiseberichts in 4.3.2.3.1. Die Berücksichtigung der Interpretationen der beteiligten Diskursgemeinschaften gibt natürlich derjenigen Diskursgemeinschaft, die den Kontakt zwischen Ausgangssprachen- und Zielsprachenkultur herstellen, Initiator und Produzent für den Zieltext bzw. Auftraggeber und Übersetzer, eine besondere ethische Verantwortung für das Handeln des Übersetzers im Verhältnis zu dessen Diskurspartnern. Die Erforschung der Übersetzungsethik ist ein eigenes Feld, auf das hier nicht eingegangen werden soll, aber gerade die Abstimmung der beteiligten Diskursgemeinschaften ist direkt ableitbar von der Tatsache, dass am Übersetzen mehrere Diskursgemeinschaften mit potentiell unterschiedlichen Interpretationen eines Textes als Übersetzung beteiligt sind: Der wieder in den letzten Jahren diskutierte Begriff Loyalität[164] zeigt hier exemplarisch die besondere Verantwortung des Übersetzers für den sinnvollen Dialog zwischen diesen als Handlungspartnern bezeichneten Diskursgemeinschaften.[165]

In unserem Zusammenhang ist es jedoch wichtiger zu untersuchen, welche intertextuellen Charakteristika die Interpretation eines Textes als Übersetzung fördern und welche, die einen Text in den Randbereich des Phänomens verweist bzw. einen Text als einen Fall von Nicht-Übersetzung interpretiert. Für die Interpretation eines Textes als Übersetzung gehören mit großer Wahrscheinlichkeit die Tatsache, dass Übersetzungen interlingual sind und dass synchrone Textumformungen innerhalb einer Sprache[166] eher nicht dem Übersetzungsbegriff zugeordnet werden. Ebenfalls wäre anzunehmen, dass auch interlinguale Zieltexte, die auf der Grundlage mehrerer Ausgangstexte entstanden sind,[167] als Übersetzungen kaum oder nur mit großen Vorbehalten akzeptiert werden. Dies gilt wahrscheinlich auch für Zieltexte, die zwar auf der Grundlage eines in einer anderen Sprache verfassten Ausgangstextes verfasst werden, bei denen aber der Ausgangstext nicht als Text irgendwie zu reformulieren ist, sondern lediglich eine mögliche Grundlage für die Gestaltung von Text(abschnitten) dient.[168] Über

---

164 Vgl. hierzu die Diskussion der ‚ethischen Wende' in der Übersetzungswissenschaft in Nord 2004, 235ff. sowie die Erläuterung der besonderen ethischen Dimensionen von Loyalität in ebd., 238ff.

165 Siehe hierzu vor allem Nord 2004, in der Loyalität vor dem Hintergrund neuerer Forschungen zur Übersetzungsethik ausführlich diskutiert und als „Ethik der Konfliktprävention, des Vertrauens, der Professionalität und der Wahrhaftigkeit" (ebd., 237) bestimmt wird. Das bedeutet wiederum nicht, dass die Lesererwartungen alleiniger Maßstab von Loyalität ist. Loyalität „kann auch bedeuten, die Leser (behutsam!) an eine neue Art des Übersetzens heranzuführen" (ebd., 241), was Nord an einem Bespiel einer Übersetzung von lateinischen Texten zu Unterrichtszwecken zeigt (ebd.).

166 Als Beispiel wären zusammengestellte Erzählungen aus der Bibel für den Schulgebrauch oder auch Textumformungen von fachinterner Literatur für ein breites Publikum usw. zu erwähnen.

167 Vgl. hierzu u.a. Schubert 2003.

168 Vgl. hierzu den Begriff ‚paralleles Schreiben' in Jämtelid 2000, 5ff. sowie die Besprechung von Jämtelid 2000 in 3.5.5.3.

diese auf der Grundlage der Übersetzungspraxis äußerst wahrscheinlichen Merkmale von übersetzerischer Intertextualität hinaus möchten wir aber an Hand von u.a. den oben diskutierten Übersetzungsfällen die Annahme wagen, dass eine übersetzerische Intertextualität erstens innerhalb ein und desselben Übersetzungsfalls variiert sowie zweitens, dass eine im Auftrag vorgeschriebene Identität, also eine Invarianz von einigen Textmerkmalen, den Kernbereich eines textlinguistisch fundierten Übersetzungsbegriffs und somit auch eine wichtige textlinguistische Analysekategorie für die kontrastive Analyse von Ausgangstext und Zieltext ausmacht.

4.4.3 Hypothese II: Zur übersetzerischen Intertextualität

4.4.3.1 Invarianz als zentrales Merkmal von Übersetzungen?

Invarianz, definiert als Identität zwischen Aspekten von Ausgangstext und Zieltext, bildet den definitorischen Kern sowie auch die Grundlage einer Typologie für das prototypisch konstituierte Phänomen Übersetzen: Ein Text wird nur dann als Übersetzung akzeptiert, wenn im Übersetzungsauftrag für mindestens eine Textebene Invarianz verlangt wird. Übersetzungen können auf dieser Grundlage nach dem Grad der im Übersetzungsauftrag verlangten Invarianz auf den jeweiligen Textebenen typologisiert werden.

4.4.3.2 Zum Begriff Invarianz in der Übersetzungswissenschaft

Die Frage nach der Rolle von Invarianz für eine Definition und eine Typologisierung von Übersetzungen erfordert zum einen eine möglichst genaue Definition von Invarianz, zum anderen aber auch ein konsistentes textlinguistisches Modell für die Analyse von Invarianz im Text, sei es, als Vergleichsgrundlage für die kontrastive Analyse von Ausgangstext und Zieltext, sei es als Analyseinstrument, um sämtliche Textebenen angemessen untersuchen zu können.

Invarianz ist nun in der Übersetzungswissenschaft kein unbeschriebenes Blatt. Schon bei Otto Kade wird Invarianz als Vergleichsgrundlage für die Unterscheidung zwischen Translation und den Nachbarphänomenen Transformation, Transposition, Modulation und Transmutation[169] verwendet. Dabei wird für den Textfall Translation Invarianz als Konstanz (Kade 1971, 19) oder auch als Übereinstimmung im Sinne einer vollen funktionalen Äquivalenz zwischen Ausgangstext und Zieltext, so dass „beide Texte potentiell gleiche kommunikative Effekte auslösen können" (ebd.) charakterisiert. Translation – darunter versteht Kade sowohl Übersetzen als auch Dolmetschen (ebd., 7) – sei

---

169 Vgl. hierzu den Überblick über diese als Kodierungswechsel bezeichneten Phänomene in Kade 1971, 21.

dabei ein Substitutionsphänomen. Im Fall der Translation resultiere „die Invariante aus der Konstanz des funktionalen Wertes zweier ... Zeichenfolgen, deren formal-strukturelle Eigenschaften in bestimmten Grenzen variabel sind" (ebd., 19). Bei Kade werden aber die Begriffe Invarianz und Äquivalenz[170] nicht deutlich von einander getrennt. Diese Unklarheit bleibt auch in neueren Werken erhalten, wie etwa bei Schreiber 1993, der mit Verweis auf Jörn Albrecht folgende Definition von Invarianz formuliert: „Das, was gleich bleiben soll, nenne ich *Invariante* und die Tatsache des Gleichbleibens *Invarianz*" (Schreiber 1993, 30). Bei Schreiber wird Äquivalenz nicht als eigene, von der Invarianz unterschiedliche Intertextrelation definiert, sondern eher als Qualitätsmaßstab für die Erfüllung von Invarianzforderungen in einem gegebenen Übersetzungsfall betrachtet. Wenn diese erfüllt seien, liege eine höchstmögliche Äquivalenz vor, wenn Invarianzforderungen überhaupt berücksichtigt werden, könne von einem minimalen Äquivalenzgrad gesprochen werden (ebd., 55ff.).

Eine grundsätzliche und deutliche Trennung dieser Begriffe findet sich u.a. in Albrecht 2005. Obwohl Albrecht auch dort Invariante als „das, was in einem Veränderungs- oder Umwandlungsprozeß gleichbleibt" (Albrecht 2005, 33) definiert, wird zwischen Äquivalenz und Invarianz unterschieden, indem Äquivalenz nicht als Gleichheit, sondern als Gleichwertigkeit (ebd., 34) positioniert und dabei als eine von der Invarianz unterschiedliche Intertextrelation beschrieben wird.

Diese Unterscheidung kommt noch deutlicher bei Chesterman 1998 zum Ausdruck. Er unterscheidet zunächst zwischen den Kategorien *same* und *similar* und definiert zwei Größen als *same* „if neither has features that the other lacks" (Chesterman 1998, 7). Chesterman lehnt aber eine daraus ableitbare Definition von *similarity* („Two entities are *similar* if they share at least one feature" (ebd.)) ab, da *similarity* nicht auf der Grundlage semantischer Merkmale an sich, sondern erst von jemandem im Rahmen der Relevanz bzw. des Stellenwertes einer Äußerung in einem gegebenen Kontext interpretiert werden könne.[171]

Für unsere Zwecke ist die Unterscheidung zwischen *same* und *similar* interessant. Invarianz als *sameness* im Einklang mit der soeben zitierten Definition von *same* bei Chesterman lässt sich auf der Grundlage nachweisbarer identischer Merkmale definieren, die sowohl an einem für mehrere Texte gemeinsamen identischen Gegenstand nachweisbar vorliegen, als auch über eine in der Inter-

---

170 Kade behauptet, im Falle von Translation müsse zum einen semantische Äquivalenz zwischen Ausgangstext und Zieltext bestehen, zum anderen müsse der kommunikative Wert zwischen den beiden Texten übereinstimmen, so dass „für den Idealfall der Translation volle funktionale Äquivalenz von Original und Translat zu fordern ist" (ebd., 19).

171 Similarity ist bei Chesterman 1998 „relative to context and interest" (ebd., 8). Aus diesem Grunde sollten „only features that are salient or relevant ... count in the attribution or measurement of similarity" (ebd., 9).

aktionssituation festgelegte Identität zwischen zwei Größen bzw. Textebenen feststellen.

In dieser Arbeit wird also unter *Invarianz* eine in der Interaktionssituation festgelegte Identität zwischen Textebenen des Zieltextes und des Ausgangstextes verstanden. Invarianz wird also über die Interaktionssituation und nicht auf der Basis von einem logischen System außerhalb der Kommunikationssituation definiert. Eine solche interaktionsbezogene Definition ist auch eine Folge der Betrachtung von Text als soziokulturellem Gegenstand: Ein Text ist an sich keine Übersetzung, sondern wird als solcher in einer gegebenen Interaktionssituation interpretiert. Ebenfalls ist ein Text an sich kein Exemplar einer gegebenen Textsorte, sondern wird in einer Interaktionssituation als solches interpretiert. Dies betrifft auch die Invarianz als intertextuelle Größe: Invarianz liegt nicht an sich vor, sondern wird in der Kommunikationssituation hergestellt.

Ein gutes Beispiel für eine solche pragmatische, also über die jeweilige Interaktionsstiuation analysierbare Festlegung von Invarianz, ist das in Kvam 2002 untersuchte Doppelbesteuerungsabkommen zwischen Deutschland und Norwegen. Hier liegt Invarianz in Bezug auf Handlungsinteresse, Textstruktur, Inhalt und thematische Progression vor, weil dies im Rahmen der Festlegungskompetenz der Textsender – die Finanzministerien der Bundesrepublik Deutschland und des Königreichs Norwegen – für gerade diese Textsorte vorgeschrieben wird: Die Textbedeutung wird also von den Textproduzenten für die beiden Texte als identisch festgelegt. Es ist dabei ohne Relevanz, ob auf der Grundlage etwa einer formal-logischen oder sonstigen semantischen Analyse irgendeine Art von Varianz gefunden werden könnte. Juristisch gesehen sind die Texte als inhaltlich identisch zu betrachten,[172] weil diese Identität in der Interaktionssituation festgelegt wird.

4.4.3.3 Invarianz und similarity – ein Beispiel

Ein Beispiel findet sich in dem in 4.3.2.3.2 diskutierten Übersetzungsfall einer Gebrauchsanleitung. Hier ist der zu beschreibende Gegenstand der Texte identisch: die Kaffeemaschine Aroma Passion ist für den Ausgangstext und sämtliche Zieltexte identisch. Durch den Übersetzungsauftrag, also in der Interaktion zwischen Auftraggeber und Übersetzer, wird hier festgelegt, dass die propositi-

---

172 Eine ‚Ausnahme' bilden im Abkommen nicht explizit definierte Ausdrücke. Diese erhalten die Bedeutung „die ihm nach dem Recht dieses Staates über die Steuern zukommt, für die das Abkommen gilt" (Kvam 2002,43). Dies ist aber auch eine Festlegung von Bedeutung durch einen Textsender mit Festlegungskompetenz für den hier relevanten Handlungsbereich: Die Bedeutungskonstitution wird an diejenigen Behörden, die für das Recht der jeweiligen Vertragsstaaten zuständig sind, delegiert.

onale Struktur und die thematische Progression des Ausgangstextes zu kopieren sind – also für diese Textebenen wird eine Invarianz im Sinne einer Identität vorgeschrieben. Bei einer Qualitätsprüfung einer Übersetzung dieses englischsprachigen Ausgangstextes lässt sich daher exakt prüfen, ob alle Inhalte in identischer Reihenfolge im Zieltext da sind, was auch durch Zweigstellen der Firma Braun in den jeweiligen Zielländern erfolgt ist. Das Tertium Comparationis für diesen Vergleich ist dann einerseits die Kaffeemaschine mit all ihren Teilen und Funktionen, andererseits das Thema und die thematische Progression im Ausgangstext. Relevante Informationen sind alle im Ausgangstext enthalten, so dass dieser Übersetzungsauftrag in Bezug auf die genannten Aspekte eindeutig dokumentarisch ist. Auch das vom Auftraggeber festgelegte übergeordnete Handlungsinteresse, also die intendierte Wirkung bei der intendierten Zielgruppe, ist identisch: Einen Anweisungstext in der Form einer Gebrauchsanleitung verfassen.

Dagegen wird in sprachlicher Hinsicht, textlinguistisch gesprochen auf der lexiko-grammatischen Ebene, sowohl eine similarity oder Entsprechung als auch eine nachweisbare Varianz verlangt: Der syntaktische Stil in den Zieltexten soll zur Erfüllung des identischen Handlungszwecks den sprachlichen Konventionen in den jeweiligen Ziellländern entsprechen. Dies bedeutet u.a. die Wahl textsortengerechter Konstruktionen und nicht notwendigerweise strukturell identische Konstruktionen, obwohl diese grammatisch möglich wären. Beispielsweise wird zur Angabe einer Anweisung im deutschen Zieltext meist der Infinitiv benutzt, wo im englischen Ausgangstext der Imperativ verwendet wird, wie in

> Nur frisch gemahlenen Kaffee verwenden
> Use only fresh ground coffee

obwohl eine strukturell identische Übersetzung grammatisch möglich (aber pragmatisch nicht angemessen) gewesen wäre, wie etwa

> Benutze nur frisch gemahlenen Kaffee

Gerade die Übersetzung von Gebrauchsanleitungen zeigt exemplarisch die Relevanz von Invarianz im Sinne von einer im Übersetzungsauftrag festgelegten Identität von Textmerkmalen. Denn der Grad an Invarianz ist in solchen Übersetzungsfällen in der Tat variabel. Dies lässt sich u.a. an einem anderen Beispiel der Übersetzung von Gebrauchsanleitungen zeigen. Bei der Übersetzung der Gebrauchsanleitung für einen Kühlschrank der Firma Bosch war der deutsche Ausgangstext nach dem folgenden Auftrag ins Norwegische zu übersetzen: Funktion als Gebrauchsanleitung und Inhalt identisch mit dem Ausgangstext gestalten, aber Zieltext nach norwegischen Textsortenkonventionen verfassen. Hier wird also Invarianz nur im Bereich der Funktion sowie auf der rein propositionalen Ebene verlangt. Für alles ‚andere' – also die gesamten Textsortenkonventionen und nicht nur der syntaktische Stil – gelten die Textsortenkonventionen für das Zielland. Das bedeutet u.a., dass z.B. die Abschnittsgliederung und die sonstige Superstruktur anders als im soeben besprochenen Übersetzungsfall für die Kaffeemaschine nicht vom Ausgangstext zu kopieren sind, sondern nach den entsprechenden Konventionen für Gebrauchsanleitungen in Norwegen zu gestalten sind.

4.4.3.4 Zu einer möglichen Binnendifferenzierung von Invarianz

4.4.3.4.1 Vorbemerkung

Das soeben besprochene Beispiel zeigt, dass Invarianz nicht als ein generelles Merkmal für die übersetzerische Intertextualität gesehen werden kann. Invarianz im oben beschriebenen Sinne kann es beim Übersetzen für den gesamten Text selbstverständlich nicht geben; allein der für das Übersetzen typische Sprachwechsel spricht dagegen. Stattdessen würden wir annehmen, dass – ganz allgemein gesprochen – beim Übersetzen Aspekte des Ausgangstextes wiedergegeben werden, einige davon in der Form von Invarianz. Die Tatsache, dass Invarianz im jeweiligen Übersetzungsfall auf verschiedenen Textebenen vorgeschrieben werden könnte, ermöglicht wiederum die Annahme einer nach Textebenen organisierten Binnendifferenzierung von übersetzerischer Invarianz. Dabei würden wir hypothetisch zwischen textstruktureller und textpragmatischer Invarianz unterscheiden.

4.4.3.4.2 Textstrukturelle Invarianz

Unter *textstruktureller Invarianz* verstehen wir die in dem Übersetzungsauftrag vorgeschriebene identische Übernahme von Superstruktur, Makrostruktur, Transphrastik, syntaktischen Konfigurationen sowie ggf. auch lexikalischen Elementen des Ausgangstextes. Diese Invarianz kann sämtliche dieser Textebenen umfassen oder nur einige von ihnen.[173] In der in 4.3.2.3.2 besprochenen Gebrauchsanleitung für eine Kaffeemaschine wurde im Übersetzungsauftrag für die Superstruktur, die Makrostruktur einschließlich thematischer Progression explizit Invarianz verlangt, für die anderen Textebenen im Einklang mit Chesterman 1998, 7f. eine similarity im Sinne eines textsortenangemessenen Stils in der Zielsprache. Die Wahl eines solchen Stils erleichtert die Lesbarkeit der Texte und ist nach Chesterman 1998, 8ff. in diesem spezifischen Textfall

---

173 Vgl. hierzu auch 5.3 sowie auch Hainz et al. 1998, VII.

salient, da ja ein textsortenangemessener Stil einerseits erwartet wird und somit auch im Interesse des Textsenders funktionieren würde.

In der Münchener Übersetzung des Neuen Testaments (Hainz et al. 1998) wird im Sinne des Übersetzungsauftrages ein Übersetzungsverfahren nach dem Prinzip „So griechisch wie möglich, so deutsch wie nötig"[174] eine Invarianz in Bezug auf Superstruktur, Makrostruktur mit Einschränkungen auch für die Transphrastik und Syntax verlangt. Ein Beispiel wäre die Übersetzung von Joh. 1,29 im Münchener Neuen Testament im Vergleich mit einer philologischen Übersetzung derselben Textstelle, bei der also auch die Einhaltung der grammatischen Regeln des heutigen Deutsch berücksichtigt wird:

> Am folgenden (Tag)[175] sieht er Jesu kommend zu ihm und sagt: Sieh das Lamm Gottes, das tragende die Sünde der Welt (Hainz et al. 1998, 178).

> Am folgenden Tag sieht er Jesus zu sich kommen und sagt: Sieh das Lamm Gottes, das die Sünde der Welt trägt.

Darüber hinaus wird sogar bei einigen lexikalischen Elementen auch eine invariante Übersetzung – also die Übernahme eines Wortes in dem altgriechischen Ausgangstext in den Zieltext – gewählt, wie im Fall von *logos* Joh. 1.1., vgl. hierzu

> Im Anfang war der Logos, und der Logos war bei Gott und Gott war der Logos (ebd., 177).

Ein ähnlicher Fall findet sich in Malmkjær 2005. In dem Kapitel *Equivalence, Error and Manipulation* wird die in 4.3.2.3.3 bereits besprochene englische Übersetzung der Märchen von Hans Christian Andersen mit Bezug auf die dort benutzte Übersetzungsstrategie analysiert. Dabei geht es u.a. um die Abgrenzung von Manipulation als expliziter Übersetzungsstrategie gegenüber Übersetzungsfehlern. Dies bedeutet, dass sowohl der Wortlaut des dänischen Originaltextes als auch die Wiedergabe dieser Textstellen im englischen Zieltext wichtig waren. Bei dieser Analyse sind eben die Unterschiede zwischen Inhalt und thematischer Progression im Ausgangstext und Zieltext von entscheidender Bedeutung. Da von den intendierten Lesern hier nicht erwartet werden kann, dass sie die dänischen Ausgangstextausschnitte verstehen, übersetzt die Autorin

---

174 Hainz et al. 1998, VII. Dadurch orientiere sich diese Übersetzung am Text und wolle dabei viele Eigenheiten des griechischen Ausgangstextes behalten, „so daß eine neue Aufmerksamkeit für den Text gewonnen und zu intensiverer Beschäftigung mit dem Text angeregt wird" (ebd.). Zur Erfüllung dieses Zwecks wurden Übersetzungsstrategien eingesetzt, „um dem Griechischen so treu bleiben zu können wie möglich, ohne doch die deutsche Sprache zu vergewaltigen" (ebd., IX).
175 Die Klammern markieren eine übersetzungsbedingte Hinzufügung.

diese zunächst wörtlich (= ‚gloss translation') als notwendige Lesehilfe. Dabei liegt eine eindeutige Invarianz in Bezug auf Inhalt und thematischer Progression vor, in lexiko-grammatischer Hinsicht wird die syntaktische Struktur auch kopiert, wie in

> *„Gud, hvor den stakkels Tommelise blev forskrækket ...*
> God how the poor Thomelina became frightened" (Malmkjær 2005, 67).

In Engberg 1997 werden Beispiele für in dänischen Gerichtsurteilen vorkommende syntaktische Konfigurationen präsentiert und analysiert. Dabei werden diese zwecks Lesehilfe für nicht dänisch-kundige Leser in syntaktisch korrektes, aber nicht notwendigerweise textsortenangemessenes Deutsch übersetzt. Hier ist also die referentielle Struktur des Ausgangstextes invariant, wobei im Prinzip auch für eine durch allgemeine grammatische Restriktionen beschränkte syntaktische Invarianz argumentiert werden könnte: Die Wahl von syntaktischen Alternativen orientiert sich ohne jede Rücksicht auf Textsortenkonventionen in der Zielsprache eindeutig am Ausgangstext. Die syntaktische Struktur des Ausgangstextes ist also, allerdings im Rahmen genereller syntaktischer Restriktionen für das heutige geschriebene Deutsch, zu kopieren. Vgl. hierzu das Beispiel

> Det **findes** endelig at kunne lægges til grund, at sagsøgerne ville have protesteret, såfremt sagsøgte havde orienteret dem om, at låneprovenuerne ville blive indbetalt på Damgaard Olesens private checkkonto (Engberg 1997, 208).

> Es wird schließlich **befunden**, daß zugrunde gelegt werden kann, daß die Kläger protestiert hätten, falls der Beklagte sie davon informiert hätte, daß der Anleihenerlös auf das private Scheckkonto von Damgaard Olesen eingezahlt werden würde (ebd.).

In vielen Arbeiten zur kontrastiven Linguistik sind solche textstrukturellen (oder genauer: satzstrukturellen) Invarianzforderungen nicht selten. Hier werden Beispiele von strukturellen Eigenschaften einer Sprache strukturell identisch übersetzt, um strukturelle Besonderheiten einer dem Leser nicht bekannten Sprache zu zeigen. In den folgenden Beispielen geht es um die Beschreibung von topologisch diskontinuierlichen Konstruktionen im Norwegischen für eine deutschsprachige Leserschaft: Zunächst geht es um die Thematisierungskonstruktion Satzverschränkung, bei der ein Satzglied eines untergeordneten Satzes an die Spitze von dessen übergeordnetem Satz gestellt wird, wie im Fall

> Toget vet ingen om kommer (Kvam 1987, 256).

In diesem Satz wird das Subjekt des Objektsatzes an die Spitze des Hauptsatzes gestellt, so dass die Abfolge der Satzglieder *Subjekt des Objektsatzes + Prädikat des übergeordneten Satzes + Subjekt des übergeordneten Satzes +Konjunktional des Objektsatzes + Prädikat des Objektsatzes* lautet. Genau diese Abfolge gilt es, den Lesern in der Form einer deutschen Übersetzung zu zeigen:

der Zug weiß niemand, ob kommt (ebd.)

Dieser deutsche Satz ist eindeutig ungrammatisch, aber als Übersetzung des norwegischen Satzes im Sinne einer topologischen Abbildung des norwegischen Satzes korrekt. Denn hier geht es nicht um die Einhaltung topologischer Regeln für das Deutsche, sondern um die identische und so gesehen invariante Wiedergabe der topologischen Struktur des Ausgangstextes. Invarianz ist also hier beschränkt auf ein besonderes, strukturell definiertes topologisches Muster, nicht etwa auf die im Zieltext gewählten Lexeme, die ja – weil nun ein Sprachwechsel stattfindet – selbstverständlich variant sein müssen.

Dasselbe betrifft sog. diskontinuierliche Quasiparatagmen, bei denen ein Satzglied eines koordinierten Satzes an die Spitze von dessen Vorgängersatz gestellt wird, wie das direkte Objekt im folgenden Beispiel:

„Denne bilen drar vi til byen og selger" (ebd., 257).

Hier ist in der deutschen Übersetzung die Abfolge der Satzglieder zu kopieren – mit dem Objekt von *selger* (‚verkaufen') an der Erststelle dieser Satzkoordination:

„diesen Wagen fahren wir in die Stadt und verkaufen" (ebd.)

Dies ergibt wiederum einen ungrammatischen deutschen Satz, aber eine identische Wiedergabe der topologischen Struktur des norwegischen Satzes, damit der deutsche Leser diese mit Hilfe einer solchen Übersetzung – dokumentarischer Übersetzung mit topologischer Invarianz auf der Satzgliedebene – die erwähnte Struktur im norwegischen Satz mitlesen kann.

4.4.3.4.3 Textpragmatische Invarianz

Unter *textpragmatischer Invarianz* verstehen wir die identische Übernahme des übergeordneten Handlungsinteresses bzw. der Funktion des Ausgangstexts für den Zieltext. Dies bedeutet also eine identische intendierte Wirkung für die Zielgruppen von Ausgangstext und Zieltext. Darunter verstehen wir also das übergeordnete Handlungsinteresse für eine Übersetzung: Diese bildet den Ausgangspunkt für die sprachlich-kommunikative Handlung und ist so gesehen unabhängig von sozio-kulturellen Kontrasten zwischen den Zielgruppen für den

Ausgangstext und den Zieltext. Eine solche auch als Funktionskonstanz (Nord 1989, 103) oder pragmatische Äquivalenz (Neubert 2001, 9) bezeichnete Intertextrelation findet sich im übersetzerischen Alltag relativ häufig. Ein Beispiel wäre die Übersetzung von Studienplänen an der Østfold University College vom Norwegischen ins Englische, Deutsche und Französische. Die Zielgruppe sind Studierende mit jeweils unterschiedlichem muttersprachlichem Hintergrund. Die intendierte Wirkung für sowohl die Leser des Ausgangstextes als auch für diejenigen der Zieltexte ist identisch: über die Studienordnung für die jeweiligen Studiengänge dieser Hochschule informieren. Dass dabei im Falle der Zieltexte einige Inhalte wegen angenommen unterschiedlicher Wissensvoraussetzungen der intendierten Rezipientengruppen expliziter realisiert werden, ändert an der identischen Funktion im Sinne des oben angegebenen übergeordneten Handlungsinteresses für diese Texte nichts. Dass Ausgangstext und Zieltext deswegen sehr unterschiedlich gestaltet werden können ist dabei eine übersetzungsstrategische Folge der Implementierung eines identischen, also invarianten übergeordneten Handlungsinteresses in sprachlich und kulturell variierenden Kommunikationssituationen.

Ein weiteres Beispiel dieser Invarianz findet sich etwa im Übersetzungskorpus von Neumann 2003. Hier werden u.a. Ausgangstexte und deren Übersetzungen der Textsorte Reiseführer/Travellers' Guides analysiert. Dabei handelt es sich sowohl bei den Ausgangstexten als auch bei den Übersetzungen um in erster Linie deskriptive Texte mit einem identischen, also invarianten übergeordneten Handlungsinteresse mit u.a. folgenden Merkmalen: „Sie sollen dem Leser verschiedene Wahlmöglichkeiten aufzeigen, lassen dabei aber durchaus die Präferenzen der Autoren einfließen" (Neumann 2003, 90). Die Realisierung dieses gemeinsamen, invarianten Handlungsinteresses in den jeweiligen Texten führt wegen der sprachlichen und kulturellen Unterschiede zwischen Großbritannien und Deutschland eben zu einer Reihe von Kontrasten, die auch den wichtigsten Analysegegenstand von Neumann 2003 bildet. Aber die Grundlage dieses Vergleichs bildet ein invariantes Handlungsinteresse für den Ausgangstext und den Zieltext.

4.4.3.5 Schlussbemerkung: Übersetzerische Invarianz als von der Funktion ableitbare Intertextrelation

Durch die soeben diskutierten Beispiele wird deutlich, dass sich die in der vorliegenden Arbeit gewählte Definition von Invarianz sowohl von dem Invarianzbegriff in Albrecht 2005 als auch von der Intertextrelation *sameness* bei Chesterman 1998 unterscheidet: Invarianz wird in dieser Arbeit nicht als inhärente Eigenschaft von bestimmten Texten gesehen, sondern als in einem Textproduktionsauftrag vorgeschriebene bzw. ausgehandelte Identitätsrelationen zwischen Textebenen eines zu produzierenden Zieltextes mit Textebenen eines bereits verfassten Ausgangstextes. Invarianz beim Übersetzen beruht also auf Vorgaben für die Intertextrelation auf bestimmten Textebenen zwischen einem schon produzierten Text und einem noch zu produzierenden Text. Solche Vorgaben werden zwischen Auftraggeber und Übersetzer in der übersetzungskonstituierenden Interaktionssituation ausgehandelt und lassen sich von den Handlungsinteressen für den Zieltext, also von der intendierten Wirkung des Zieltextes bei der intendierten Zielgruppe, ableiten. Auf der Grundlage dieser über die Analyse der Funktion für den Zieltext herauszukristallisierenden Invarianzforderungen lassen sich die jeweiligen Invarianzforderungen in Bezug auf die Textproduktion konkretisieren sowie bei der Analyse von vorliegenden Übersetzungsfällen über eine kontrastive Analyse zwischen Ausgangstext und Zieltext auch nachweisen. Für die Analyse dieser Invarianzforderungen – sei es auf der Grundlage des Ausgangstextes und einer daraus abzuleitenden Textstruktur für den Zieltext oder durch einen Vergleich zwischen Ausgangstext und produziertem Zieltext auf der Grundlage eines gemeinsamen Analysemodells – bildet die kontrastive Textlinguistik die theoretische Grundlage. Aber diese wichtige kontrastive Analyse fordert nicht nur ein konsistentes textlinguistisches Analysemodell, sondern auch einen differenzierten Übersetzungsbegriff sowie auch ein Modell für die Analyse der besonderen Interaktion zwischen Übersetzer und Auftraggeber, da ja in dieser Interaktionssituation übersetzungsspezifische Intertextrelationen ausgehandelt und in der nachfolgenden Produktion des Zieltextes nach den ausgehandelten Vorgaben auch konstituiert werden. Auf diese Frage werden wir in 5. eingehen.

Eine übersetzerische Invarianz ist daher zwar dem Textmerkmal Intertextualität zuzuordnen, aber der Geltungsbereich von Invarianz im jeweiligen Übersetzungsfall ist also eine Folge der Funktion für den Zieltext und wird in der besonderen übersetzerischen Interaktionssituation ausgehandelt. Das macht die übersetzerische Invarianz zu einer pragmatischen Kategorie, von dem generellen Textmerkmal *Funktion*, hier prospektiv auf die Produktion einer Übersetzung, ausgerichtet, abgeleitet, in einer spezifischen Interaktionssituation ausgehandelt und dabei im Rahmen der Spannweite der Intertextkonventionen des Texttyps Übersetzen festgelegt. Das pragmatische Dreieck von Funktion, Interaktionssituation und Texttypenkonventionen ist in der pragmatischen Textlinguistik nicht unbekannt[176] und wird wie im Fall der Diskussion von Analysemodellen für die übersetzerische Interaktionssituation auch in 5.4 und 5.5.3 aufgegriffen.

---

176 Vgl. hierzu vor allem das von Bühler abgeleitete Analysemodell in Ditlevsen et al. 2007, 105ff.

4.5 Annahmen zum prototypischen Kern von Übersetzen

Auf der Grundlage der in 4.4 vorgestellten Hypothesen ist es selbstverständlich nicht möglich, den prototypischen Kern von Übersetzen endgültig zu bestimmen. Um diese Frage zu beantworten, sind umfangreiche empirische Analysen von authentischen Übersetzungsfällen, also von Texten, die vom Textsender als Übersetzung gekennzeichnet sind, erforderlich. Einen solchen induktiv-empirischen Ansatz halten wir wie mehrfach erwähnt für angemessener als eher normative Ansätze, weil der Untersuchungsgegenstand Übersetzen in der als Übersetzen festgelegten bzw. interpretierten Interaktionssituation konstituiert wird. Als Beispiel von solchen normativen Aussagen zum prototypischen Kern von Übersetzen wäre Schneiders 2007 zu erwähnen. Er betrachtet Übersetzen als ein prototypisch konstituiertes Phänomen mit den folgenden Charakteristika für den prototypischen Kern: „1. einen Austausch der Sprachen, 2. die Beibehaltung der Aussage; 3. die Herstellung vergleichbarer Stücke zum Zweck der Vergleichbarkeit" (Schneiders 2007, 225). Für unsere Zwecke sind solche alleinstehenden normativen Aussagen weniger interessant; stattdessen wollen wir auf der Grundlage der in 4.4 von der pragmatischen Textlinguistik abgeleiteten Hypothesen zur übersetzerischen Intertextualität sowie zur übersetzerischen Interaktionssituation eine Annahme zu Kern und Peripherie von Übersetzen formulieren.

Da ein Text erst durch die Interpretation desselben als Übersetzung auch zur Übersetzung wird, könnte ein in den an der Übersetzungsproduktion und -rezeption beteiligten Diskursgemeinschaften breiter Konsens über die Akzeptabilität eines Textes als Übersetzung zunächst als die soziokulturelle Grundlage für einen Kern des Texttyps Übersetzen betrachtet werden. Auf dieser empirischen Grundlage wäre dann die Frage zu stellen, auf welchen Textebenen Invarianz vorgeschrieben wird. Dabei dürfte es bestimmt nicht der Fall sein, dass Texte mit den umfangreichsten Invarianzforderungen die typischeren Übersetzungen sind. In solchen Fällen wäre beispielsweise nicht nur gesamte Textstruktur, sondern auch die syntaktische Struktur der Sätze im Ausgangstext zu kopieren. Das würde zum einen in stilistischer Hinsicht wahrscheinlich unangemessen sein, aber mit Sicherheit auch in Bezug auf die grammatische Korrektheit sehr schnell falsch werden. Ein Beispiel wäre die in 4.4.3.4.2 erwähnte Bibelübersetzung in Hainz et al. 1998 und das dort zitierte Beispiel: Hier wird der griechische Ausgangstext auch über Restriktionen der Syntax des heutigen Deutsch hinaus kopiert, um den in dem Übersetzungsauftrag formulierten Zweck der Übersetzung[177] zu erfüllen.

---

177 Vgl. hierzu die Beschreibung des Übersetzungsauftrages in Hainz et al. 1998 in 4.4.3.4.2.

Daraus lässt sich die Annahme ableiten, dass dokumentarische Übersetzungs-aufträge im Sinne von Nord 1997a, 47ff. wahrscheinlich weniger typisch sind als instrumentelle. Bei den dokumentarischen Fällen geht es ja nicht um das Verfassen eines stilistisch und grammatisch korrekten Textes in der Zielsprache, sondern um das Abbilden von Aspekten des Ausgangstextes ohne Rücksicht auf zumindest einige zielsprachliche Textkonventionen ggf. auch grammatische Regeln. Es wäre daher anzunehmen, dass die Forderung nach einem ziel-sprachlich grammatisch wie stilistisch korrekten Text in Bezug auf einen proto-typischen Kern des Übersetzungsbegriffs zentraler ist als Übersetzungsfälle mit Invarianzforderungen für Textsortenkonventionen und die lexiko-grammatische Ebene. Letztere Gruppe würde dann nur Sinn haben, wenn der Zieltext zusam-men mit dem Ausgangtext rezipiert werden könnte und gerade die Abbildung grammatisch-lexikalischer Phänomene des Ausgangstextes eine wesentliche Komponente für den Zweck der Übersetzung darstellt. Invarianz dürfte somit nicht als das typische Merkmal von Übersetzungen gelten – die Behauptung ‚je mehr Invarianz desto typischer die Übersetzung' gilt mit großer Wahrschein-lichkeit offensichtlich nicht. Denn die Erwartung eines zumindest grammatisch korrekten Zieltextes, der als eigenständiger Text rezipiert werden kann, dürfte als Übersetzung typischer sein als Übersetzungen, die erst als eine Art Begleit-text zum Ausgangstext ihren Sinn erhalten – wie am Beispiel der oben erwähn-ten unterschiedlichen Bibelübersetzungen angedeutet wurde.

Dies bedeutet jedoch nicht, dass Invarianz für die Interpretation eines Textes als Übersetzung unwesentlich ist. Historisch betrachtet, ist eine Übersetzung eine Art Reformulierung eines bereits produzierten Textes. Dies hat zur Folge, dass das übergeordnete Textmerkmal, die Funktion im Sinne der intendierten Wirkung bei einer bestimmten Zielgruppe, also das übergeordnete Handlungs-interesse für den Ausgangstext, hypothetisch als die eigentliche Domäne der Invarianz beim Übersetzen angesetzt werden dürfte. Zwar lassen sich auch Texte als Übersetzungen interpretieren, die in funktionaler Hinsicht nicht in-variant, aber dem Handlungsinteresse des Ausgangstextes weitgehend ent-sprechen,[178] aber je mehr die Funktion für den Zieltext von dem des Ausgangs-textes abweicht, dürfte der Übersetzungsbegriff auch problematischer werden.[179] In der vorliegenden Arbeit würden wir daher die Annahme wagen, dass funk-tionale Invarianz, verstanden als Funktionskonstanz im Sinne von Nord 1989, den Kern eines über das Textmerkmal Intertextualität definierten Übersetzungs-begriffs bildet. Denn je mehr sich ein Text von dem ursprünglichen Handlungs-interesse im Ausgangstext entfernt, desto unwahrscheinlicher dürfte die Inter-pretation dieses Textes als Übersetzung werden. Auf der Grundlage dieser An-nahme wäre dann die Aufstellung einer Skala von Übersetzungsmerkmalen möglich, die von einem Zentrum einer im Übersetzungsauftrag enthaltenen

---

178 Vgl. hierzu das Konzept der *heterofunctional translation* in Nord 1997a, 51f.
179 Vgl. hierzu die Diskussion der übersetzungsethischen Kategorie *Loyalität* in Nord 2004, 238ff.

funktionalen Invarianz ausgeht. Dies ist eine auf der Grundlage einer pragmatischen Textlinguistik abgeleitete Annahme, die prototypisch am Kern der funktionalen Invarianz sowie an einer Interpretation eines Textes als mehr oder weniger Übersetzung orientiert ist. Diese Annahme unterscheidet sich somit von dem eher klassifikatorischen und normativen Ansatz in Schreiber 1993, der ja Übersetzung und Bearbeitung durch eine unterschiedliche Distribution von den Merkmalen Varianz und Invarianz von einander unterscheidet: Übersetzungen hätten eine Varianzforderung, die Änderung der Sprache, und beruhen „ansonsten ausschließlich auf Invarianzforderungen" (Schreiber 1993, 125). Bearbeitungen basieren dagegen nur auf einer Invarianzforderung, und zwar auf der „Forderung nach Beibehaltung mindestens eines individuellen Textmerkmals ... und ansonsten ausschließlich auf Varianzforderungen" (ebd.).

Eine empirische Überprüfung einer solchen Annahme zur prototypischen Bestimmung von Übersetzen im Rahmen einer pragmatischen Textlinguistik ist selbstverständlich erforderlich, um den Gültigkeitsbereich der oben ausgeführten Annahmen genauer zu bestimmen. Notwendig wäre dabei ein Korpus von authentischen Übersetzungen, also von Texten, die vom Textsender als Übersetzungen markiert sind. Diese sollten dann nach dem Umfang der Invarianzforderungen auf die jeweiligen Textebenen eingeteilt werden und dabei zunächst nach Häufigkeit in den jeweiligen Gruppen geordnet werden. Aber über diese Distributionsanalyse hinaus wären sozialwissenschaftlich fundierte Analysen zum Grad der Akzeptabilität der Texte als Übersetzungen durchzuführen. Diese Kombination von textlinguistischer Klassifizierung nach dem Umfang von Invarianz auf den jeweiligen Textebenen einerseits und empirischer Analyse von Bewertungen von Texten in den beteiligten Diskursgemeinschaften andererseits stellen einen enormen, interessanten und einen methodisch notwendigen Untersuchungsgegenstand für das sozio-kulturell fundierte und in der Tat multikulturelle Phänomen Übersetzen dar. Gerade die Kombination von sozialwissenschaftlichen und textlinguistischen Methoden zur empirisch fundierten Ermittlung des Übersetzungsbegriffs bildet eine große methodische und empirische Herausforderung, die hier nur angedeutet und selbstverständlich erst im Rahmen anderer Arbeiten systematisch aufgegriffen werden kann.

5. Vorschläge für textlinguistische Analysekategorien einer textlinguistisch fundierten Übersetzungswissenschaft

5.1 Vorbemerkung

In diesem Kapitel sind auf der Grundlage der in 4. formulierten Hypothesen Analyseeinheiten und Analysemodelle einer textlinguistisch fundierten Übersetzungswissenschaft zu konkretisieren. Eine endgültige Ausarbeitung von Analyseeinheiten kann hier jedoch nicht vorgenommen werden, da die Relevanz von solchen erst auf der Grundlage einer empirischen Überprüfung der hier hypothetisch vorzuschlagenden Beschreibungskategorien analysiert werden kann.

In diesem Zusammenhang wird Text im Einklang mit der vorläufigen Erörterung des Text- und Übersetzungsbegriffs in 2.2–2.3 sowohl als eine pragmatisch-funktional als auch grammatisch-referentiell strukturierte und in Textebenen gegliederte Einheit betrachtet. Auf der Grundlage der Einteilung von Texten in eine funktionale und grammatisch-referentielle Ebene wird eine weitere Zerteilung von Textebenen vorgeschlagen (5.2). Danach wird auf die Frage der Beziehung zwischen der intertextuellen Kategorie der übersetzerischen Invarianz und den in 5.2 dargelegten Textebenen eingegangen (5.3). Anschließend erfolgt eine Analyse von Fragen der Methoden zur Analyse von Beziehungen zwischen Invarianz und Textebenen, indem die Relevanz von sowohl gesprächsanalytischen als auch kontrastiv-linguistischen Methoden für die Ermittelung von Invarianzmustern zu diskutieren sind (5.4). Auf der Grundlage der Darlegung von Analysekategorien und -methoden ist zum Schluss die wichtige Frage nach geeigneten textlinguistischen Modellen für die Wahl eines übergreifenden Analysemodells aufzugreifen. Dabei sind auch in der Übersetzungswissenschaft zentrale und benutzte textlinguistische Modelle kritisch zu besprechen (5.5).

5.2 Der Ausgangspunkt: Text als strukturierte kommunikative Einheit

Grundlage für eine Aufstellung von möglichen Analysekategorien einer textlinguistischen Übersetzungstheorie ist, wie bereits in 2.2–2.3 angedeutet, die Betrachtung von Text als grammatisch-referentiell und pragmatisch-funktional strukturierte kommunikative Einheit. Die *funktionale* Struktur eines Textes lässt sich über eine empirische Analyse der Handlungsstruktur ermitteln. Dabei wäre hypothetisch von einem übergeordneten Handlungsinteresse oder übergeordneter Funktion eines Textes auszugehen, die dann durch eine detaillierte Analyse der einzelnen Handlungsschritte im Text weiter differenziert werden muss. Ein solches anzunehmendes Geflecht von in sich strukturierbaren Handlungsschritten wäre mit Hilfe von einem Analysemodell für die Handlungsstruktur von Texten möglich. Ein Beispiel eines solchen Modells wird in 5.5 besprochen. Wenn nur die Vorgaben für die Zieltextproduktion und nicht der Zieltext selbst Gegenstand der Analyse ist, sind in einem solchen noch nicht formulierten Text die konkreten Handlungsschritte selbstverständlich nicht analysierbar, dafür aber die intendierte Funktionsstruktur für den Zieltext. Für eine Festlegung des übergeordneten Handlungsinteresses bzw. der übergeordneten Funktion für de Zieltext wären auch Typologien wie in Schreiber 1993, 133ff. und vor allem Nord 1997a, 45ff. als mögliche Analyseparameter denkbar. Auf jeden Fall ist eine einfache Angabe von ‚der' Funktion bzw. ‚dem' Skopos eines Textes aus den schon u.a. in 3.6.2.4.3 und 4.2.1 erwähnten Gründen für eine Analyse des komplexen Phänomens der pragmatischen Struktur von Texten viel zu undifferenziert. In welchem Grad die hier vorgeschlagenen Analyseansätze einsetzbar sind, ist wiederum eine Frage der Empirie, also der konkreten Verwendung an einem Korpus von authentischen Übersetzungsfällen.

Die *grammatisch-referentielle* Struktur von Texten lässt sich, wie etwa im Einklang mit der systemisch-funktionalen Grammatik, als eine hierarchisch geordnete Struktur von Textebenen systematisieren. Auf der Textsortenebene lassen sich mehr oder weniger deutlich konventionalisierte Muster für die Superstruktur von Textexemplaren einer Textsorte aufstellen. Ein Beispiel wäre das in 4.3.2.3.2 erwähnte vorgeschriebene Muster für die Abschnittsgliederung bei der Übersetzung von Gebrauchsanleitungen. Eine weitere Analyseebene wäre die Makrostruktur eines Textes, verstanden als die referentielle Struktur bzw. auch die thematische Progression eines Textes. Auf der transphrastischen Ebene geht es um die Struktur der grammatischen Kohärenz, auf der syntaktischen und lexikalischen Ebene um besondere syntaktische und lexikalische Konfigurationen. Die drei letztgenannten Ebenen sind in der systemisch-funktionalen Grammatik in der lexiko-grammatischen Ebene zusammengefasst und dort im Rahmen eines geschlossenen Grammatikmodells auch systematisiert. Gerade für diese Textebene finden sich, wie bereits u.a. in 3.6.2.5.2 gezeigt, eine Reihe ausführlicher Analysen von übersetzten Texten.

Durch diese Zweiteilung der Analyse in eine pragmatisch-handlungsorientierte Ebene einerseits sowie in eine grammatisch-referentielle Ebene andererseits wird der Tatsache Rechnung getragen, dass eine textlinguistisch basierte Übersetzungswissenschaft sowohl über funktionale als auch formal-grammatische Analyseeinheiten verfügen muss. In 5.5 wird vor dem Hintergrund dieser Zweiteilung am Beispiel zwei zentraler Analysemodelle der Frage nach einem geeigneten textlinguistischen Analysemodell nachgegangen.

5.3 Invarianz und Textebenen

Wie in 4.4.3.4 dargelegt und in 4.4.3.5 zusammengefasst, entspringt die Analysekategorie übersetzerische Invarianz[180] dem Textmerkmal Intertextualität im Rahmen eines funktional-pragmatischen Textbegriffs. Für den Texttyp Übersetzen wurde in 4.4.3.1 angenommen, dass Invarianz auf mindestens einer Textebene für die Interpretation eines Textes als Übersetzung eines anderen Textes konstitutiv ist. Weiterhin wurde auch angenommen, dass eine Invarianz auf möglichst vielen Textebenen die Interpretation eines Textes als Übersetzung nicht notwendigerweise fördert, sondern – wie in 4.5 postuliert – dass eine Invarianz auf der pragmatischen Ebene, vor allem dann auch im Bereich des übergeordneten Handlungsinteresses für den Zieltext den prototypischen Kern eines textlinguistischen Übersetzungsbegriffs bildet. Die Verteilung von Invarianz auf den in 5.2 vorgeschlagenen Textebenen macht Invarianz zu einer distributionellen Kategorie sowie auch zum möglichen Maßstab für eine Typologie von Übersetzungen. Gleichzeitig ermöglicht eine Analyse nach strukturell definierten Textebenen und pragmatisch interpretierten Handlungsschritten eine Festlegung von Invarianz nicht nur in einem großen Textkorpus, sondern auch innerhalb eines einzigen Textfalls. Invarianz wird somit zu einer dynamischen Intertextkategorie, die innerhalb ein und desselben Übersetzungsfalls variieren kann.[181]

5.4 Zur Frage des Analyseverfahrens: Empiriegeleitete Analyse von Übersetzungen

Grundlage der Analyse bilden der zu übersetzende Text sowie der übersetzte Text. Da ja ein Text nie an sich eine Übersetzung sein kann, sondern als eine solche von einer oder mehreren an der sprachlich-kommunikativen Handlung beteiligten Diskursgemeinschaften interpretiert wird, bilden für die Analyse dieser sozialen Praxis authentische Übersetzungsfälle die empirische Grundlage. Zu analysieren sind also der zu produzierende Zieltext in der Gestalt der besonderen in der Interaktion zwischen Intitiator/Auftraggeber und Übersetzer/Zieltextproduzent ausgearbeiteten Vorgaben für die Zieltextproduktion einerseits

---

180 Der Ausdruck übersetzerische Invarianz wurde gewählt, da hier Invarianz ausschließlich in Bezug auf das Textphänomen Übersetzen betrachtet wird. Es wäre jedoch möglich und auch plausibel, Invarianz auch in anderen Intertextzusammenhängen zu benutzen. Als Beispiel wären hier etwa direkte Zitate in wissenschaftlichen Arbeiten zu nennen.

181 Vgl. hierzu die Analyse der Übersetzung einer Gebrauchsanleitung in Kvam 2009, 2f. Hier wird im Übersetzungsauftrag eine Kopie der Textstruktur des Ausgangstextes verlangt – außer für den Abschnitt *Garantien*, der völlig unabhängig vom Ausgangstext im Einklang mit den allgemeinen Garantiebestimmungen in den jeweiligen Zielländern zu gestalten sei.

sowie der auf der Grundlage solcher Vorgaben produzierte Zieltexte andererseits. Auf dieser empirischen Basis können dann empiriegeleitete Regeln dieser sozialen Praxis abgeleitet werden.

Für die Analyse der Zieltextvorgaben im Rahmen der Texttypenkonstitution von Übersetzen haben wir bereits in 3.6.2.4.2-3 für die Relevanz gesprächsanalytischer Methoden argumentiert. In diesem Zusammenhang wurde das Analysemodell für das Textmuster Beraten hervorgehoben. Dabei wäre grundsätzlich zwischen den Typen Arrangement und Offerte zu unterscheiden. Bei Offerten (Nothdurft 1994, 47ff.) wird ja das Beratungsgespräch vom Berater – in unserem Fall der Übersetzer –, bei Arrangements vom Ratsuchenden – in unserem Fall vom Initiator bzw. Auftraggeber – initiiert. Wie sich diese in Bezug auf das Herstellen eines Beratungsgespräches unterschiedlichen Beratungstypen verteilen, ist wiederum eine Frage der Empirie. Fest steht, dass gerade die Rekonstruktion des Beratungsgeschehens durch eine Analyse von authentischen Auftragsgesprächen für die besonderen intertextuellen Relationen zwischen Ausgangstext und zu produzierendem Zieltext methodisch zentral ist. Dieses Verfahren bildet wiederum eine wichtige empirische Grundlage für die Analyse der Konstitution des Texttypus Übersetzen und stellt dabei auch einen Ausgangspunkt für eine Typologisierung von Übersetzungsfällen dar.

Für die Analyse von bereits vorliegenden Zieltexten bieten sich Modelle der kontrastiven Textanalyse an. Auf die Diskussion solcher Modelle wird in 5.5 genauer eingegangen. Hier ist jedoch wichtig festzustellen, dass erst die Analyse von authentischen Übersetzungsfällen Einsichten in die soziale Praxis des Übersetzens ermöglicht und dass auf einer solchen empirischen Grundlage Ausgangstext, Zieltext und Vorgaben für die Produktion des Zieltextes analysiert werden können. Vor allem erscheint es sinnvoll, die Distribution von Invarianz in Zieltexten mit der Distribution von Invarianz in den entsprechenden Auftragsgesprächen zu vergleichen. Die Wahl eines textlinguistischen Analysemodells ist deshalb für sowohl die Analyse von der Konstitution von Übersetzungen im sog. Auftragsgespräch als auch für die Analyse von authentischen Zieltexten zentral.

5.5 Zur Frage von geeigneten textlinguistischen Analysemodellen

5.5.1 Vorbemerkung

Durch unsere Analyse der Sekundärliteratur zu den textlinguistischen Ansätzen in der Übersetzungswissenschaft wurde deutlich, dass es trotz der offensichtlichen Verwandtschaft zwischen den Phänomenen Übersetzung und Text noch keine geschlossene textlinguistisch basierte Übersetzungstheorie gibt. In übersetzungswissenschaftlichen Werken ist die Textlinguistik ein seltener Gast und in (text-)linguistischen Arbeiten werden Übersetzungen, wenn überhaupt thematisiert, meist als Demonstrationsbeispiele im Rahmen systemlinguistischer Problemstellungen erwähnt. Eine Ausnahme bildet jedoch die systemisch-funktionale Grammatik. Im Rahmen dieses Grammatikmodells finden sich etliche Arbeiten, die auf der Grundlage eines funktional konzipierten textlinguistischen Modells übersetzte Texte als Analysegegenstand haben. Vor dem Hintergrund der heutigen Forschungslage zeichnet sich die systemisch-funktionale Grammatik deshalb als dasjenige textlinguistische Modell aus, auf dessen Grundlage die meisten Analysen von Übersetzungen auf textlinguistischer Grundlage verfasst sind. Im Folgenden werden wir deshalb dieses zentrale Analysemodell als Beispiel einer relevanten, interessanten, aber nicht unproblematischen theoretischen Grundlage einer textlinguistischen Übersetzungswissenschaft besprechen.

5.5.2 Pro und contra der Systemisch-Funktionalen Grammatik als Analysemodell

Ein wichtiger Grund für die Wahl der systemisch-funktionalen Grammatik als Analysemodell in vielen neueren übersetzungswissenschaftlichen Studien ist die besondere methodische Ausrichtung dieser Grammatik. Analysegegenstand und methodischer Ausgangspunkt sind Sprache in Verwendung und nicht wie in der klassischen Systemlinguistik Sprache als abstraktes System. Schon 1985 wird diese Auffassung von Grammatik und dadurch auch Sprache u.a. wie folgt erläutert: „A functional grammar is essentially a ‚natural' grammar, in the sense that everything in it can be explained, ultimately, by reference to how language is used" (Halliday 1985, xiii). Für die Analyse von Übersetzungen – die ja nur über die Verwendung von Sprache in gegebenen Situationen definiert werden können – ist ein solcher Forschungsansatz notwendig. Wie bereits in 3.6.2.5.2 erwähnt, betrachtet die systemisch-funktionale Grammatik Sprache nicht als ein von Kommunikation und Situation getrenntes Phänomen, sondern instrumentell im Sinne einer Bezugsquelle für Bedeutung. Sprache sei kein abstraktes Regelsystem, sondern „Mittel zur Realisierung von Bedeutung als einer Reihe ineinandergreifender Wahlmöglichkeiten" (Neumann 2003, 46).

Stellvertretend für Übersetzungsanalysen auf der Grundlage der systemisch-funktionalen Grammatik ist die Zielsetzung in House 2002: Das Ziel ihrer Analyse sei „the reconstruction of the types of motivated choices the text producer made in order to create this and only this particular text for a particular effect in the ‚context of situation' enveloping and conditioning the text formation" (House 2002, 202). Gerade ein solches Modell ermögliche eine konsistente Analyse von sowohl Mikro- als auch Makroperspektiven von Texten: „one constantly moves back and forth between word, phrase, and clause levels and onto larger linguistic units such as paragraphs and the entire text" (ebd.). Die Möglichkeit der Analyse von allen Textebenen sowie die Betrachtung von Text in seinem sozialen Kontext und nicht nur als Strukturmenge sind für eine pragmatisch-textlinguistisch basierte Übersetzungswissenschaft natürlich unumgänglich.

Trotz der ganzheitlichen Textperspektive der systemisch-funktionalen Grammatik ist die in 3.6.2.5.2 erwähnte Kritik, diese Grammatik als Kohäsions-Linguistik zu bezeichnen, immer noch nicht ganz unberechtigt. Zwar hat sich dieses Grammatikmodell nach den ersten Phasen in den 70er und 80er Jahren über die rein transphrastische Analysen von Texten hinaus entwickelt, aber immer noch wird eben die lexiko-grammatische Ebene wie in 3.6.2.5.2 gezeigt als die „zentrale Schicht" (Neumann 2003, 47) im Modell positioniert. Die Betonung der besonderen Relevanz dieser Analyseebene findet sich in den vielen Übersetzungsanalysen der systemisch-funktionalen Grammatik auch wieder. Diese befassen sich fast ausnahmslos mit der Analyse von Phänomenen im lexikalischen, syntaktischen oder transphrastischen Bereich. Für diese lexiko-grammatische Ebene liefert die systemisch-funktionale Grammatik auch konsistente und wohl erprobte Analysekategorien. Problematischer ist allerdings die Analyse von Textebenen über die lexiko-grammatische Ebene hinaus. Zwar versucht etwa House, das Modell in Richtung Textsortenanalysen zu erweitern, verwendet aber da einen recht problematischen Textsortenbegriff. Textsorte oder Genre ist in der systemisch-funktionalen Grammatik eine recht neu eingeführte Kategorie, deren Verhältnis zu der bereits bestehenden Kategorie Register auch nicht ohne Probleme ist. In House 2002 wird Genre als „Generic Purpose" (House 2002, 203) bezeichnet und dabei „reflects language users' shared (intuitive) knowledge about the nature of texts of ‚the same kind'" (ebd., 4). Laut House/Probst 2004 setzt Genre „einen Text in Beziehung zu seinem makro-kulturellen Kontext und verbindet Texte ähnlicher Registerstrukturen miteinander" (House/Probst 2004, 165). Dabei werden etwa medizinische populärwissenschaftliche Texte als ein Genre betrachtet (ebd., 173), was wohl eher als ein Textbereich mit vielen Textsorten zu betrachten wäre als eine Textsorte bzw. Genre für sich. Weitaus problematischer als offensichtlich zu umfangreiche und auch unklare Textsortenkategorien ist die Verbindung von Register und Genre. Register wird in der systemisch-funktionalen Grammatik als über die Frequenz von bestimmten lexiko-grammatischen Konfigurationen[182] definiert. Wenn auf dieser Grundlage auch Genre oder Textsorten über bestimmte Registerstrukturen definiert werden, wird die Textsorte zu einem quantitativ beschreibbaren Phänomen gemacht. Dadurch wird die pragmatische Kategorie Textsorte auf

---

182 Vgl. hierzu die Auffassung von Register als quantitativ definierbarem Phänomen in Neumann 2003. Hier wird in Anlehnung an Elke Teich Register als eine Gruppe von Texten beschrieben, „that happen to exhibit a significant frequency of co-occurrence of the same features" (Elke Teich, in: Neumann 2003, 49).

eine Frequenzklasse bestimmter grammatischer Merkmale reduziert. Dass Frequenzklassen formaler Merkmale und von einer Diskursgesellschaft über soziale Konventionen etablierte Interpretationen von Texten als Mitglieder einer Textsorte voneinander divergieren können, besagt sich von selbst. Eine solche quantitative Auffassung von Textsorte ließe sich jedoch über eine methodologische Tradition in der systemisch-funktionalen Grammatik erklären. In allen hier besprochenen Arbeiten zu diesem Grammatikmodell wird quantitativ vorgegangen und lexiko-grammatische Phänomene meist über große Korpora analysiert. In Neumann 2003 werden durch ihre Abgrenzungen und methodischen Griffe pragmatische Probleme wie etwa eine Textsortendefinition weitgehend neutralisiert. Andere Arbeiten, wie etwa Hasselgård 2000 und Steiner 2004 analysieren Phänomene auf der als zentral bezeichneten lexiko-grammatischen Ebene, ohne Phänomene über die transphrastische Ebene in Texten hinaus systematisch aufzugreifen. Wenn aber – etwa wie bei House 2002; 2004 – eine pragmatische Kategorie wie die Textsorte eingeführt wird, wird diese im Geiste der Tradition der systemisch-funktionalen Grammatik über Register auch quantitativ definiert. Gerade in diesem wichtigen methodologischen Bereich scheinen bei der systemisch-funktionalen Grammatik, zumindest in ihrer heutigen Ausprägung, zentrale Probleme vorzuliegen. Die Bindung an quantitative Methoden bedeutet eine methodengeleitete Reduktion der Analyseperspektive, die die Analyse pragmatischer Aspekte von Texten erschwert. Das soll natürlich nicht heißen, dass quantitative Analysen für die Untersuchung lexiko-grammatischer Phänomene wenig relevant sind. Ganz im Gegenteil: Durch u.a. Neumann 2003 wird exemplarisch gezeigt, wie man vorwiegend lexiko-grammatische Aspekte von Texten innerhalb derselben Textsorte mit Hilfe quantitativer Methoden erfolgreich analysieren kann. Aber für die Analyse von Textsorten und größeren Handlungszusammenhängen, die ja gerade in Übersetzungsfällen mehr als relevant sein können, sind über die quantitativen Methoden hinaus interpretative Studien anhand von Fallanalysen durchführen.

Für solche Analysen bedarf die systemisch-funktionale Grammatik einer Ergänzung um ein interpretatives, auf die Analysen von Handlungsaspekten in Texten ausgerichtetes Analysemodell, entweder als neue Analysekomponente im Rahmen der systemisch-funktionalen Grammatik oder als zusätzliches, mit der systemisch-funktionalen Grammatik kombinierbares Analysemodell. Hier liegt u.E. auch kein geschlossenes Analysemodell vor und es ist auch nicht das Ziel dieser Arbeit, ein solches auszuarbeiten. Nichtsdestotrotz finden sich für die Analyse von Handlungsaspekten von Texten linguistisch fundierte Modelle, die wenigstens als Ausgangspunkt für die Diskussion von Beschreibungsansätzen in diesem Bereich dienen könnten. Im Folgenden werden wir am Beispiel eines Analysemodells für die Handlungsstruktur in Texten kurz zeigen, wie man zumindest Teilbereiche der pragmatischen Aspekte einer Textanalyse analysieren könnte.

5.5.3 Beispiel eines möglichen Analysemodells für die Textsortenebene: das Dreieckmodell von Ditlevsen et al. 2007

Das von Ditlevsen et al. vorgelegte Textanalysemodells in *Sprog på Arbejde* ('Sprache auf Arbeit' = Ditlevsen et al. 2007) ist zwar als Lehrbuch konzipiert, ist aber trotz der primären praktisch-pädagogischen Funktion des Analysemodells auf der Grundlage des Organon-Modells von Bühler und der neueren Textsortenlinguistik auch wissenschaftlich fundiert. Gerade die theoretische Verortung in diesem Teil der funktional-pragmatischen Textlinguistik einerseits und das operative Ziel als praktisches Analyseinstrument andererseits machen diesen Ansatz vor allem in methodischer Hinsicht interessant. Die theoretische Einbettung und die analytische Anwendbarkeit an diesem Modell sind beides Aspekte, die als Ansatz einer Modelldiskussion für die Analyse von zentralen pragmatischen Aspekten von Texten einen wichtigen Beitrag leisten könnten.

Ausgangspunkt der Textanalyse ist die Tatsache, dass jeder Text zwar seine eigenen Charakteristika aufweist, sich aber auch an zugrundeliegenden prototypischen Mustern – also an bestimmten Textsortenmustern – orientiert. In diesem Kontext werden Texte mit Hilfe eines als Dreieck konzipierten Modells, das aus den Elementen Funktion, situationellem Rahmen und sprachlich-visuellen Mitteln besteht, analysiert (Ditlevsen et al. 2007, 106ff.). Es würde hier zu weit führen, dieses Analysemodell detailliert zu beschreiben.[183] Stattdessen werden wir die Anwendbarkeit des Modells am Beispiel der Analyse eines wichtigen Aspekts der Textsortenanalyse zeigen, und zwar durch die Analyse von der funktionalen Struktur von Texten mit Hilfe einer Handlungsschrittanalyse.

Das oben erwähnte Dreiecksmodell lässt sich sowohl für eine Analyse des übergeordneten Handlungsinteresses eines Textes als auch für die Analyse der jeweiligen Teilhandlungen oder Handlungsschritte im Text einsetzen. Das Modell ist so gesehen rekursiv, indem jeder Handlungsschritt für sich nach dem Parameter Funktion – Situation – sprachlich-visuelle Mittel analysiert werden kann. Auf diese Weise wäre die Handlungsstruktur eines Textes einschließlich der Reihenfolge der Handlungsschritte oder auch – auf entsprechend breiter empirischer Grundlage – das Handlungsmuster bestimmter Textsorten zu ermitteln. Ein solches Verfahren muss dann interpretativ und induktiv sein und kann dann nur an einem Textexemplar am Stück durchgeführt werden. Auf dieser Grundlage wären auch etwaige Funktionsstrukturen im Text analysierbar. Ein Beispiel einer solchen Analyse findet sich in Ditlevsen et al. 2007, 123ff. In der vorliegenden Arbeit wollen wir dies am Beispiel der in 4.3.2.3.2 bereits erwähnten Gebrauchsanleitung einer Kaffeemaschine kurz beleuchten.

---

183 Eine Darlegung der wichtigsten Prinzipien des Analysemodells mit vielen Analysebeispielen findet sich in Ditlevsen et al. 2007, 98-129.

Der folgende Textausschnitt

> Braun electric appliances meet applicable safety standards. Repairs on electric appliances (including cord replacement) must only be carried out by authorized service centres. Faulty, unqualified repair work may cause accidents or injury to the user[184]

ist ein Abschnitt im Kapitel

> *Caution*
> Please read the use instructions carefully and completely before using the appliance.

Jeder Abschnitt in diesem Kapitel wird von den anderen durch einen Punkt getrennt. Dadurch wird jede in der Überschrift angekündigte *use instruction* gekennzeichnet. Es handelt sich also um einen Handlungsschritt in der Form einer Instruktion. Die Instruktion selbst befindet sich allerdings im Satz

> Repairs on electric appliances (including cord replacement) must only be carried out by authorized service centres.

Nach dem Analysemodell von Ditlevsen et al. 2007 könnte man die Funktion dieses Handlungsschrittes als Instruktion interpretieren, die (intendierte) Situation ist die (Erst-)Benutzung der Kaffeemaschine durch einen Kunden. Die Instruktion ist aber funktional mit dem davorgehenden und dem nachfolgenden Satz in der Form von Plausibilisierungen für die Instruktion verbunden, so dass die Struktur des ganzen Handlungsschritts wie folgt dargestellt werden könnte

> (p1) Braun electric appliances meet applicable safety standards.
> (INSTR) Repairs on electric appliances (including cord replacement) must only be carried out by authorized service centres.
> (p2) Faulty, unqualified repair work may cause accidents or injury to the user,[185]

wobei p1 Plausibiliserung 1 der Instruktion, INSTR die Instruktion selbst und p2 Plausibilisierung 2 der Instruktion bedeuten. In p1 wird eine Begründung dafür gegeben, warum nur autorisierte Fachkräfte Reparaturen vornehmen dürfen – hier wäre im englischen Text ein Konnektor wie *therefore/due to this fact* möglich, um diese Konnexion explizit auszudrücken. In p2 gibt das Modalverb *may* eine mögliche Folge der Nicht-Beachtung der Instruktion in INSTR an – hier wäre eine Explizitierung der Konnexion etwa durch ein *consequently* möglich. Dieser komplexe Handlungsschritt ließe sich im Rahmen des Modells in

---

184 Gebrauchsanleitung Braun Aroma Passion 2006, 4. S. auch Kvam 2009, 142.
185 Gebrauchsanleitung Braun Aroma Passion 2006, 4. S. auch Kvam 2009, 142.

Ditlevsen et al. 2007 als eine übergeordnete Funktion Instruktion im Rahmen der gleichen Situation darstellen. Diese übergeordnete Instruktionsfunktion wird argumentativ unterstützt durch Plausibilisieriungen in der Form einer vorangestellten kausalen und einer nachgestellten konsekutiven Plausibilisierung. Dadurch bekommen wir eine hierarchisch organisierte Funktionsstruktur im Rahmen gleicher situationellen Bedingungen. Dies kommt alles durch die benutzten sprachlichen Mittel, vor allem durch die Verwendung spezifischer modaler Fügungen, zum Ausdruck: Die Anweisung in der Form eines Gebots durch die modale Fügung *must only be carried out*, die kausale Plausibilisierung durch die Feststellung *meet applicable safety standards* als der Instruktion vorangestellte Äußerung, die konsekutive Plausibilisierung durch die modale Fügung *may cause*. Diese Handlungsstruktur soll im Sinne des für diese Gebrauchsanleitung vorgegebenen Übersetzungsauftrags in den jeweiligen Übersetzungen identisch sein, sie ist also Teil der Invarianzforderungen für diesen Übersetzungsfall. Mit Hilfe der hier im Rahmen des Analysemodells von Ditlevsen et al. 2007 kurz skizzierten Funktionsstruktur bildet die oben dargestellte Funktionsstruktur ein gutes Tertium Comparationis für die Analyse der Übersetzungen dieses Textausschnitts.

Durch dieses Beispiel wird deutlich, dass der Text im Rahmen eines übergeordneten Handlungsinteresses für die Textsorte Gebrauchsanleitung auch in verschiedene Funktionseinheiten eingeteilt werden kann. Dies zeigt wiederum, dass sich Funktion nicht über eine einfache Skopos-Formel festlegen kann, sondern dass die zentrale Kategorie Funktion grundsätzlich erstens differenziert sowie zweitens mit Bezug auf das übergeordnete Handlungsinteresse eines Textes strukturiert ist. Voraussetzung für die Ermittlung dieser differenzierten Funktionsstruktur ist die konsistente Interpretation von Textinhalten mit Hilfe eines operationalisierbaren Analysemodells für die Handlungsstruktur von Texten. Dies wird durch das vom Textsortenbegriff abgeleitete Modell zur Handlungsmusteranalyse in Ditlevsen et al. 2007 geleistet, ohne dass damit behauptet wird, dass dieses Modell die endgültige Wahrheit zur Frage einer angemessenen Analyse von Textsorten präsentiert. Aber dieses rekursiv verwendbare Dreiecksmodell leistet einen sehr wichtigen Beitrag zu einer konsistenten Interpretation der grundsätzlich komplexen Funktionsstruktur von Texten einschließlich des Zusammenhangs zwischen kleineren Funktionseinheiten im Text und den zu diesem Zweck eingesetzten sprachlich-visuellen Mitteln. Im Vergleich mit so unterschiedlichen Ansätzen wie der Skopos-Theorie und der systemisch-funktionalen Grammatik bedeutet dies einen wichtigen Fortschritt bei der Ausarbeitung von zentralen Textmerkmalen wie der Funktions- und Situationsstruktur von Texten.

5.5.4 Das Desiderat: ein formal und funktional ausgerichtetes textlinguistisches Beschreibungsmodell

Ein geschlossenes Modell für die Beschreibung von sowohl der grammatischen als auch der funktionalen Struktur von Texten ist eine notwendige Voraussetzung für eine Übersetzungstheorie, die den Übersetzungsbegriff vom Textbegriff ableitet. Ein solches Modell bildet dann die Vergleichsbasis für die Analyse der zentralen Intertextbeziehungen beim Übersetzen wie etwa der übersetzerischen Invarianz. Ein solches einheitliches Modell lässt sich aber schwer finden.

Zwar bietet die systemisch-funktionale Grammatik konsistente und operationalisierbare Analyseeinheiten vor allem für die lexiko-grammatische Ebene von Texten einerseits sowie auch ein theoretisches Gerüst für die Analyse von pragmatischen Aspekten von Texten andererseits. Aber bis heute haben sich Vertreter dieses Analysemodells weitgehend mit quantifizierbaren, lexiko-grammatischen Phänomenen beschäftigt und trotz ihrer pragmatischen Programmatik sich in ihrer wissenschaftlichen Praxis den pragmatischen Aspekten von Texten weiniger gewidmet. Für die funktionale Struktur von Texten liegen schon einige Analyseansätze vor, von denen hier ein zentrales Modell, Ditlevsen et al. 2007, ausgewählt wurde, das sich auch in der analytischen Praxis als sinnvoll erwiesen hat.

Wünschenswert wäre eine Kombination der beiden oben erwähnten Analysemodelle. Nun ist die systemisch-funktionale Grammatik weder in ihrer theoretischen Grundlage noch in ihrem Analysemodell nur auf die Analyse von lexiko-grammatischen Phänomenen beschränkt. Wie bereits in 3.6.2.2 diskutiert, ist, vor allem in den letzten Jahren, die Diskussion von Kategorien für die Analyse von auch funktionalen Aspekten von Texten nicht ausgeblieben.

Das Problem ist weniger in der Betonung der Relevanz der Analyse von funktionalen Aspekten als in der Tradition von bestimmten Analyseverfahren zu suchen. Denn bis jetzt haben sich Arbeiten im Rahmen der systemisch-funktionalen Grammatik fast ausnahmslos quantitativer Verfahren bedient und dabei Frequenzen und Distributionen von formal definierten Kategorien analysiert. Gerade diese methodengeleitete Reduktion des Forschungsobjekts verhindert eine angemessene Analyse von beispielsweise Handlungsstrukturen im Text. Denn für die Analyse der zentralen Textsortenebene sind quantitative, computergesteuerte Methoden an Hand großer Korpora wenig geeignet. Funktionale und situationelle Aspekte sind den über quantitative Analysen ermittelbaren lexiko-grammatischen Daten übergeordnet in dem Sinne, dass die Wahl sprachlich-visueller Elemente im Text grundsätzlich von der besonderen funktionalen und situativen Einbettung des Textes als Textsortenexemplar abhängt. Gerade diese wichtigen Analyseebenen sind nicht nur für Texte generell, sondern auch für den Texttyp Übersetzen von entscheidender Bedeutung. Alle Texte werden als

Instrument in einem Handlungszusammenhang bzw. sozialen Kontext benutzt und die Prämissen für die jeweilige Textproduktion sind in der Kontextualisierung des zu produzierenden Textes zu suchen und nicht in den sprachlichen Formen an sich. Für Übersetzungen gilt darüber hinaus, dass gerade die Wahl einer Variante dieser besonderen Art der Textproduktion nicht über sprachliche Formen, sondern über die besonderen funktionalen Charakteristika für den Zieltext und durch die an der Textproduktion Beteiligten in der übersetzungskonstituierenden Situation festgelegt wird. Für die Analyse dieser besonderen Situation sind quantitative Methoden ungeeignet. Funktionen über die Frequenz von formalen Elementen zu definieren, verkennt die Natur von Funktion und Situation als kognitiven, intentionalen und sozialen Kategorien. Funktion und Situation können deshalb nur über die Interpretation von Texten erschließbar sein. Interpretieren kann wiederum nur der Mensch und schon gar nicht der Computer. Die Interpretation von Funktion und Situation in und um Texte kann deshalb nur am einzelnen Textexemplar stattfinden. Erst auf der Grundlage solcher induktiven funktionalen Textanalysen lässt sich die Auswahl spezifischer syntaktischer Konfigurationen in übersetzten Texten adäquat beschreiben und erklären.

Methodisch sinnvoll erscheint deshalb eine Kombination von quantitativen Analysen von strukturell definierten Phänomenen an Hand großer Korpora einerseits sowie Interpretationen von funktionalen und situationellen Aspekten von Einzeltexten andererseits. Groß angelegte quantitative Analysen sind notwendig, um mögliche generelle strukturelle Charakteristika von Übersetzungen oder von zumindest einigen Typen von Übersetzungen zu analysieren. Interpretative Analysen von Einzeltexten sind jedoch notwendig, um die grundlegenden funktionalen und situativen Aspekte von Übersetzungen zu untersuchen. Die Ausarbeitung eines Analysemodells – oder einer Kombination verschiedener Analysemodelle – ist, wie mehrfach erwähnt, nicht die Aufgabe der vorliegenden Arbeit. Unser Anliegen ist es gewesen, eine hoffentlich sinnvolle Richtung für die Ausarbeitung eines geschlossenen Modells für die Erforschung von sowohl der grammatischen als auch der funktionalen Struktur von Texten einzupeilen. Die konkrete Ausarbeitung eines solchen Modells mit empirisch erprobten Analysekategorien steht noch aus und stellt das vielleicht wichtigste Desiderat für die künftige textlinguistisch basierte Übersetzungswissenschaft dar.

6. Versuch einer Bilanz: Grundprobleme einer textlinguistischen Übersetzungstheorie im Überblick

6.1 Vorbemerkung

Kirsten Malmkjærs Titel „Love Thy Neighbour" (Malmkjær 1998) über die Beziehung zwischen Linguistik und Übersetzen ist ein schönes Beispiel für die selbstverständliche Verwandtschaft zwischen der Wissenschaft von Sprache, also der Linguistik, und dem sprachlichen Phänomen Übersetzen. Der Titel ist auch eine Aufforderung zur Herstellung freundschaftlicher Beziehungen und dabei auch eine Feststellung der Tatsache, dass das nun leider nicht immer der Fall ist. In der vorliegenden Arbeit haben wir in 3. dokumentiert, dass sich trotz dieser nachbarschaftlichen Verhältnisse keine geschlossene textlinguistische Übersetzungstheorie herausgebildet hat. Eine solche vorzulegen ist zwar auch nicht das Ziel dieser Arbeit gewesen. Allerdings haben wir in 4. und 5. einige Grundthesen für die Herausarbeitung einer solchen Übersetzungstheorie formuliert. Dadurch werden aber auch grundsätzlichere Fragen und Probleme für die weitere Forschung zur Ausarbeitung einer textlinguistischen Übersetzungstheorie ersichtlich. Diese Grundsatzprobleme wollen wir deshalb kurz skizzieren und dabei ihre Relevanz für eine textlinguistische Übersetzungstheorie auch kurz begründen.

6.2 Zum Problem Übersetzen als Intertext und Texttypus

Da Übersetzen in 4.5 prototypisch als eine interlinguale Textreproduktion eines bereits produzierten Textes positioniert wird, wäre es möglich, den Textfall Übersetzen dem Intertextbegriff zuzuordnen. Darunter verstehen wir Texte, die erst auf der Grundlage eines anderen Textes produziert werden. Für solche Texte stellt also das Vorhandensein eines Ausgangstextes erstens eine notwendige Voraussetzung für deren Produktion dar, zweitens wird die Beziehung zum Ausgangstext in der Form einer Textklassenbezeichnung auch meist explizit angegeben. Unter Intertexten finden wir Übersetzungen, aber auch Rezensionen, Zusammenfassungen, einige Parodien etc.[186] Dabei wären andere Texte, die zwar auch mit anderen Texten im Rahmen diverser Handlungszusammenhänge vernetzt sind, bei denen aber der Ausgangstext keine notwendige Voraussetzung für deren Entstehung bildet, nicht als Intertexte zu betrachten. Für Übersetzungen würden wir daher prototypisch die Textbezeichnung interlingualer Intertext als noch deutlicheres Genus proximum als Text vorschlagen. Inter-

---

186 Vgl. hierzu die umfassende Typologie zu Nachbarphänomenen von Übersetzen in Schreiber 1993, 237ff.

linguale Intertexte sind somit eine analytische Kategorie, die im Rahmen einer textlinguistisch orientierten Analyse als Genus proximum für die Definition von u.a. Übersetzen dient. Übersetzen ist allerdings ontologisch eine soziale Kategorie, indem ein Text erst in der Interaktionssituation von den Beteiligten selbst als Übersetzung festgelegt bzw. interpretiert wird und daher auch gegenüber anderen Textklassen abgegrenzt wird. Dies sollte jedoch nicht mit der ebenfalls sozialen Kategorie Textsorte verwechselt werden: Eine Textsorte ist von einer begrenzten Anzahl von Kommunikationssituationen und daher auch in funktionaler Hinsicht beschränkt, während Übersetzen als Phänomen grundsätzlich nicht an spezifische Situationen und auch Intentionen gebunden und daher als Textphänomen – nicht aber der konkrete Übersetzungsfall – in Bezug auf bestimmte situationelle Restriktionen grundsätzlich unmarkiert ist. In der jeweiligen Übersetzungssituation wird der Zieltext also einerseits als Übersetzung, andererseits als Exemplar einer gegebenen Textsorte interpretiert. Anders gesagt: Jeder Text wird als Exemplar einer Textsorte interpretiert, einige Texte zusätzlich auch als Übersetzungen. Generell gesprochen ist die Textsortenzugehörigkeit eines Textes obligatorisch, die Zugehörigkeit zum Texttypus Übersetzen dagegen nicht, da ja bekanntlich nicht alle Texte als Übersetzungen festgelegt bzw. interpretiert werden.

Für die weitere Erforschung von Produktions- und Rezeptionsbedingungen solcher Intertexte sind allerdings umfangreiche empirische Analysen anhand der genauen Konstitution von Übersetzungen in den jeweiligen Produktions- und Rezeptionssituationen erforderlich. Zusätzlich wäre auf möglichst breiter empirischer Grundlage eine Diskussion von textlinguistischen Analysekategorien über die Textsortenebene hinaus wünschenswert, wie diese auch in Krause 2000 und Klein 2000 angeregt wird.

6.3 Zum Problem Analyse von Übersetzen als sozialer Praxis

Für die Analyse einer sozialen Praxis sind empirische Analysen dieser Praxis unumgänglich. Im Fall der besonderen sozialen Praxis Übersetzen besteht diese empirische Grundlage einerseits aus der Rekonstruktion der Interaktion von der Konstitution von Übersetzungen, andererseits aus der kontrastiven Analyse von bereits vorliegenden Übersetzungen und deren jeweiligen Ausgangstexten für die Bestimmung der Intertextrelationen zwischen Ausgangstext und Zieltext.

Dabei sind wir zum Kern einer pragmatischen Textlinguistik und dabei auch einer textlinguistisch basierten Übersetzungswissenschaft angelangt: Übersetzen ist eine besondere soziale Praxis, an der, wie in 4.4.2 gezeigt, mehrere Diskursgemeinschaften beteiligt sind. Diese bedeutet, dass die Texttypenkonstitution eines Textes als Übersetzung eine Kooperations- und Koordinationsleistung von Übersetzer und Initiator ist und die Bestimmung eines Textes als Übersetzung nicht über formal- grammatische ggf. semantische Eigenschaften des Ausgangstextes erfolgt. Ein weiteres Charakteristikum von Übersetzungen ist jedoch auch die Tatsache, dass diese Texttypenbestimmung auch von anderen am Übersetzen beteiligten Diskursgemeinschaften über deren Rezeption der Übersetzung mitbeurteilt wird. Diese doppelte kommunikative Leistung – Texttypenkonstitution durch Übersetzer und Initiator einerseits und Rezeption und dadurch ‚Überprüfung' der Texttypenbestimmung durch andere, in unterschiedlichen Sprach- und Kulturgemeinschaften verwurzelten Diskursgemeinschaften andererseits – macht Übersetzen zu einer komplexen sozialen Praxis, in der unterschiedliche Text- und Übersetzungsnormen aufeinander bezogen sind.

Durch empirische Analysen dieser sozialen Praxis – also Analysen von authentischen Textkonstitutionssituationen sowie auch von authentischen Übersetzungen – sind ontologisch angemessene Typologien sowie auch eine mögliche Basisdefinition dieses kommunikativ sehr vielseitigen Phänomens möglich. Das sprengt mit aller Deutlichkeit den Rahmen jeder noch so pragmatisch orientierten Textlinguistik und erfordert sozialwissenschaftliche Analyseverfahren als notwendige Unterstützung einer textlinguistisch basierten Analyse. Diese Notwendigkeit sozialwissenschaftlicher Analyseverfahren zeigt die Grenzen von linguistischen Analyseansätzen generell und betont wiederum die Notwendigkeit interdisziplinär ergänzender Analysemethoden. Ein Beispiel ist das in 3.6.2.4.2 gezeigte unmittelbare Nutzen der Gesprächsanalyse am Beispiel des Textmusters Beraten für eine empirische Rekonstruktion der Konstitution von Übersetzungen. Ein weiteres Beispiel wären Methoden für die vergleichende Analyse der Interpretation von Übersetzungen bei den in 4.4.2 erwähnten Diskursgemeinschaften. Die Hinzuziehung sozialwissenschaftlicher Methoden bildet daher einerseits eine notwendige Voraussetzung für die Erforschung der sozialen Praxis Übersetzen, andererseits ist die Integration solcher Beschreibungsansätze als notwendige Unterstützung einer pragmatischen Textlinguistik nur über interdisziplinär zusammengesetzte Forschungsgruppen zu bewältigen. Denn die Ausarbeitung von Kategorien für die Analyse von soziokulturellen Rahmenbedingungen für kommunikatives Verhalten scheint auf der Grundlage der Linguistik allein problematisch.[187] Die Analyse von Text als besonderen Formen sprachlich-kommunikativer Praxis erfordert – wie Peter Auer mit Rekurs auf Peter Hartmann argumentiert – grundsätzlich „eine anthropologische Fundierung" (Auer 2003, 185f.). Gerade bei Übersetzungen und anderen Intertexten, bei denen ein bereits kontextualisierter Text in neuer sozio-kultureller

---

187 Zu erwähnen wäre hier das Konzept des Kulturfilters in u.a. House 2001, 142ff., das über die Angabe von Demonstrationsbeispielen hinaus wenig ausgearbeitet ist. Die methodische Relevanz von ‚Kulturfiltern' leuchtet zwar ein, allerdings müsste hier eine stringentere sozialwissenschaftliche Methodik entwickelt werden, wie etwa in der ethnometodologischen Gesprächsanalyse (z.B. Nothdurft 1994 zur Analyse von Beratungsgesprächen) oder durch die Operationalisierung des problematischen, aber zentralen Begriffs Kontextualisierung im Rahmen der in der Sozialanthropologie verwendeten interpretierenden Kulturanalyse (z.B. Gullestad 2008, 46ff.).

Umgebung rekontextualisiert wird, wird die Ontologie von Text als grundsätzlich anthropologischem Phänomen deutlich. Die Herausbildung von solchen anthropologisch fundierten Analyseeinheiten sowie die Ausarbeitung von weiteren sozialwissenschaftlich fundierten Analysekategorien stellt, wie bereits mehrfach erwähnt, die vielleicht größte methodische Herausforderung der heutigen textlinguistisch fundierten Übersetzungswissenschaft dar.[188]

6.4 Zum Problem Invarianz und übersetzerische Intertextualität

Die Verbindung zwischen einem textlinguistischen Analysemodell und Analysekategorien für die besondere übersetzerische Intertextualität sind wie in 4. und 5. gezeigt, zentral. In 4.4.3.1 haben wir die Kategorie Invarianz als Basiskategorie für die übersetzerische Intertextualität vorgeschlagen und dadurch versucht, eine operationalisierbare Kategorie für den Vergleich von auf Textebenen verteilte Identitätsrelationen wenigstens im Ansatz zu entwickeln.

Es wäre aber kaum wahrscheinlich, dass sich die übersetzerische Intertextualität ausschließlich über Invarianz erfassen ließe. Dabei wäre die berechtigte Frage zu stellen, inwieweit erstens eine Binnendifferenzierung von Invarianz, zweitens eine Abstufung von dieser hypothetisch angenommenen intertextuellen Basiskategorie möglich und für Analysen von authentischen Übersetzungen operationalisierbar wären. Die Typologie von Schreiber 1993 bildet hier einen interessanten Ausgangspunkt,[189] aber es bleibt das Problem, wie man diese Kategorien empirisch begründen kann. Bisherige Diskussionen zu Begriffen wie Äquivalenz, Adäquatheit, Entsprechung, Version[190] etc. sind fast ausnahmslos normativ und haben keine Klärung dieser Begriffe gebracht. Invarianz lässt sich zumindest theoretisch begründen und auch empirisch nachweisen als eine in der

---

188 Vgl. hierzu die Forderung nach der „(Wieder)-Einsetzung eines unverkürzten, realistischen Zeichenbegriffs" (Ortner/Sitta 2003, 19) sowie als Schlussfolgerung die programmatische Aussage: „Uns fehlt eine linguistische Anthroplogie; wir sollten sie entwickeln" (ebd., 20). Mit Rekurs auf u.a. Ortner/Sitta 2003 diskutiert Susanne Günther einige Aspekte einer solchen anthropologischen Linguistik, ohne allerdings ein Analysemodell vorzuschlagen. Aber auch bei ihr werden wichtige methodologische Forderungen an eine solche Linguistik gestellt: zum einen eine streng empirische Orientierung in der Form der Rekonstruktion sprachlich-sozialer Daten, zum anderen die Grundvoraussetzung, dass Sprache weder von dem kommunikativen Kontext isoliert analysierbar ist noch von diesem bestimmt wird. Stattdessen wird betont, dass die sprachlich-kommunikative Praxis selbst „zur Konstitution und Aufrechterhaltung kultureller Konventionen und sozialer Strukturen" (Günther 2003, 193) beiträgt.

189 Schreibers Typologie beruht allerdings nur auf Texteigenschaften des Ausgangstextes, ohne dass die Interaktion zwischen Übersetzer und Initiator für die Gestaltung der Übersetzung berücksichtigt werden. Seine Materialgrundlage besteht zwar aus authentischen Beispielen, die allerdings nur als Demonstrationsbeispiele für die jeweiligen Klassen seiner Typologie verwendet werden.

190 Vgl. hierzu die lebhafte Diskussion dieser Begriffe in Albrecht 2005, 32ff.

übersetzungskonstituierenden Interaktionssituation festgelegte Identitätsforderung zwischen Textebenen des Ausgangstextes und denjenigen des zu produzierenden Zieltextes. Inwieweit man noch andere, mit der Invarianz verknüpfbare übersetzungsspezifische Intertextrelationen aufstellen kann, ist eine Frage, die erst durch weitere empirische Analysen von authentischen Übersetzungen auf textlinguistischer Grundlage beantwortet werden kann. Besonders problematisch erscheint über die Invarianz hinaus eine Intertextrelation Entsprechung/Äquivalenz/Ähnlichkeit bzw. wie weit sich beim Übersetzen Ähnlichkeitsbeziehungen zwischen Ausgangstext und Zieltext erstrecken. Auch hier wäre es wichtig zu betonen, dass auch diese Kategorie eine soziale, in der Interaktionssituation hergestellte Textbeziehung ist und deshalb erst über eine empirische Rekonstruktion der Textkonstitution – trotz der Versuchung normativer Vorgehensweisen – methodisch in den Griff zu bekommen wäre.

7. Schlussbemerkung: Zur Notwendigkeit perspektivierter Übersetzungstheorien

Auch die vorliegende Arbeit dürfte gezeigt haben, dass eine allgemeine Übersetzungstheorie kaum sinnvoll wäre, da eine solche so allgemein sein müsste, dass sie letzten Endes kaum etwas erklären würde, geschweige denn imstande wäre, Übersetzen von anderen Intertextphänomenen zu unterscheiden. Dies bedeutet selbstverständlich nicht, dass Übersetzen nicht wissenschaftlich beschrieben werden kann. Statt über eine einheitliche Theorie ist das Phänomen Übersetzen aus einer Reihe theoretischer Perspektiven analysierbar – jede zwar mit spezifischen Reduktionen, aber auch mit der Möglichkeit einer besonderen Perspektivierung des vielseitigen Phänomens Übersetzen.

Wir würden deshalb der These von Zybatow 2003, 357 grundsätzlich zustimmen, dass statt Übersetzen über eine einheitliche und eigene Übersetzungs- bzw. Translationstheorie zu analysieren, dieses Phänomen am sinnvollsten über verschiedene ‚Bindestrich-Translatoriken‘, verstanden als unterschiedliche theoretische Perspektivierungen bei der Analyse von Übersetzungen, analysiert werden sollte. Denn jeder Analyseansatz würde Übersetzen aus einer besonderen methodischen Perspektive profilieren können, ohne dabei einen Alleinvertretungsanspruch für dieses komplexe Phänomen in der Form einer allgemeinen Übersetzungstheorie weder stellen zu können noch stellen zu wollen. Solange die besondere Reduktion des jeweiligen Beschreibungsansatzes explizit erläutert und damit also offen festgelegt wird, welche Aspekte von Übersetzen auch nicht Gegenstand der Analyse sind, können solche ‚Translatoriken‘ aus ihrer jeweils begrenzten Perspektive wesentliche Beiträge zu einer breiten, aber auch differenzierten Beschreibung des Phänomens Übersetzen leisten.

Eine textlinguistisch basierte Übersetzungstheorie als eine solche ‚Bindestrich-Translatorik‘ bildet gerade wegen der Anbindung an einen pragmatischen Textbegriff als Genus proximum ohne weiteres eine sinnvolle Analyseperspektive. Warum aber eine geschlossene textlinguistische Übersetzungstheorie noch nicht vorliegt, hat zumindest zwei wichtige Gründe.

Erstens tut sich die Textlinguistik schwer, für die Analyse von Übersetzungen notwendige operationalisierbare Analysekategorien für die pragmatische Ebene in Texten zu entwickeln – was ja am Beispiel der systemisch-funktionalen Grammatik in 5.5.2 bzw. auch in 3.6.2.5.2 demonstriert wurde.

Zweitens sind die meisten Arbeiten zum Thema Textlinguistik und Übersetzen normativer Art mit Demonstrationsbeispielen und enthalten selten systematische empirische Analysen von Übersetzungen. Letzteres wird zwar im Rahmen korpusorientierter Studien der systemisch-funktionalen Grammatik geleistet. Aber bis heute beschränken sich nach diesem Analysemodell verfasste Arbeiten auf quantitative Methoden und textlinguistisch gesehen auf die Analyse lexiko-grammatischer Phänomene und dadurch auf formale (sprich: zählbare) Aspekte von Textelementen.

Da in textlinguistischer Hinsicht die soziale Praxis Übersetzen, wie u.a. in 2.3 begründet, nur über einen pragmatisch definierten Textbegriff adäquat beschrieben werden kann, wäre die oben erwähnte Ausarbeitung pragmatischer Analysekategorien von entscheidender Bedeutung. Das geht auch mit einem flexiblen, differenzierten und prototypischen Übersetzungsbegriff einher und wäre für eine gesicherte Interpretation der für das Übersetzen charakteristischen Intertextbeziehungen eine methodologische Voraussetzung. Dies erfordert wiederum ein streng empirisch orientiertes Analyseverfahren, sowohl für die qualitative Analyse von beispielsweise Handlungsstrukturen und Intertextbeziehungen einerseits, aber auch für eine quantitative Analyse von strukturellen Charakteristika von Übersetzungen im Vergleich mit deren Ausgangstexten andererseits. Ein solches empirisches Analyseverfahren ist allerdings nur über große Übersetzungskorpora möglich. Korpusanalysen und der kombinierte Einsatz von qualitativen und quantitativen Methoden dürften deshalb als eine sinnvolle Methode für die empirische Analyse des durch die kommunikative Praxis konstituierten Textphänomens Übersetzen angesehen werden. In diesem Zusammenhang spielt die in der Übersetzungswissenschaft relativ neue Forschungstradition der systemisch-funktionalen Grammatik eine wichtige Rolle, weil das Modell sich schon für den oben genannten quantitativen Analyseaspekt bewährt hat und trotz seiner heutigen Mängel im Bezug auf operationalisierbare pragmatische Analysekategorien theoretisch auch an einem funktional-pragmatischen Textbegriff und der Ausarbeitung von pragmatischen Analysekategorien orientiert ist. Wenn sich hier Grammatik und Pragmatik die Hand reichen könnten, wäre das für eine textlinguistische Perspektivierung der Übersetzungswissenschaft ein wichtiger und notwendiger Beitrag.

Literatur

Adamzik, Kirsten (Hg.) (2001): Kontrastive Textologie. Empirische Untersuchungen zur deutschen und französischen Sprach- und Literaturwissenschaft (= Textsorten 2). Tübingen: Stauffenburg.

Adamzik, Kirsten (2004): Textlinguistik. Eine einführende Darstellung (= Germanistische Arbeitshefte 40). Tübingen: Niemeyer.

Albrecht, Jörn (2001): Das Verhältnis von Sprachwissenschaft und Übersetzungsforschung. In: Albrecht, Jörn/Gauger, Hans-Martin (Hg.): Sprachvergleich und Übersetzungsvergleich: Leistung und Grenzen, Unterschiede und Gemeinsamkeiten (= Arbeiten zur Theorie und Praxis des Übersetzens und Dolmetschens 3). Frankfurt a.M.: Lang, 1-12.

Albrecht, Jörn (2005): Übersetzung und Linguistik (= Grundlagen der Übersetzungsforschung 2). Tübingen: Narr.

Altenberg, Bengt (2002): Concessive Connectors in English and Swedish. In: Hasselgård, Hilde et al.: Information Structure in a Cross-Linguistic Perspective (= Language and Computers: Studies in Practical Linguistics 39). Amsterdam, New York: Rodopi, 21-43.

Asher, Nicholas (1993): Reference to Abstract Objects in Discourse (= Studies in Linguistics and Philosophy 50). Dordrecht etc.: Kluwer.

Auer, Peter (2003): „Realistische Sprachwissenschaft". In: Linke, Angelika et al.: Sprache und mehr: Ansichten einer Linguistik der sprachlichen Praxis (= Reihe Germanistische Linguistik 245). Tübingen: Niemeyer, 177-187.

Baumgarten, Nicole (2003): Close or Distant: Constructions of Proximity in Translations and Parallel Texts. In: Gerzymisch-Arbogast, Heidrun et al. (Hg.): Textologie und Translation (= Jahrbuch Übersetzen und Dolmetschen 4). Tübingen: Narr, 17-34.

Beaugrande, Robert-Alain de/Dressler, Wolfgang U. (1981): Einführung in die Textlinguistik. Tübingen: Niemeyer.

Bhatia, Vijay K, (1997): Translating Legal Genres. In: Trosborg, Anna (Hg.): Text Typology and Translation (= Benjamins translation library 26). Amsterdam etc.: Benjamins, 203-214.

Blum-Kulka, Shoshana (1986): Shifts of Cohesion and Coherence in Translation. In: Blum-Kulka, Shoshana/House, Juliane (Hg.): Interlingual and Intercultural Communication (= Tübinger Beiträge zur Linguistik 272). Tübingen: Narr, 17-35.

Böhler, Christiane (1998): Die Analyse von Kohärenzmerkmalen am Text. In: Holzer, Peter et al. (Hg.): Text, Sprache, Kultur (= Festschrift zum 50jährigen Bestehen des Instituts für Übersetzer- und Dolmetscherausbildung der Universität Innsbruck). Frankfurt a.M. etc.: Peter Lang, 109-123.

Brinker, Klaus (2005): Linguistische Textanalyse. Eine Einführung in Grundbegriffe und Methoden (= Grundlagen der Germanistik 29). 6. Auflage. Berlin: Erich Schmidt.

Catford, John C. (1974): A Linguistic Theory of Translation: An Essay in Applied Linguistics (= Language and Language Learning 8). London: Oxford University Press.

Chesterman, Andrew (1998): Contrastive Functional Analysis (= Pragmatics & beyond. New Series 47). Amsterdam etc.: Benjamins.

Chesterman, Andrew (2004): Contrastive Text Linguistics and Translation Universals. In: Willems, Dominique et al. (Hg.) (2004): Contrastive Analysis in Language: Identifying Linguistic Units of Comparison. Basingstoke etc.: Palgrave Macmillan, 213-229.

Chuquet, Hélène/Paillard, Michel (1989): Approche Linguistique des Problèmes de Traduction Anglais-Français. 2. Auflage. Paris: Ophrys.

Delisle, Jean/Woodsworth, Judith (1995): Translators through History. Amsterdam etc.: Benjamins.

Den internasjonale kaffeavtale. International Coffee Agreement vom 30. März 1994. In: Det Kgl. Utenriksdepartement (Hg.) (1995): Overenskomster med fremmede stater 7/1995. Oslo: Det Kgl. Utenriksdepartment, 608-668.

Ditlevsen, Marianne Grove et al. (2007): Sprog på arbejde. Kommunikation i faglige tekster. 2. Auflage. Fredriksberg: Samfundslitteratur.

Dizdar, Dilek (1998): Skopostheorie. In: Snell-Hornby, Mary et al. (Hg.): Handbuch Translation. Tübingen: Stauffenburg, 104-107.

Doherty, Monika (1991): Spaltsatz oder Fokussierungspartikel? Ein übersetzungs-wissenschaftlicher Exkurs zum Verhältnis zwischen Grammatik und Stilistik. In: Kohrt, Manfred/Küper, Christoph: Probleme der Übersetzungswissenschaft (= Arbeitspapiere zur Linguistik 26). TU Berlin: Institut für Linguistik, 5-37.

Doherty, Monika (1992): Informationelle Holzwege. Ein Problem der Übersetzungs-wissenschaft. In: Doherty, Monika/Klein, Wolfgang (Hg.): Übersetzung (= Zeit-schrift für Literaturwissenschaft und Linguistik 84). Göttingen: Vandenhoeck & Ruprecht, 30-49.

Doherty, Monika (1996): Introduction. In: Linguistics 34. Berlin: de Gruyter, 441-457.

Doherty, Monika (2000): Übersetzungstheorie als Wissenschaftsdisziplin – ein kriti-scher Bericht. In: Fabricius-Hansen, Cathrine/Østbø, Johannes (Hg.): Über-tragung, Annäherung, Angleichung: sieben Beiträge zu Theorie und Praxis des Übersetzens (= Osloer Beiträge zur Germanistik 25). Frankfurt a.M.: Peter Lang, 31-40.

Doherty, Monika (2002): Language Processing in Discourse: a Key to Felicitous Translation (= Routledge Studies in Germanic Languages 9). London etc.: Routledge.

Ehlich, Konrad (1994): Funktion und Struktur schriftlicher Kommunikation. In: Steger, Hugo/Wiegand, Herbert Ernst (Hg.): Schrift und Schriftlichkeit 1. Halb-band (= Handbücher zur Sprach- und Kommunikationswissenschaft 10.1). Berlin etc.: de Gruyter, 18-41.

Ehlich, Konrad (1999): Vom Nutzen der „Funktionalen Pragmatik" für die Ange-wandte Linguistik. In: Becker-Mrotzek, Michael/Doppler, Christine (Hg.): Medium Sprache im Beruf (= Forum für Fachsprachen-Forschung 49). Tübingen: Narr, 23-36.

Engberg, Jan (1997): Konventionen von Fachtextsorten. Kontrastive Analysen zu deutschen und dänischen Gerichtsurteilen (= Forum für Fachsprachen-Forschung 36). Tübingen: Narr.

Engberg, Jan (2003): Textsortenkonventionen – Zum Status und zur Bedeutung für die übersetzungsbezogene Beschreibung von Rechtstexten. In: Gerzymisch-Arbogast, Heidrun et al. (Hg.): Textologie und Translation (= Jahrbuch Übersetzen und Dolmetschen 4). Tübingen: Narr, 61-83.

Engberg, Jan (2004): Über die Notwendigkeit, bei der Beurteilung von Übersetzungsqualität Linguistik zu betreiben. In: Colliander, Peter et al. (Hg.): Linguistische Aspekte der Übersetzungswissenschaft. Tübingen: Julius Groos, 63-84.

Fabricius-Hansen, Cathrine (1996): Informational density: a problem for translation and translation theory. In: Linguistics 34. Berlin etc.: de Gruyter, 521-565.

Fabricius-Hansen, Cathrine (1999): Information packaging and translation. Aspects of translational sentence splitting (German – English/Norwegian). In: Doherty, Monika (Hg.): Sprachspezifische Aspekte der Informationsverteilung (= Studia Grammatica 47). Berlin: Akademie, 175-214.

Fabricius-Hansen, Cathrine/Solfjeld, Kåre (1994): Deutsche und norwegische Sachprosa im Vergleich. Ein Arbeitsbericht (= Arbeitsberichte des germanistischen Instituts der Universität Oslo 6). Oslo: Universitetet i Oslo, Germanistisk institutt.

Gerzymisch-Arbogast, Heidrun/Koller, Werner (1999): Linguistik und Übersetzung. In: Greiner, Norbert et al.: Texte und Kontexte in Sprachen und Kulturen (= Festschrift für Jörn Albrecht). Trier: Wiss. Verlag, 169-180.

Gerzymisch-Arbogast, Heidrun/Mudersbach, Klaus (1998): Methoden des wissenschaftlichen Übersetzens. Tübingen, Basel: Francke.

Ghadessy, Mohsen/Gao, Yanjie (2000): Thematic organization in parallel texts: same and different methods of developments. In: Text 20. Berlin etc.: de Gruyter, 461-488.

Göpferich, Susanne (1993): Die translatorische Behandlung von Textsortenkonventionen in technischen Texten. In: Lebende Sprachen 38, 2/1993. Berlin: Langenscheidt, 49-53.

Göpferich, Susanne (1995): Textsorten in Naturwissenschaften und Technik: Pragmatische Typologie – Kontrastierung – Translation (= Forum für Fachsprachen-Forschung 27). Tübingen: Narr.

Göpferich, Susanne/Lykke Jakobsen, Arnt/Mees, Inger M. (2008): Introduction: Looking at the eyes of translators: In: Copenhagen Studies in Language. 36. Fredriksberg: samfundslitteratur, 1-7.

Gülich, Elisabeth/Raible, Wolfgang (1977): Linguistische Textmodelle: Grundlagen und Möglichkeiten. München: Fink.

Günther, Susanne (2003): Eine Sprachwissenschaft der „lebendigen Rede". Ansätze einer Anthropologischen Linguistik. In: Linke, Angelika et al.: Sprache und mehr: Ansichten einer Linguistik der sprachlichen Praxis (= Reihe Germanistische Linguistik 245). Tübingen: Niemeyer, 189-208.

Gullestad, Marianne (2008): Det norske sett med nye øyne: kritisk analyse av norsk innvandringsdebatt. 2. Auflage. Oslo: Universitetsforlaget.

Gundel, Jeanette K. (2002): Information structure and the use of cleft sentences in English and Norwegian. In: Hasselgård, Hilde et al.: Information Structure in a Cross-Linguistic Perspective (= Language and Computers: Studies in Practical Linguistics 39). Amsterdam, New York: Rodopi, 113-128.

Gundersen, Kjetil (2004): Norwegian preposition + at-clause and its correspondences in English. In: Aijmer, Karin/Hasselgård, Hilde (Hg.): Translation and Corpora (= Gothenburg Studies in English 89). Göteborg: Universität Göteborg, 113-127.

Gutt, Ernst-August (2000): Translation and Relevance: Cognition and Context. 2. Auflage. Manchester: St. Jerome.

Hainz, Josef et al. (1998): Münchener Neues Testament. 5. Auflage. Düsseldorf: Patmos.

Halliday, Michael A.K. (1985): An Introduction to Functional Grammar. London etc.: Edward Arnold.

Hansen, Gyde (1995): Einführung in das Übersetzen. Fredriksberg: Handelshøjskolens forlag.

Hansen, Gyde (2005): Störquellen in Übersetzungsprozessen. Eine empirische Untersuchung von Zusammenhängen zwischen Profilen, Prozessen und Produkten. Copenhagen Business School: Fakultät für Sprache, Kultur und Kommunikation.

Hare Hansen, Jens (1992): Fagsproglig kommunikation i tekniske brochurer (= Arbejdspapirer 19). Aalborg: Institut for sprog og internationale kulturstudier.

Hartmann, Reinhard R.K. (1996): Contrastive Textology and Corpus Linguistics: On the Value of Parallel Texts. In: Language Science 18/3-4. Amsterdam: Elsevier, 947-957.

Harweg, Roland (1979): Pronomina und Textkonstitution. 2. Auflage. München: Fink.

Hasselgård, Hilde (1997): Sentence Openings in English and Norwegian. In: Ljung, Magnus (Hg.): Corpus-Based Studies in English. Papers from the Seventeenth International Conference on English Language Research on Computerized Corpora. Amsterdam: Rodopi, 3-20.

Hasselgård, Hilde (2000): English multiple themes in translation. In: Klinge, Alex (Hg.): Contrastive Studies in Syntax (= Copenhagen Studies in Language 25). Fredriksberg: Samfundslitteratur, 11-38.

Hasselgård, Hilde (2004): Spatial linking in English and Norwegian. In: Aijmer, Karin/Hasselgård, Hilde (Hg.): Translation and Corpora (= Gothenburg studies in English 89). Göteborg: Univerität Göteborg, 163-188.

Hatim, Basil/Mason, Ian (1990): Discourse and the Translator. Harlow: Longman.

Heinemann, Margot/Heinemann, Wolfgang (2002): Grundlagen der Textlinguistik. Interaktion – Text – Diskurs (= Reihe Germanistische Linguistik 230). Tübingen: Niemeyer.

Hoffmann, Lothar (1985): Kommunikationsmittel Fachsprache. Eine Einführung (= Forum für Fachsprachen-Forschung 1). 2. Auflage. Tübingen: Narr.

Holzer, Peter (1998a): Textlinguistische Kategorien und Übersetzen: Isotopie als Instrument der Übersetzungs-Evaluation. In: Moderne Sprachen 42 1. Wien: Verband der österreichischen Neuphilologen, 40-51.

Holzer, Peter (1998b): Isotopie oder „scenes and frames". Überlegungen zu semantischen Konzepten und deren Relevanz beim Übersetzen. In: Holzer, Peter/Feyrer, Cornelia et al. (Hg.): Text, Sprache, Kultur (= Festschrift zum 50jährigen Bestehen des Instituts für Übersetzer- und Dolmetscherausbildung der Universität Innsbruck). Frankfurt a.M. etc.: Peter Lang, 159-172.

Holz-Mänttäri, Justa (1984): Translatorisches Handeln. Theorie und Methode (= Annales Academiae Scientarum Fennicae B 266). Helsinki: Suomalainen Tiedeakatemia.

Holz-Mänttäri, Justa (1993): Bildungsstrukturen und Netzwerke für ein Tätigkeitsfeld *Textdesign*. In: TexTconTexT 3/4 1993. Heidelberg: Julius Groos, 259-293.

Hönig, Hans G. (1986): Übersetzen zwischen Reflex und Reflexion – ein Modell der übersetzungsrelevanten Textanalyse. In: Snell-Hornby, Mary (Hg.): Übersetzungswissenschaft. Eine Neuorientierung. Tübingen: Francke, 230-251.

House, Juliane (1997): Translation Quality Assessment: A Model Revisited (= Tübinger Beiträge zur Linguistik 410). Tübingen: Narr.

House, Juliane (2001): How Do We Know When a Translation Is Good ? In: Steiner, Erich/Yallop, Colin (Hg.): Exploring Translation and Multilingual Text Production: Beyond Content. Berlin etc.: de Gruyter, 127-160.

House, Juliane (2002): Maintainance and Convergence in Covert Translation English – German. In: Hasselgård, Hilde et al. (Hg.): Information Structure in a Cross-Linguistic perspective (= Language and Computers: Studies in Practical Linguistics 39). Amsterdam, New York: Rodopi, 199-211.

House, Juliane (2005): Offene und verdeckte Übersetzung. Zwei Arten, in einer anderen Sprache ‚das Gleiche‘ zu sagen. In: Franceschini, Rita (Hg.): In einer anderen Sprache (= Zeitschrift für Literaturwissenschaft und Linguistik 139). Stuttgart: Metzler, 76-101.

House, Juliane/Probst, Julia (2004): Zum Einfluss des Englischen als Lingua franca auf verdeckt übersetzte deutsche Texte. In: Colliander, Peter et al. (Hg.) (2004): Linguistische Aspekte der Übersetzungswissenschaft. Tübingen: Julius Groos, 159-182.

Izquierdo, Isabel G./ Resurreccio, Vincent M. (2002): Translating into Textual Genres. In: Vaerenbergh, Leona van (Hg.): Linguistics and Translation Studies. Translation Studies and Linguistics (= Linguistica Antverpiensia 1/2002). Antwerpen: Hogeschool Antwerpen, Hoger Institut voor vertalers & tolken, 135- 143.

Jämtelid, Kristina (2000): En kontrastiv analys av produktbroschyrer från sex länder. Det internationella företaget och översättningen II (= Text- och fackspråksforskning 37). Stockholm: Institutionen för nordiska språk, Stockholms universitet.

Jämtelid, Kristina (2002): Texter och skrivande i en internationalisered affärsvärld: flerspråkig textproduktion vid ett svenskt storföretag (= Acta Universitatis Stockholmiensis 27). Stockholm: Almquist&Wiksell.

Johansson, Stig (2005): Sentence openings in translation from English into Norwegian. In: Norsk lingvistisk tidsskrift 1/2005, Oslo: Novus, 3-35.

Kade, Otto (1971): Zum Verhältnis von Translation und Transformation. In: Studien zur Übersetzungswissenschaft III/IV. Leipzig: Enzyklopädie, 7-26.

Kaindl, Klaus (1997): Von Hauptdarstellern und Statisten: Zur Rolle des Textes im translationswissenschaftlichen Handlungsspiel. In: Grbić, Nadja/Wolf, Michaela (Hg.): Text – Kultur – Kommunikation. Translation als Forschungsaufgabe. Festschrift aus Anlass des 50jährigen Bestehens des Instituts für Übersetzer- und Dolmetscherausbildung an der Universität Graz (= Studien zur Translation 4). Tübingen: Stauffenburg, 53-65.

Klaudy, Kinga (1991): Topic, Comment and Translation. In: Tirkkonen-Condit, Sonja (Hg.): Empirical Research in Translation and Intercultural Studies (= Language in Performance 5). Tübingen: Narr, 165-169.

Klein, Josef (2000): Intertextualität, Geltungsmodus, Texthandlungsmuster. Drei vernachlässigte Kategorien der Textforschung – exemplifiziert an politischen und medialen Textsorten. In: Adamzik, Kirsten (Hg.): Textsorten. Reflexionen und Analysen (= Textsorten 1). Tübingen: Stauffenburg, 31-44.

Klein, Wolfgang (1992): Was kann sich die Übersetzungswissenschaft von der Linguistik erwarten? In: Doherty, Monika/Klein, Wolfgang (Hg.): Übersetzung (= Zeitschrift für Literaturwissenschaft und Linguistik 84). Göttingen: Vandenhoeck & Ruprecht, 104-123.

Koller, Werner (2004): Einführung in die Übersetzungswissenschaft. 7. Auflage. Wirbelsheim: Quelle & Meyer.

Krallmann, Dieter/Ziemann, Andreas (2001): Grundkurs Kommunikationswissenschaft. München: Fink.

Krause, Wolf-Dieter (2000): Der interlinguale Textvergleich. In: Krause, Wolf-Dieter (Hg.): Textsorten. Kommunikationslinguistische und konfrontative Aspekte (= Sprache System und Tätigkeit 33): Frankfurt a.M. etc.: Lang, 119-143.

Krein-Kühle, Monika (2002): Cohesion and Coherence in Technical Translation: The Case of Demonstrative Reference. In: Vaerenbergh, Leona van (Hg.): Linguistics and Translation Studies. Translation Studies and Linguistics (= Linguistica Antverpiensia 1/2002). Antwerpen: Hogeschool Antwerpen, Hoger Institut voor vertalers & tolken, 41-53.

Kussmaul, Paul (1997): Text-Type Conventions and Translating: Some Methodological Issues. In: Trosborg, Anna (Hg.): Text typology and translation (= Benjamins translation library 26). Amsterdam etc.: Benjamins, 67-83.

Kvam, Sigmund (1987): Zur Rolle des Subjekts als Beschreibungskategorie der Topologie im Deutschen und Norwegischen. In: Deutsche Sprache 3/1987. Berlin: Erich Schmidt, 256-276.

Kvam, Sigmund (1998): Strukturelle Interferenzen als translatorisches Problem am Beispiel norwegisch-deutscher fachsprachlicher Übersetzungsfälle. In: Pors, Harald et al. (Hg.): Sprachgermanistik in Skandinavien III (= Hermes skriftserie). Århus: Handelshøjskolen i Århus, 283-300.

Kvam, Sigmund (2001): Parallel Texts, Translation and Contrastive Textology: Some Theoretical Considerations. In: Vagle, Wenche/Wikberg, Kay (Hg.): New Directions in Nordic Text Linguistics and Discourse Analysis: Methodological Issues. Oslo: Novus, 79-91.

Kvam, Sigmund (2002): Kontraktive Konstruktionen als Textgestaltungsmittel. Eine Fallstudie am Beispiel eines deutsch-norwegischen fachsprachlichen Paralleltextes (= Hermes skriftserie). Århus: Handelshøjskolen i Århus.

Kvam, Sigmund (2009): Zur Rolle der Invarianz bei der Evaluation von funktionskonstanten Übersetzungen. In: Ditlevsen, Marianne Grove et al. (Hg.): Sind Gebrauchsanleitungen zu gebrauchen? Linguistische und kommunikativ-pragmatische Studien zu skandinavischen und deutschen Instruktionstexten (= Europäische Studien zur Textlinguistik 6). Tübingen: Narr, 127-149.

Laiko, Alexej (2004): Intertextualität in der Übersetzung (= Arbeiten zur Theorie und Praxis des Übersetzens und Dolmetschens 5). Frankfurt a.M. etc.: Lang.

Lotfipour-Saedi, Kazem (1997): Lexical Cohesion and Translational Equivalence. In: META 42 (= 1/1997). Montréal: Université de Montréal, 185-192.

Macheiner, Judith (1995): Übersetzen. Ein Vademecum. Frankfurt a.M.: Eichborn.

Malmkjær, Kirsten (1998): Love thy Neighbour: Will Parallel Corpora Endear Linguistics to Translators? In: Meta 43(4), 534-541. http://id.erudit.org/iderudit/003545ar.

Malmkjær, Kirsten (2005): Linguistics and the Language of Translation. Edinburgh: Edinburgh University Press.

Mason, Ian (1998): Discourse Connective, Ellipsis and Markedness. In: Hickey, Leo (Hg.): The Pragmatics of Translation. Clevedon etc.: Multilingual matters, 170-184.

Neubert, Albrecht (1984): Text-bound Translation Teaching. In: Wilss, Wolfram/ Thome, Gisela (Hg.): Die Theorie des Übersetzens und ihr Aufschlusswert für die Übersetzungs- und Dolmetschdidaktik (= Tübinger Beiträge zur Linguistik 247). Tübingen: Narr, 61-79.

Neubert, Albrecht (2001): Translations as ‚varied' texts. In: Thiele, Wolfgang/ Neubert, Albrecht: Texts – varieties – translation (= Zeitschrift für Anglistik und Amerikanistik 5). Tübingen: Stauffenburg, 9-23.

Neubert, Albrecht (2003): Text Parameters in the Light of Translation Pragmatics. In: Gerzymisch-Arbogast, Heidrun et al. (Hg.): Textologie und Translation (= Jahrbuch Übersetzen und Dolmetschen 4). Tübingen: Narr, 189-202.

Neubert, Albrecht/Shreve, Gregory M. (1992): Translation as Text (= Translation Studies 1) Kent, Ohio etc.: The Kent State University Press.

Neumann, Stella (2003): Textsorten und Übersetzen Eine Korpusanalyse englischer und deutscher Reiseführer (= Saarbrücker Beiträge zur Sprach- und Translationswissenschaft 3). Frankfurt a.M. etc.: Peter Lang.

Nida, Eugene A. (1964): Towards a Science of Translating: With Special Reference to Principles and Procedures Involved in Bible Translating. Leiden: Brill.

Nida, Eugene A./Taber, Charles (1969): Theorie und Praxis des Übersetzens unter besonderer Berücksichtigung der Bibelübersetzung. Marburg/Lima: Weltbund der Bibelgesellschaften.

Nord, Christiane (1989): Loyalität statt Treue. Vorschläge zu einer funktionalen Übersetzungstypologie. In: Lebende Sprachen 3/1989. Berlin: Langenscheidt, 100-105.

Nord, Christiane (1991): Textanalyse und Übersetzen: theoretische Grundlagen, Methode und didaktische Anwendung einer übersetzungsrelevanten Textanalyse. 2. Auflage. Heidelberg: Julius Groos.

Nord, Christiane (1993): Einführung in das funktionale Übersetzen. Am Beispiel von Titeln und Überschriften. Tübingen: Francke.

Nord, Christiane (1996): „Wer nimmt denn mal den ersten Satz?" – Überlegungen zu neuen Arbeitsformen im Übersetzungsunterricht. In: Lauer, Angelika et al. (Hg.): Übersetzungswissenschaft im Umbruch: Festschrift für Wolfram Wilss zum 70. Geburtstag. Tübingen: Narr. 313-327.

Nord, Christiane (1997a): Translating as a Purposeful Activity: Functionalist Approaches Explained (= Translation Theories Explained 1). Manchester: St. Jerome.

Nord, Christiane (1997b): A Functional Typology of Translations. In: Trosborg, Anna (Hg.): Text Typology and Translation (= Benjamins translation library 26). Amsterdam etc.: Benjamins, 43-66.

Nord, Christiane (2004): Loyalität als ethisches Verhalten im Translationsprozess. In: Müller, Ina (Hg.): Und sie bewegt sich doch ... Festschrift für Heidemarie Salevsky zum 60. Geburtstag. Frankfurt a.M. etc.: Peter Lang, 235-245.

Nord, Christiane (2005): Making Otherness Accessible. Functionality and Skopos in the Translation of New Testament Texts. In: Meta 50 (3/2005), 868-880. http://www.erudit.org/revue/meta/2005/v50/n3/011602ar.html.

Nothdurft, Werner (1994): Herstellung der Beratungssituation. In: Nothdurft, Werner/ Reitemeier, Ulich/Schröder, Peter: Beratungsgespräche. Analyse asymmetrischer Dialoge (= Forschungsberichte des Instituts für deutsche Sprache 61). Tübingen: Narr, 19-87.

Ortner, Hanspeter/Sitta, Horst (2003): Was ist der Gegenstand der Sprachwissenschaft? In: Linke, Angelika et al.: Sprache und mehr: Ansichten einer Linguistik der sprachlichen Praxis (= Reihe Germanistische Linguistik 245). Tübingen: Niemeyer, 3-64.

Øverås, Linn (1998): In Search of the Third Code: An Investigation of Norms in Literary Translation. In: Working Papers in Applied Linguistics 4/1998, hg. von Ydstie, Jo Terje/Wollebæk, Anne C. Oslo: Universität Oslo, Institut für Angewandte Linguistik, 100-127.

Papegaaij, Bart/Schubert, Klaus (1988): Text coherence in translation (= Distributed language translation 3). Dordrecht: Foris.

Poulsen, Sven-Olaf (1981): Textlinguistik und Übersetzungskritik. In: Kühlwein, Wolfgang et al. (Hg.): Kontrastive Linguistik und Übersetzungswissenschaft. München: Fink, 300-310.

Prunč, Erich (1997): Versuch einer Skopostypologie. In: Grbić, Nadja/Wolf, Michaela (Hg.): Text – Kultur – Kommunikation: Translation als Forschungsaufgabe (= Festschrift aus Anlass des 50jährigen Bestehens des Instituts für Übersetzer- und Dolmetscherausbildung an der Universität Graz). Tübingen: Stauffenburg, 33-52.

Ramm, Wiebke (2004): Sentence boundary adjustments in Norwegian-German and German-Norwegian translations. First results of a corpus-based study. In: Aijmer, Karin/Hasselgård, Hilde (Hg.): Translation and Corpora (= Gothenburg studies in English 89). Göteborg: Univeristät Göteborg, 129-147.

Reiß, Katharina (1983): Texttyp und Übersetzungsmethode. Der operative Text. 2. Auflage. Heidelberg: Julius Groos.

Reiß, Katharina (1985): Was heißt Übersetzen? In: Gnilka, Joachim/Rüger, Hans Peter (Hg.): Die Übersetzung der Bibel – Aufgabe der Theologie (= Texte und Arbeiten zur Bibel 2). Bielefeld: Luther-Verlag, 33-48.

Reiß, Katharina (1988): „Der" Text und der Übersetzer. In: Arntz, Reiner (Hg.): Textlinguistik und Fachsprache. Hildesheim etc.: Olms, 67-75.

Reiß, Katharina/Vermeer, Hans J. (1991): Grundlegung einer allgemeinen Translationstheorie (= Linguistische Arbeiten 147). 2. Auflage. Tübingen: Niemeyer.

Resch, Renate (2006): Translatorische Textkompetenz. Text im Kulturtransfer (= Europäische Hochschulschriften 291). Frankfurt a.M. etc.: Peter Lang.

Resurrecció, Montalt V. et al. (2008): The Aquisition of Translation Competence through Textual Genre. In: Translation Journal 12 (= 4/2008), 1-12. http://translationjournal.net/journal/46competence.htm.

Risku, Hanna (1998): Translatorische Kompetenz. Kognitive Grundlagen des Übersetzens als Expertentätigkeit (= Studien zur Translation 5). Tübingen: Stauffenburg.

Risku, Hanna (2004): Translationsmanagement. Interkulturelle Fachkommunikation im Informationszeitalter (= Translationswissenschaft 1). Tübingen: Narr.

Rørvik, Sylvi (2004): Thematic progression in translation of fiction from English into Norwegian. In: Aijmer, Karin/Hasselgård, Hilde (Hg.): Translation and Corpora (= Gothenburg studies in English 89). Göteborg: Universität Göteborg, 149-161.

Sandig, Barbara (2000): Text als prototypisches Konzept. In: Mangasser-Wahl, Martina (Hg.): Prototypentheorie in der Linguistik. Anwendungsbeispiele – Methodenreflexion – Perspektiven. Tübingen: Stauffenburg, 93-112.

Schmitt, Christian (1991): Kontrastive Linguistik als Grundlage der Übersetzungswissenschaft: Prolegomena zu einer Übersetzungsgrammatik für das Sprachenpaar Deutsch/Französisch. In: Zeitschrift für französische Sprache und Literatur 101 (3/1991). Stuttgart: Steiner, 227-241.

Schmitt, Reinhold (1993): Kontextualisierung und Konversationsanalyse. In: Deutsche Sprache 4/1993. Berlin: Erich Schmidt, 326-354.

Schneiders, Hans-Wolfgang (2007): Allgemeine Übersetzungstheorie: Verstehen und Wiedergeben (= Abhandlungen zur Sprache und Literatur 169). Bonn: Romanistischer Verlag.

Schopp, Jürgen F. (2007): Der ‚authentische Auftrag‘ im Unterricht – ein translationsdidaktisches Problemkind. In: Kelandrias, Panayotis I. (Hg.): Ioninan University – Department of Foreign Languages, Translation and Interpreting. 20 Years DFLTI Festschrift. Athen: Diavlos, 115-124.

Schreiber, Michael (1993): Übersetzung und Bearbeitung: Zur Differenzierung und Abgrenzung des Übersetzungsbegriffs (= Tübinger Beiträge zur Linguistik 389). Tübingen: Narr.

Schubert, Klaus (2003): Jigsaw Translation. In: Gerzymisch-Arbogast, Heidrun et al. (Hg.): Textologie und Translation (= Jahrbuch Übersetzen und Dolmetschen 4). Tübingen: Narr, 295-304.

Schütze, Fritz (2002): Das Konzept der sozialen Welten im symbolischen Interaktionalismus und die Wissensorganisation in modernen Komplexgesellschaften. In: Keim, Imken/Schütte, Wilfried (Hg.): Soziale Welten und kommunikative Stile (= Festschrift für Werner Kallmeyer zum 60. Geburtstag). (= Studien zur deutschen Sprache 22). Tübingen: Narr, 57-83.

Snell-Hornby, Mary (1986): Einleitung: Übersetzen, Sprache, Kultur. In: Snell-Hornby, Mary (Hg.): Übersetzungswissenschaft. Eine Neuorientierung. Tübingen: Francke, 9-29.

Snell-Hornby, Mary (1992): System vs. text: From contrastive linguistics to translation theory. In: Mair, Christian/Markus, Manfred (Hg.): New departures in contrastive linguistics. Innsbruck: Universität, 155-165.

Snell-Hornby, Mary (1995): Translation studies: An integrated approach. 2. Auflage. Amsterdam etc.: Benjamins.

Snell-Hornby, Mary (1996): Der Text als Gestalt: Ganzheit in der Übersetzung. In: Kadric, Mira/Kaindl, Klaus (Hg.): Mary Snell-Hornby: Translation und Text. Ausgewählte Vorträge (= WUV Studienbücher Geisteswissenschaften 2). Wien: WuV-Universitätsverlag, 51-63.

Solfjeld, Kåre (2000): Sententialität, Nominalität und Übersetzung. Eine empirische Untersuchung deutscher Sachprosatexte und ihrer norwegischen Übersetzungen (= Osloer Beiträge zur Germanistik 26). Frankfurt a.M. etc.: Peter Lang.

Spraul, Hildegard (1990): Konfrontative Grammatik und Übersetzen: Zum Problem der Analyseebenen beim Sprachvergleich Deutsch-Russisch. In: Arntz, Rainer/ Thome, Gisela (Hg): Übersetzungswissenschaft: Ergebnisse und Perspektiven. Festschrift für Wolfram Wilss zum 65. Geburtstag (= Tübinger Beiträge zur Linguistik 354). Tübingen: Narr, 405-415.

Steiner, Erich (1997): An Extended Register Analysis as a Form of Text Analysis for Translation. In: Wotjak, Gerd/Schmidt, Heide (Hg.): Modelle der Translation. Festschrift für Albrecht Neubert (= Leipziger Schriften zur Kultur-, Literatur-, Sprach- und Übersetzungswissenschaft 2). Frankfurt a.M.: Vervuert, 235-256.

Steiner, Erich (1999): Linguistik und Translationswissenschaft – (getrennte) Disziplinen? In: Gil, Alberto et al.: Modelle der Translation: Grundlagen für Methodik, Bewertung, Computermodellierung (= Saarbrücker Beiträge zur Sprach- und Translationswissenschaft 1). Frankfurt a.M. etc.: Peter Lang, 477-506.

Steiner, Erich (2002): Grammatical metaphor in translation – some methods for corpus-based investigation. In: Hasselgård, Hilde et al. (2002): Information Structure in a Cross-Linguistic Perspective (= Language and Computers: Studies in Practical Linguistics 39). Amsterdam, New York: Rodopi, 213-228.

Steiner, Erich (2004): Translated Texts: properties, variants, evaluation (= Saarbrücker Beiträge zur Sprach- und Translationswissenschaft 4). Frankfurt a.M. etc.: Lang.

Steiner, Erich/Yallop, Colin (Hg.) (2001): Exploring Translation and Multilingual Text Production: Beyond Context (= Text Translation, Computational Processing 3). Berlin etc.: de Gruyter.

Steyer, Kathrin (1997): Irgendwie hängt alles mit allem zusammen – Grenzen und Möglichkeiten einer linguistischen Kategorie ‚Intertextualität'. In: Klein, Josef/ Fix, Ulla (Hg.): Textbeziehungen: Linguistische und literaturwissenschaftliche Beiträge zur Intertextualität. Tübingen: Stauffenburg, 83-106.

Stolze, Radegundis (1992): Hermeneutisches Übersetzen. Linguistische Kategorien des Verstehens und Formulierens beim Übersetzen (= Tübinger Beiträge zur Linguistik 368). Tübingen: Narr.

Stolze, Radegundis (2008): Übersetzungstheorien. Eine Einführung. 5. Auflage. Tübingen: Narr.

Teich, Elke (1999): System-oriented and Text-oriented Comparative Linguistic Research. Cross-Linguistic Variation in Translation. In: Languages in Contrast 2/2002. Amsterdam etc.: Benjamins, 187-210.

Thiel, Gisela (1996): Isotopie. Eine textlinguistische Kategorie im Dienst der Übersetzung. In: Lauer, Angelika et al.: Übersetzungswissenschaft im Umbruch (= Festschrift für Wolfram Wilss zum 70. Geburtstag). Tübingen: Narr, 59-68.

Thiel, Gisela/Thome, Gisela (1996): Vermuten. Nominale Ausdrucksmittel im Wissenschaftsjournalismus (= Forum für Fachsprachen-Forschung 29). Tübingen: Narr.

Tirkkonen-Condit, Sonja (1985): Argumentative Text Structure and Translation (= Studia Philologica Jyväskyläensia 18). Jyväskylä: Universitätsbibliothek Jyväskylä.

Tirkkonen-Condit, Sonja (2002): From Product to Process and back again. A personal view of Text Linguistics in Translation Studies. In: Logos and Language 1/2002. Tübingen: Narr, 31-37.

Toury, Gideon (1995): Descriptive Translation Studies and beyond (= Benjamins translation library 4). Amsterdam etc.: Benjamins.

Toury, Gideon (1999): A Handful of Paragraphs on ‚Translation' and ‚Norms'. In: Schäffner, Christina (Hg.): Translation and Norms. Clevedon: Multilingual Matters, 10-32.

Trosborg, Anna (1997): Text Typology: Register, Genre and Text Type. In: Trosborg, Anna (Hg.) (1997): Text typology and translation (− Benjamins translation library 26). Amsterdam etc.: Benjamins, 3-23.

Trumpp, Eva Cassandra (1998): Fachtextsorten kontrastiv. Englisch-Deutsch-Französisch (= Forum für Fachsprachen-Forschung 51). Tübingen: Narr.

Unger, Christoph (2006): Genre, Relevance and Global Coherence: The Pragmatics of Discourse Type. New York etc.: Palgrave Macmillan.

Vaerenbergh, Leona (2002): Linguistics and Translation Studies. Translation Studies and Linguistics. Eine Einführung. In: Vaerenbergh, Leona van (Hg.): Linguistics and Translation Studies. Translation Studies and Linguistics (= Linguistica Antverpiensia 1/2002). Antwerpen: Hogeschool Antwerpen, Hoger Institut voor vertalers & tolken, 13-26.

Vehmas-Lehto, Inkeri (1991): Cohesion Flaws in Translations. In: Tirkkonen-Condit, Sonja (Hg.): Empirical Research in Translation and Intercultural Studies (= Language in Performance 5). Tübingen: Narr, 171-182.

Vermeer, Hans J. (1990): Texttheorie und translatorisches Handeln. In: Target 2/1990. Amsterdam etc.: Benjamin, 219-242.

Vermeer, Hans J. (1995): Unterschiedliche Zielsetzungen von Übersetzungswissenschaft und komparativer Sprachwissenschaft. In: TexTconTexT 10. Heidelberg: Julius Groos, 243-286.

Vermeer, Hans J. (1998): Textanalyse – linguistisch und translatorisch. In: Linguistica Pragensia 8 (1/1998). Prag: Academina, 4-19.

Vermeer, Hans J. (2000): Mit allen fünf Sinnen oder: Sinn und Leistung der Kulturbegriffs in der Translation. In: Kadric, Mira et al.: Translationswissenschaft (= Festschrift für Mary Snell-Hornby zum 60. Geburtstag). Tübingen: Stauffenburg, 37-49.

Witte, Heidrun (2000): Die Kulturkompetenz des Translators. Begriffliche Grundlegung und Didaktisierung (= Studien zur Translation 9). Tübingen: Stauffenburg.

Zybatow, Lew N. (2003): Wie modern ist die ‚moderne' Translationstheorie? In: Gerzymisch-Arbogast, Heidrun et al. (Hg.): Textologie und Translation (= Jahrbuch Übersetzen und Dolmetschen 4). Tübingen: Narr, 343-360.